河北农业大学商学院教学改革系列丛书

河北省三农问题调查与思考

Investigation and Reflection on the Three Issues of Agriculture, the Countryside and Farmers in Hebei Province

主　编：葛文光　刘宇鹏

副主编：董　谦　戴　芳　刁　钢

主　审：王建忠

中国财经出版传媒集团

经济科学出版社

Economic Science Press

图书在版编目（CIP）数据

河北省三农问题调查与思考 / 葛文光等主编 . —北京：
经济科学出版社，2016.11
ISBN 978 - 7 - 5141 - 7403 - 8

Ⅰ. ①河…　Ⅱ. ①葛…　Ⅲ. ①三农问题 – 研究 – 河北
Ⅳ. ①F327. 22

中国版本图书馆 CIP 数据核字（2016）第 260067 号

责任编辑：崔新艳
责任校对：曹　力
责任印制：王世伟

河北省三农问题调查与思考
主编：葛文光　刘宇鹏
副主编：董　谦　戴　芳　刁　钢
主审：王建忠
经济科学出版社出版、发行　新华书店经销
社址：北京市海淀区阜成路甲 28 号　邮编：100142
总编部电话：010 – 88191217　发行部电话：010 – 88191522
网址：www. esp. com. cn
电子邮件：esp@ esp. com. cn
天猫网店：经济科学出版社旗舰店
网址：http：//jjkxcbs. tmall. com
北京季蜂印刷有限公司印装
700 × 1000　16 开　18. 25 印张　350000 字
2016 年 11 月第 1 版　2016 年 11 月第 1 次印刷
ISBN 978 - 7 - 5141 - 7403 - 8　定价：42. 00 元
（图书出现印装问题，本社负责调换。电话：010 – 88191502）
（版权所有　侵权必究　举报电话：010 – 88191586
电子邮箱：dbts@ esp. com. cn）

前　言

河北农业大学早在 1980 就成立了"农业经济系",并正式招收农业经济管理本科生。1983 年原林学院设立林业经济教研组,1986 年开始招收林业经济管理本科生,1987 年成立"林业经济管理"系。1986 年,农业经济管理专业建设成为河北省首批经济管理类硕士点。1995 年河北农业大学与林学院合并,与此同时,农业经济管理系和林业经济管理系合并成立经济管理学院,下设农林经济管理系。同年,农林经济管理系建设成为河北省省级重点学科。2000 年取得了农业经济管理专业的博士学位授予权,2003 年建成林业经济管理专业硕士点,2005 年建成农林经济管理专业一级学科博士和硕士学位授权点。至此,形成了完整的农林经济管理人才培养体系。

迄今为止,河北农业大学商学院农林经济管理专业经过 35 年的建设,已经形成了农业产业、农产品营销、农业资源与环境、农业经营制度、农村土地问题、农村扶贫与发展等多个研究方向,建成了多学科融合、协调发展的专业教师队伍和一批较有影响力的学术带头人,而培养的各类高级专业人才更是不胜枚举,为河北省农业、农村经济的发展做出了重要贡献。

2005 年农林经济管理专业主干课程《农业经济学》被河北省教育厅评为"河北省精品课程";2007 年,农林经济管理专业被河北省教育厅评为"农林经济管理人才培养模式创新实验区";2008 年被评为"农林经济管理教育创新高地";2015 年又被教育部、农业部和国家林业局联合评为"卓越农林人才教育培养计划改革试点项目区"。

2013 年,为了全面贯彻落实学校教学体制改革,提升专业教学质量,增强学生综合实践技能,培养"宽专业、厚基础、强能力、高素质"的专业人才,农林经济管理专业除了重新修订本科教学计划外,还编制了《农林经济管理专业实践能力培养路线图》和《农林经济管理专业实践能力培养方案》。通过大量加强教学实习和毕业实习环节,使学生专业实践能力得到明显提升。

本书是 2014 年、2015 年两届毕业生优秀毕业论文的汇编。该论文集由农林经济管理系全体教师带领学生在毕业实习环节深入河北省广大农村和农业企业、合作社以及家庭农场进行实地调研,并指导其完成。各篇论文主要围绕河北省农业、农村经济中的现实问题进行调查研究,内容主要涵盖了农业产业发展、农产品营销、农业资源与环境、农业经营制度、农村土地问题、农村扶贫等方面，在夯实理论研究的基础上，更加注重实地调查和实证分析，具有较强的针对性。

我们衷心希望通过此书的出版，在一定程度上，展示近年来河北农业大学商学院农林经济管理专业教学改革探索的部分成果。在此，谨对活跃在农林经济领域教学一线的广大教师和学生表示感谢。因时间仓促，论文集的编撰难免存在疏漏之处，恳请广大读者批评指正。

河北农业大学商学院
农林经济管理系
2016 年 8 月

目　录

第六部分　农村扶贫篇

第一部分 农业产业发展篇

1

区域性乳制品企业发展前景探讨

——以石家庄君乐宝乳业有限公司为例

农林经济管理1102班　马艳迪/指导教师：许月明

摘　要： 中国乳制品行业虽然起步晚，但其发展速度十分快，是当前中国市场上的朝阳行业。改革开放以来，我国奶类制品生产量每年以两位数的增长幅度迅速增加，远远高于世界平均增长水平。乳制品总产值在最近的 10 年内增长了 10 倍以上。但是近年来，乳制品安全问题的频发与质检水平的落后也挫伤了广大消费者的消费信心，使原本就低于国际平均消费水平的中国乳制品市场面临更大的考验。在我国乳制品行业中，各地都有区域性乳制品加工企业。这些企业对满足当地乳制品的需求、带动当地经济的发展起着重要作用。但是随着乳制品行业的整合，区域性乳制品企业面临生存困难、管理落后等困境。本文以石家庄君乐宝乳业有限公司为例，就区域性乳制品企业的发展前景进行研究与探讨，希望对其他区域性乳制品企业有一定的参考意义。

关键词： 乳制品；区域性；发展前景；君乐宝乳业

引　言

乳制品行业是一条集原料奶生产、加工和销售为一体的完整产业链条。在我国，乳业涉及第一、第二、第三产业，是关系我国经济发展和人民生活水平的重要产业。发展乳业有利于推动我国经济的进一步发展，带动产业结构的进一步优化，是提高人民生活水平和生活质量的重要保障。

自改革开放以来，中国乳制品行业发展迅速，已成为世界乳制品生产与消费的主要国家之一。随着经济的不断发展，人民生活水平的不断提高，我国居民对乳品的消费会进一步增加。然而，在乳业大爆发的同时，其发展过程中所显现的不足也不容忽视。首先，乳制品在我国居民的食品消费结构中所占份额仍然很低，人均乳品年消费量仅占世界平均水平的 1/16；其次，从总量上来说，目前我国乳制品的产量仍然无法满足中国市场的需要；再次，我国乳制品行业供应链短缺，无法与日益增长的生产量相协调；最后，乳制品行业经营者职业道德缺失，乳制品安全事件犹如不定时炸弹时刻威胁着乳制品行业的发展。在这样的大背景下，无论是市场占有率、资金实力还是品牌影响力都不占优势的区域性乳制品企业想要立足，就必须寻得一条适合自身发展的道路。本文通过先分析目前我国区域性乳制品企业发展的现状和所面临的问题，以石家庄君乐宝乳业为例，以在君乐宝将近 4 个月的实习为基础，运用 SOWT 分析法对目前君乐宝所面临的优势、劣势、机会和威胁进行分析，试图对君乐宝未来的发展提出切实可行的建议，希望对其他区域性乳制品企业的发展提供借鉴性意义。

（一）研究背景

2008 年，三鹿奶粉事件的爆发给中国乳制品行业带来了前所未有的冲击，引发了我国食品行业的产品质量信任危机，中国乳制品行业陷入生产难、销售更难的困境。加上 2008 年全球金融危机的爆发，中国乳制品行业进入了发展的缓慢期。国内消费者也因此将视角转向了进口乳制品，导致我国乳制品进口数量快速增长（见表 1-1）。

表 1-1　　　　　2008～2014 年我国乳制品进口数量及增长率

年　份	乳制品进口 （万吨）	乳制品进口增长 （%）
2008	35.1	17.4
2009	59.7	70.5
2010	74.5	24.69
2011	90.1	21.6
2012	103.84	25.97
2013	142.26	36.99
2014	167.72	17.89

自 2009 年第二季度开始，全国乳制品行业生产、利润开始回升，从业人员不断增多。随着我国宏观经济的日趋回暖、政府一系列有利于乳制品行业持续快速发展政策的出台与落实，中国乳制品行业逐步恢复发展态势。如今，乳制品行业正稳步发展（见图 1-1）。2014 年 9 月 5 日，据工信部网站信息，乳业行业已被加入到"十三五"规划的制定工作中。20 多年来，中国乳制品行

业发生了翻天覆地的变化，从之前的无足轻重已经发展成为关系到国计民生的重要产业。根据中国乳制品工业协会公布的数据统计，全国乳制品产量由1994年的48万吨发展到2014年的2 651.81万吨，增长了55倍；全国规模以上的乳制品企业实现主营业务收入由1994年的65亿元发展到现在的2 832亿元，增长了42倍。而自2014年实施"单独二胎"政策之后，我国新出生人口将再次爆发。根据有关专家预计，每年将新生1 780万～1 950万婴儿，比2012年的1 635万的水平提高9%左右，对奶粉的需求即将迎来又一个高峰。

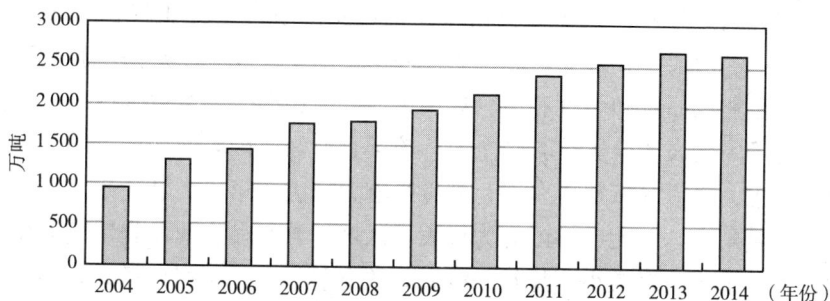

图1-1 2004～2014年我国乳制品生产量

（二）研究目的

乳业的可持续发展不仅可以拉动经济增长，促进农业结构的调整，更重要的是对于解决好"三农"问题，实现社会主义社会全面协调可持续发展具有重要意义。近年来，伴随着我国乳制品行业的快速发展，区域性乳制品企业不断进步，在产量、品牌知名度、市场占有率方面实力明显增强。然而，目前我国区域性乳制品企业在发展中还存在着一系列问题。比如奶制品单产低、奶牛养殖规模化水平低下、生鲜乳质量安全监管体系不健全等。本文以石家庄君乐宝乳业有限公司作为研究对象，展开对区域性乳制品企业发展前景的研究。目的是掌握目前我国区域性乳制品企业发展的现状和面临的问题，通过SWOT分析对石家庄君乐宝乳业目前所面临的优势、劣势、机会、威胁进行分析并提出合理化的建议，希望能够对我国区域性乳制品企业日后的发展提供借鉴意义。

一、定　义

（一）乳制品定义

乳制品，是指以生鲜牛（羊）乳及其制品为主要原料，经加工制成的产品。具体包括：液体乳类（杀菌乳、灭菌乳、酸牛乳、配方乳）；乳粉类（全脂乳粉、脱脂乳粉、全脂加糖乳粉和调味乳粉、婴幼儿配方乳粉、其他配方乳粉）；炼乳类（全脂淡炼乳、全脂加糖炼乳、调味/调制炼乳、配方炼乳）；乳脂肪类（稀奶油、奶油、无水奶油）；干酪类（原干酪、再制干酪）；其他乳制品类（干酪素、乳糖、乳清粉等）。

（二）我国乳制品行业分类

我国乳制品行业在经历了价格战、质量安全事件、行业整合等各种挑战后，目前已经形成了相对稳定的竞争格局，市场集中度不断提高。我国液态奶市场竞争企业按品牌知名度和经营规模分为三类：第一类乳业是以蒙牛乳业和伊利股份等为代表的全国性乳品企业，该类企业为我国乳业一线品牌，产品以常温奶为主，销售区域覆盖全国，品牌影响力较大。第二类乳业是区域性龙头乳企，以君乐宝、三元、辉山等为代表。区域性乳制品企业品牌影响力相对于全国性乳品企业而言较小，是对一线品牌的有益补充；销售市场大多局限于区域市场且占有率较高，受到当地消费者的青睐。该类企业在巴氏杀菌奶、地方特色奶产品等方面优势明显，有待得到进一步的提升。第三类乳业是地方性乳制品企业。该类企业生产规模小、产品结构单一、品牌影响力小，市场份额小、经营规模增长缓慢。

（三）SWOT 分析

所谓 SWOT 分析，是基于内外部竞争环境和竞争条件下的态势分析，是将与研究对象密切相关的各种主要内部优势、劣势和外部的机会和威胁等，通过调查列举出来，并依照矩阵形式排列，然后用系统分析的思想，把各种因素相互匹配起来加以分析，从中得出一系列相应的结论，以便更好地找到解决问题的方法。

二、我国区域性乳制品企业发展现状分析

（一）企业生产规模小，技术设备落后

目前我国区域性乳制品企业大都为中小型企业，一方面规模小，且多以附加值较低的液态奶为主要产品，利润空间小；另一方面这些企业经营管理水平不高，开拓市场的能力差，随着市场竞争的加剧，利润空间将进一步变小。

（二）产品结构不够合理，乳制品品种少

目前，我国乳制品发展迅速，产品更新换代速度不断加快。尽管如此，相对于其他国家而言，我国乳制品更新换代的速度仍十分滞后，销量绝大部集中在液态奶和酸奶，奶粉仅占一小部分，其他乳制品如干酪、奶油等消费量更是微乎其微。区域性乳制品企业更是如此，尤其是在深加工、高科技和高附加值的产品方面力不从心，不能满足当前市场的需求。

（三）原料奶质量低，直接影响到产品质量的提升

目前我国区域性乳品企业多数没有自己专属的牧场，优质奶牛繁育工作更是无法开展，直接影响到乳制品质量，削弱消费者的购买信心。

（四）区域性乳制品企业相对于全国性乳制品企业而言市场占有率低，品牌影响力小

目前我国区域性乳制品企业的发展大多数只局限于区域内，无法走向更广阔的市场。虽然得到当地广大消费者的认可，但其优势也仅仅局限于产品新鲜度好，价格低等次要性因素，无法从根本上深入消费者内心。

三、区域性乳制品企业发展前景的探讨
——以石家庄君乐宝乳业有限公司为例

（一）君乐宝乳业营运能力分析

在君乐宝实习期间，通过向君乐宝乳业的配送商、终端店、消费者发放调查问卷，了解目前企业发展的实际状况，逆向检核了君乐宝乳业在实际经营中的运营能力，以便找出其在生产经营中的薄弱环节。问卷通过表1-2中的关键因素指标对君乐宝的运营能力进行了说明。

第二层关键因素指标的分值从0到5，分别表示问卷被调查者对君乐宝乳业的满意程度。其中0~1表示满意度差、1~2表示满意度较差、2~3表示满意度一般、3~4表示满意度较好、4~5表示满意度好。问卷被调查者根据自己对君乐宝乳业的了解进行打分，其中问卷被调查者分为A（潜力）类客户、B（培育）类客户、C（重点）类客户。

表1-2   君乐宝乳业运营能力关键因素指标

	第一层关键　因素指标	第二层关键　因素指标
石家庄君乐宝乳业运营能力分析	企业文化 X_1	员工企业文化认同程度 X_{11}
		员工居安思危意识 X_{12}
		员工换位思考意识 X_{13}
		员工客户服务意识 X_{14}
	管理水平 X_2	专业水平 X_{21}
		创新能力 X_{22}
		管理效率 X_{23}
		管理政策落实程度 X_{24}
	部门协作 X_3	部门间沟通顺畅度 X_{31}
		部门间协作意识 X_{32}
		部门间协作质量 X_{33}
		部门间认同度 X_{34}
	物流运输 X_4	到货及时性 X_{41}
		产品准确性 X_{42}
		产品完好率 X_{43}
	产品质量 X_5	产品稳定性 X_{51}
		产品新鲜度 X_{52}
		产品质量投诉率 X_{53}
		产品质量问题处理满意度 X_{54}
	新品研发 X_6	产品更新换代速度 X_{61}
		新品整体设计 X_{62}
		新品上市速度 X_{63}
		市场对新品的反应 X_{64}

根据公式: $Xn = \sum_{i=1}^{k} \left(\sum_{j=1}^{3} x_{nj} \right) / K$, 其中 K 为各类客户的样本数, n = 1, 2, 3, 4, 5, 6, 分析问卷中的数据结果见表1-3。

表 1 – 3   调查问卷结果分值

客户类型	权重	企业文化	管理水平	部门协作	物流运输	产品质量	新品研发
A 客户均值	22%	2.57	2.85	2.79	3.57	2.96	2.52
B 客户均值	33%	3.16	2.63	3.12	3.45	2.72	2.54
C 客户均值	45%	3.37	3.12	3.23	3.71	2.81	2.39
总计	100%	3.12	2.90	3.10	3.59	2.81	2.47

由表 1 – 3 可知，君乐宝乳业的新品研发能力较弱，是 6 个关键因素中的最低分；其次是产品质量，满意度一般，说明屡次出现的产品质量问题已使得配送商和消费者对君乐宝产品望而却步了；再次是管理水平，满意程度一般，说明君乐宝乳业在管理效率与管理政策落实等方面存在一定的滞后。

（二）运用 SWOT 分析法对石家庄君乐宝乳业进行分析

针对石家庄君乐宝乳业目前所面临的内外部环境，利用 SWOT 分析法整理出企业目前发展中所面临的优势、劣势、机会和威胁。

1. 优势

（1）地理位置优越，交通便利，能更好地满足消费者对乳制品新鲜的要求。君乐宝乳业位于河北省的省会石家庄，临近北京、天津，地理位置优越，交通便利。自成立 20 年以来，君乐宝乳业发展市场不断扩大，已形成以石家庄为中心，放射状不断向外扩张的发展态势，目前已形成了覆盖河北、河南、北京、天津、山东、山西、陕西、安徽、江苏、辽宁等 13 省 2 个直辖市的主销区域市场。同时，相对于全国性乳品企业而言，区域性乳品企业能更好地满足消费者对乳制品新鲜度的要求，君乐宝乳业实力不断增强。

（2）拥有自己的奶源，且具有一定规模。石家庄君乐宝乳业是河北省唯一一家拥有自营牧场，集生产、加工和销售于一身的乳制品企业。在石家庄、保定等建有十个生产工厂，并依托华北地区辽阔绿色的优质奶源带，在鹿泉自建大型生态牧场。引进国外优质奶牛种源，奶牛存栏 2 500 头，日产优质奶源 45 吨；还建有配套饲料加工车间，配备粪污处理等现代设备，运用现代化、规范化管理，提升自身奶源品质。

（3）严格控制产品质量，奶粉品质获得欧盟最高认可。石家庄君乐宝乳业自成立以来，严把质量关，视质量为企业的生命。欧洲对于乳品质量和安全管理的标准严苛，是国际公认的权威规范。其中，BRC 食品技术标准（用以评估零售商自有品牌食品的安全性）已经成为国际公认的食品规范。值得一提的是，君乐宝奶粉自上市以来，不断提升自身产品质量，并通过了欧洲的 BRC 认证，这意味着君乐宝奶粉已经拿到了进军欧盟市场的通行证，将有资格进入国际商品销售商联合会（CIES）在全球 200 多个超市集团销售。

（4）君乐宝乳业以酸奶发展起家，研发与管理经验丰富。君乐宝乳业成立初期，主要从事酸牛奶的生产、加工与销售。曾于 2000 年与三鹿达成协议，三鹿以品牌和 5% 的资金入股君乐宝，但在管理方面，君乐宝基本上是独立的。受 2008 年"三聚氰胺"事件的影响，三鹿倒闭，君乐宝自此与三鹿"划清界限"，自谋发展，并迅速占领三鹿的原有市场扩大市场份额。在将近 20 年的发展中，君乐宝逐渐形成自身发展优势，2014 年其低温酸牛奶、乳酸菌饮料市场占有率居全国第四位。

（5）君乐宝乳业产品种类多样，价格较低，能更好地满足当代消费者的需求。君乐宝乳业主要经营酸牛奶、低温乳酸菌饮料、纯牛奶、花色奶、乳饮料、婴幼儿配方奶粉等 50 多个品项，品种繁多。通过在君乐宝实习阶段的学习，了解到君乐宝各品项的价格要比蒙牛、伊利等全国性乳制品企业同类产品的价格低一些，在一定程度上占很大优势。君乐宝奶粉每罐 130 元的价格更是吸引了广大的消费者，数次在淘宝、天猫上销量排名第一，力压洋奶粉，为中国奶粉赢得了荣誉。

（6）与蒙牛乳业集团达成长期合作，取长补短，为君乐宝乳业的长期稳定发展奠定基石。2011 年 11 月 22 日，蒙牛乳业集团和君乐宝乳业在北京联合召开战略合作新闻发布会，标志着中国乳业第一品牌与酸奶市场第四品牌的合作拉开序幕：蒙牛将投资 4.692 亿元持有君乐宝乳业 51% 股权，成为君乐宝的最大股东。此次合作成为中国乳业近几年来影响最大的一次合作，预示着中国乳业联合、重组、兼并收购"浪潮"的来临。

2. **劣势**

（1）相对于全国乳制品企业而言，君乐宝乳业品牌知名度小，品牌联想差，市场占有率低。虽然就目前而言，我国消费者对乳制品的需求要远远高于世界平均水平，但乳制品潜力市场主要集中在消费水平相对较低的农村。这是因为在我国，农村人口占全国总人口的大多数，而农村人均消费水平只有城镇的约 10%，农村市场将近空白，君乐宝乳业进军农村市场依然是个难题。

（2）近年来，虽然我国乳制品行业发展十分迅速，但相对于国外先进乳制品行业而言，我国乳制品行业发展仍不够成熟。主要表现在：企业生产设备不够先进；产品技术欠缺；品种单一；包装技术落后；营销模式老套，处于更高阶段的品牌战略和目标营销在这个行业中尚未形成气候等。君乐宝乳业必然也存在这些问题。

（3）企业规模小，发展局限性大。君乐宝乳业作为区域性乳制品企业的代表，其生产规模相对较小，不能满足日益增长的生产量的发展需求。

（4）关于我国乳制品的基础研究还相对薄弱。目前我国乳制品行业的研究缺乏系统的研究资料，关于国外先进乳制品行业发展案例的研究更是少之又少，缺乏先进的经验。君乐宝乳业作为区域性乳制品行业的代表，在这方面更是欠缺。

3．机会

（1）我国经济的不断发展带来乳品的刚性需求，国内乳制品市场发展潜力巨大。就河北省而言，人均乳品消费量还远远低于世界平均水平。目前随着人们生活水平的提高，对乳制品的需求呈直线上升趋势。

（2）国家对乳品行业的大力支持。国家在产业政策上将乳制品行业确定为重点支持产业，同时列到"菜篮子"规划。2014 年，随着"单独二胎"政策的实施，客观上带来了乳品需求的增长，乳制品行业得到了国家政策的大力扶持。

（3）城市化比率上升带来乳品消费。近年来，我国城市化水平不断上升，消费者观念不断更新。随着人们对健康的追求的不断增长，消费者开始从普通鲜奶向多品种、多功能奶产品分流，奶制品已成为城市居民的最佳日常营养食品。同时，越来越多的消费者根据不同阶段的生理特征、对营养成分的不同追求以及各自身体状况的差异来选择奶产品。

4．威胁

（1）替代品种类繁多，且有一定的发展前景。乳制品替代品种类繁多，且仍在不断增加，其中最具竞争力的应该是豆制品。豆制品作为我国传统的食品，其未来发展前景较好；豆制品拥有极高的营养价值，适合我国广大消费者的体质；同时我国大豆原料丰富，豆制品制作成本较低，价格低廉，能很好地满足广大消费者的需求。

（2）我国乳制品市场正面临新一轮的"洗牌"，各大乳制品企业不断加快市场扩张步伐。有专家预测，未来几年我国乳制品行业将进一步升级，品牌集中度进一步提高。这意味着大部分不具备生产规模和品牌影响力的中小型乳制品企业将面临破产的命运。君乐宝作为区域性乳制品企业的一员，也将面临严重考验。

（3）国内乳制品行业竞争不断升级，尤其是价格战愈演愈烈。君乐宝向上面临着全国性品牌降价的冲击，向下面临着地方品牌品质低的挑战，价格已不再成为企业的显著优势。

（4）国际品牌的进入加剧市场竞争。在我国乳制品竞争激烈的同时，国际品牌不断涌入，并参与到竞争中来。虽然国际品牌在价格上优势不明显，但其产品品质却受到消费者的青睐，市场占有率不断提升。

四、石家庄君乐宝乳业有限公司发展的建议

（一）发挥产品的新鲜优势，使其成为企业发展的硬肋

现在消费者对各类消费品的新鲜度越来越重视，到商场、超市购买消费品注意生产日期的人越来越多。君乐宝在发展的过程中应当立足当地市场，保证自己的产品能够在最快的时间内投放到市场，满足消费者对新鲜度的需求，从而达到占领更大市场份额的目的。

（二）做好市场定位，发挥自身优势

目前君乐宝乳业在市应花大力气在市场定位方面，明确自身发展方向。君乐宝以酸奶起家，在酸奶生产、加工与销售方面拥有丰富的经验并占据一定市场份额。目前而言，君乐宝应将酸奶做大做强，更好的发挥自己的优势，为企业争取到更大的发展空间。

（三）提升企业创新能力，增强综合实力

科技是企业进步的灵魂，科技创新和研发能力对企业发展尤为重要。在对君乐宝进行营运能力分析时发现，企业的创新能力相对较差，直接影响到产品研发和更新速度。君乐宝在日后应根据价值链的提升，提高企业管理创新能力，制定企业科技发展规划，形成企业科技发展管理体系；以项目为依托，成立科技研发项目组，努力推进产、学、研结合技术创新体系。

（四）集中精力生产深加工、高科技和高附加值的产品，增加企业利润率

乳制品行业整体利润水平较低，但相对于低端产品而言，那些经过深加工、高科技和高附加值的产品利润率相对较高，其中奶粉具有最高利润率。君乐宝乳业自2014年4月推出奶粉以来，营业额不断增长，大大提高了企业的利润率。这对君乐宝未来的发展提供了方向，要求企业不断加大对深加工、高科技和高附加值产品的投入。

（五）加强人才管理战略，完善企业管理体系

就目前君乐宝发展状况而言，人才的缺失严重影响了企业的创新步伐。作

为区域性乳制品企业的典型代表，君乐宝在发展过程中人才不足劣势显露，企业现有的人才储备完全无法满足高速发展的需求。因此，君乐宝在近几年的发展中应尤其注意对人才的吸引和管理，重视员工个人价值的实现，发挥人才优势；提升员工的知识和劳动素质，增强员工为公司、为顾客服务的意识；培养员工应对外界环境变化的能力，使员工掌握最前沿的知识、最高端的技术，以便了解消费者的真实需求，为企业的高速发展提供可靠保障。

（六）增强企业价值链协同，提高优质服务水平

通过企业内外部价值链建立企业内部员工之间、员工与外部客户之间"以客户为导向"的协同机制，主要包括：促进员工客户服务意识的转变、建立内部公开的服务能力模型、提升员工的服务能力、部门职责的再梳理等，做好对客户投诉、员工服务考核日常管理等工作的监控。

（七）致力于公益公关活动，主动承担社会责任，提升品牌美誉度

君乐宝乳业在未来的发展中要以过硬的质量来报答消费者，抓好产品的质量和研发，形成较大的差异化优势。发挥本土企业优势，脚踏实地地以优质的工作，提供超值的服务。

参考文献

[1] 黄小芳. 对我国乳制品行业产业组织的实证分析 [R], 2007.

[2] 王海琳. 从数据看我国乳制品行业发展 [P]. 2012.

[3] 张可夫. 关于地方性乳制品加工企业生存发展途径的初步探讨 [J]. 考试周刊, 2013，6：192 – 193.

[4] Measuring Quality Perception of America's Top Brands [J]. Brandweek, 1994 (4).

[5] 孙松伟. 乳制品行业的危与机 [R], 2009.

[6] 张爱春. 乳制品行业绿色品牌发展研究 [D], 2009.

[7] 西濑，高雅琴等. 我国乳及乳制品发展存在的问题及发展建议 [R], 2009.

[8] 姚记标. 我国乳制品行业发展问题及对策 [D], 2007.

[9] 杨志祥. 我国乳制品行业发展前景分析 [J], 甘肃农业, 2005，4：44.

[10] 林艳辉. 我国乳制品行业现状分析及对策研究——基于2013年"洋乳品"危机事件 [P], 2013.

[11] 段合敏. 中国乳制品业现状分析及发展建议 [D], 2006.

[12] 侯军岐，李利. 基于乳品安全的乳业企业战略选择——以蒙牛乳业集团为例 [J], 西北农林科技大学学报（社会科学版），2014，14，5：60 – 64.

[13] 党杨. 区域性乳品企业营销策略分析——以武汉惠尔康扬子江乳业有限公司为例 [J], 科技情报开发与经济, 2005, 15, 21: 123 – 124.

[14] 孔洁珉. 辉山乳业 不急而速 [P], 2014.

[15] 杨淑君. 对内蒙古乳业发展的建议 [J], 赤峰学院学报（自然科学版）, 2009, 25, 2: 91 – 92.

[16] Yoshino, M. Y., and S. U. Rangan. Strategic Alliances. An Entrepreneurial Approach to Globalization [M]. HB School Press, 1995, 4.

[17] 王慧英. 呼和浩特市乳业发展专题研究报告 [D], 2009.

[18] Griffin, Miehael (1998), Overview of the world Dairy Situation: Change, Trends and Challenges for The Dairy Industry.

教师讲评

该文运用问卷调查法和 SWOT 分析方法，对区域性乳制品代表——石家庄君乐宝乳业有限公司的综合实力、优势、劣势、机会、威胁进行具体分析，进而提出建议性措施。论文语言表达流畅，格式符合规范要求，写作过程中能综合运用专业系统知识，全面分析问题，具有一定的现实意义。

高碑店市辛桥乡粮食种植业发展存在的问题与对策研究

农林经济管理1003班　晋爱华/指导教师：贾俊民

摘　要：从可持续发展的角度出发，采用了理论分析和实地调查等研究方法，对辛桥粮食种植业的现状进行研究，找出了辛桥乡粮食种植业在发展过程中存在的一些问题，研究了产生问题的原因，从而提出了有利于问题解决且适合其发展的对策，对促进辛桥乡粮食种植业问题的解决具有实践意义。

关键词：高碑店辛桥乡；粮食种植业；问题及原因；对策

引　言

（一）发展粮食种植业的目的与意义

随着我国现代化建设的深入发展和人民生活水平的不断提高，社会经济的发展对国家粮食安全、提供第二产业原材料等功能的要求不断提高，对粮食种植业多功能的要求日益增长。所以我国必须在粮食种植业中牢牢地把握住稳中求进的总基调，坚定地促进粮食发展的目标绝不动摇，强化政策的扶持，提升粮食种植业生产的技术水平，全力取得粮食好收成，努力促进粮食种植业的健康稳定和谐发展，着力推进粮食种植业发展方式的转变，调动各方面生产粮食的积极性，实现粮食种植业的可持续发展，最终以粮食种植业的发展带动我国经济，促进我国经济又好又快的健康发展。

农业是国民经济的基础，粮食种植业是农业的基础。我国这个处于传统农业向现代农业过渡的时期，发展粮食种植业不仅可以使我国粮食安全有保障，还可以促进我国经济的快速增长。并且随着先进科技的应用，我国粮食种植业的产业链条被大大的拓宽，不仅增强了容纳农村劳动力的能力，还可以改变农村、繁荣农村、致富农民，建设社会主义和谐新农村。

我国各粮食种植业大省也摒弃了陈旧的思想观念，积极学习新技术，眼光不局限在粮食本身，而是"透过现象看本质"，充分发掘与粮食相关的产业，拓展了粮食种植业的产业链条，深化了种植业结构的调整，优化了种植业的产业布局，其中四大作物对粮食增产做出的贡献最大，对促进我国经济发展发挥了重要作用。

（二）研究方法

此次采用抽样问卷调查的方法，对辛桥乡周边的三个村子的 90 位年龄在 30～65 岁之间的农民进行了不记名调查，对被调查者在性别、经营规模、种植结构和品种、单产和基础设施等方面进行了访问，共收到有效问卷 70 份，有效率为 78%，问卷填写比较完整，信息体现较完善、真实。然后利用相关农业经济理论对高碑店市辛桥乡粮食种植业发展存在的问题做深刻分析，最后从可持续发展的角度提出解决粮食种植业发展存在问题的有效解决方法。

一、辛桥乡粮食种植业发展现状

（一）辛桥乡概况

辛桥乡在高碑店市东面，总面积有 72 平方公里，耕地面积 66 663 亩，区域内有 37 个村子，约 4 万人。地理位置比较优越，距离保定 85 公里，北京 80 公里。其范围内有新固主干路通过，交通很便利，环境优雅，有丰富的耕地资源，但是人均耕地比较匮乏，只有 1.67 亩左右。全乡以农业为主，虽然人均耕地少，但是经过各届政府工作人员的努力工作，全乡社会稳定，人民勤劳质朴，经济正稳定并快速的发展。

（二）辛桥乡粮食种植业发展现状

辛桥乡耕地面积为 66 663 亩，约 4 万人，人均平均耕地大约为 1.67 亩。为了更好地了解辛桥乡的粮食种植业发展状况和人们的生活水平，采取了抽样调查的方法，对辛桥乡的种植业现状有了一个大概的了解。

从被调查者男女性别比例来看，10 年前从事农业生产的男性要远远大于女性，但现在据调查结果中显示：被调查者中女性有 57 人，占总人数的 63%；男性有 33 人，占总人数的 37%。由此可见，辛桥乡从事农业生产逐渐由男性转移到女性且大多数是女性。

从文化程度来看，随着经济的发展，农民受教育的程度较以前显著提高，但是调查结果显示，只有 11% 的农民接受过高中教育，30% 的劳动力接受过初中教育，接受调查的接近 59% 的劳动力接受过小学或是没有接受过教育。可见文化程度之低。

从接受技术程度来看，30% 的劳动力可以接受新技术，26% 的劳动力可以接受一部分他们自认对他们有用处的，44% 的劳动力且多是年龄稍大的劳动力不太能接受新技术，还是愿意凭借古老的经验种植。

从劳动力分布区域看，10 年前打工的劳动力多是在家的周围从事农业以外的活动，收入不是很多，但是现在据调查结果中显示：大多数外出打工的劳动力多在北京，天津等大城市；打工收入每天 200 元的占到 50%，35% 的农民工工资每天在 170~200 元之间，只有 15% 的农民工日工资在 200 元以上，打工收入显著提高，分布范围逐渐扩大。

从粮食种植经营规模来看，从新分配土地后，根据人口分配土地亩数，每家所得到的土地很多，但是随着农村经济的发展，被调查者中耕地亩数在 8 亩以下的有 55 户，占总人数的 61%；耕地亩数 8 亩及以上的 35 户，占总人数的 39%。可见辛桥乡大多数农户耕地数量在 8 亩以下，种植经营规模较之前变小。

从种植结构和品种来看，被调查者中 91%，也就是说 82 户农户一年只种一种或两种作物，而且作物单一，只有玉米和小麦；另外 9% 的农户在种植玉米小麦的同时还会种植一些蔬菜等，大豆、棉花等经济作物基本不种植。由此可知，辛桥乡的大多数的农户一年只种一种或两种作物，玉米和小麦，比较单一。

从粮食种植业投资结构来看，农民自己投资占到总投资的 60%，政府补贴占到 25%，而农村金融机构贷款只占到 15%，可见种植资金投入不足，金融机构不愿意投资农业。

从投资意愿来看，25% 的农民愿意守着自己的一亩三分地，投资农业，而 75% 对于投资农业已经显得疲惫，觉得投资农业所获利益没有打工来得快，也没有打工挣的钱多。可见农民投资农业的情绪相对于外出打工来说比较低落。

从单产和基础设施方面来看，几年前，农民因知识和技术的限制，种地只能靠自己的经验，所以单产大多在 450 公斤，都不是很高，现在被调查者中 56% 的农民在粮食种植中亩产不足 450 公斤；34% 的农民亩产在 450~550 公斤；10% 的农民亩产在 550 公斤以上。虽然也不是很高，但是较以前已经有很大提高，但是单产数量还是低；在水利基础设施方面，90 户被调查者都采用大水漫灌的灌溉方式，基本没有滴管或喷灌等比较高技术的灌溉方法；并且辛桥乡没有统一的农产品流通设施建设，农户只有自己寻找买家。由此可见，辛桥乡粮食单产比较低，基础设施也不完善。

二、辛桥乡粮食种植业发展存在问题及原因

（一）辛桥乡粮食种植业发展存在问题

1. 种植业经营规模较小

由调查结果可知，辛桥乡农户耕地在 8 亩以下的就占到 61%，并且人均耕地 1.67 亩。可见，种植面积比较小，形成不了大规模的农业经营生产活动。调查表明，辛桥乡大多数的农户更倾向于外出打工，以至于把耕地闲置或是出租。随着辛桥乡城镇化的发展，许多农业用地被征用，农田更是逐渐减少，资源逐渐短缺，农户只能实行家庭联产承包责任制，自给自足，最终导致辛桥乡粮食种植业经营规模变小。

2. 种植结构和品种单一

调查结果显示，91% 的农户种植的作物比较单一，多是种植一些玉米和小麦，只有少数的农户在种植小麦和玉米的同时，会种植一些蔬菜，红薯等作物。但是对于大豆，棉花等需求日益增长的经济作物却很少种植；在种植结构方面，辛桥乡农民一片土地只种小麦或是玉米，或者两种作物轮耕，基本不种植其他作物，这造成了大多数耕地土壤肥力下降，作物种植出的质量不高，不能满足一些相关产业对作物的要求。这两种现象在全国也比较普遍，根据气候的不同，种植的主要植物也不尽相同，也喜欢总种植一种植物。

3. 农村壮劳动力短缺

辛桥乡从事农业劳动的劳动力中 67% 为女性，只有 33% 为男性，而且男性在 50 岁以上的占多数。调查发现，大多数农户虽然知道耕地对农民的重要性，但是大多数的农民却有着"种地不如外出打工"的想法，辛桥乡人均耕地才 1.67 亩，耕地比较多的家庭如果只种植小麦和玉米等普通农作物，不算生产成本，平均每亩收入不到 2 000 元，而外出打工，农民工每个月的有将近 3 000 元的收入，打工收入远高于种地所得，在这种现实面前，辛桥乡大量农民纷纷进入城市打工，尤其是青壮年劳动力。从全国来讲，农民工进城打工，妇女、老人、儿童留守是很普遍的现象。

4. 粮食单产产量较低

辛桥乡粮食种植业发展的比较缓慢，尤其是粮食结构方面大多数农户只种植玉米和小麦，就粮食单产产量总的来说，大多数农户的粮食产量在 550 公斤以下，只有 10% 的农户粮食在 550 公斤以上；分着来说，玉米的亩产产量多在 400~500 公斤，小麦的亩产产量多在 450~550 公斤。就河北省的玉米和小

麦的亩产产量来说，处于中等水平，产量较低。

5. 基础设施建设投入不足

水是人类赖以生存的基本，节约水源是人类的美好品德。但是在我国灌溉技术还不成熟的条件下，许多农业种植区域普遍采用大水漫灌或是沟灌，尤其是辛桥乡普遍采用大水漫灌，没有采用滴管或是喷灌，这致使农户灌溉农田时会使大量的水资源运用不到位，流失。

辛桥乡粮食的销售没有比较集中的流通设施。一切农产品的销售均靠农民自己，或是自己出去寻找购买者或是依靠外来收购者，辛桥乡没有统一的流通组织建设，以统一的价格出售，致使农户靠农业所得的收入不等，打消了农民种粮食的积极性。

6. 种植资金投入不足

我国种植业资金的投入渠道是多元化的，有财政投入、金融机构的信贷和农户自主投资等，各自都发挥着重要的作用。经过调查得知，辛桥乡种植业资金投入主要来自于农户自主投资，60%的农户需要自己花钱买种子、农药，自己花钱修建水利设施，但是农户的资金毕竟是有限的，加之财政资金的投入不足，只有25%，金融机构信贷资金更是缺乏，只有15%。这些都不能使粮食种植业发展所需的大量资金得到满足，从而导致辛桥乡粮食种植业的发展相对比较缓慢，制约了粮食的生产能力。我国对农业投入很多，但是对金融机构的监督管理还不是很严格，致使其对农业的投入的积极性不高。

（二）辛桥乡粮食种植业发展存在问题的原因

辛桥乡粮食种植业的发展出现了问题，这不仅是辛桥乡的问题，更是全国范围内普遍存在的问题。它不仅制约了粮食的生产能力，同时也制约了整个农业的发展，而农业是国民经济的基础，制约了农业也相当于制约了我国经济的发展，要想解决这些问题就必须找出导致问题出现的原因。

1. 生产交易成本高与小农经济限制了集约化程度

家庭联产承包责任制和小农经济阻碍了商品经济的发展，造成集约化程度低，生产成本和交易成本高。

我国实行家庭联产承包责任制首先是将土地切割成许许多多的小块给农民，虽然农民只拥有使用权，实际上农民拥有相当的自主权。生产劳动以一家一户为单位，农民是小块地的主人，这就出现了典型的小农经济。辛桥乡就是典型的小农经济，被调查者中61%耕地亩数在8亩以下，只有39%的农户家耕地在8亩以上，农民耕面积普遍偏小，不能形成大规模的耕地面积，制约了集约化的发展；农民的耕地数量少，农作物的产量就很少，耕种初期粮食产量只能自给自足，少有剩余的粮食进入市场流通，近几年虽然大有改变，但是耕地数量不变，随着种植、化肥、各种机械化种植的价格不断提高，粮食种植所需要的投入却比以前要多，产量却不见大幅度的提高，甚至生产成本会达到收入的一半左右，可见生产成本之高。由于没有统一的流通体质，农户贩卖粮食需要自己寻找买家，自己运输，即使交易成功，那运输成本也会很高，交易成本高，农户的收益就会下降，降低农户种粮的积极性。

2. 劳动者思想观念落后

据统计我国农民平均受教育年限不足 7 年，全国有 92% 的文盲、半文盲在农村，农业人口中接受正规教育的比例只有 45% ~ 65%，每百名农业劳动者中只有 0.023 名科技人员。根据这些数据，就知道我国农民受教育的程度不高，看问题的方式存在着局限性。而辛桥乡同样存在着这样的问题，只有 11% 的农民接受过高中教育，30% 的劳动力接受过初中教育，接受调查的接近 59% 的劳动力接受过小学或是没有接受过教育。许多农民不懂得农业和教育是有机一体的，对教育的传统观念得不到根本的改变，只懂得依照经验，不懂得运用知识，在种植结构和品种方面，观念比较落后，一味只种植玉米和小麦，不懂得创新，放开眼界看外面的世界，导致辛桥乡的种植结构和品种单一，土壤肥力下降，农民农业收入不高。

3. 青壮劳动力转移现象严重

从调查结果中知道：被调查者中女性有 57 人，占总人数的 63%；男性有 33 人，占总人数的 37%。劳动力由青壮年男性逐渐转移到中年女性。

我国是传统的农业大国，农村人口和劳动力在全国人口中占有重要的位置。发展农业的同时，人地关系紧张等一系列的问题也随之而来，由于小农经济的发展，大多数耕地被分成许许多多的小块，并且人多地少的矛盾也日益突出，许多农户人多，可是耕地面积却很少，粮食的产出有时候只能维持温饱，没有多余的收入，在这种情况下，大多数人选择外出打工，外出打工每天的工资在 200 元及 200 元以上的就占到被调查者的 65%，打工收入远高于农业收入，这直接造成农村劳动力转移。在打工的人群中以青壮年劳动力为主，男性居多，组织化程度也比较低。

4. 种植技术比较低下

科学技术是第一生产力，科技可以促进种植业的发展。虽然辛桥乡的单产产量已经明显多于以前，但是农民因知识和技术的限制，种地只能靠自己的经验，而且在接受技术方面，只有 56% 的农户可以接受全部或是一部分新技术，还有 44% 的农户思想比较顽固，喜欢遵循经验耕地，接受新事物的能力比较低，不能积极运用新的种植技术。政府的投入也不多，很少请专业的技术人员来乡指导农民学习并运用新技术，也没有采取其他措施来弥补种植技术落后这一缺陷。农民的科学素质得不到提高，受到专业技术培训的不多，对外界比较先进的生产技术更是接触的不多，只能依靠祖辈的经验和自己摸索来种植耕地，种植技术自然比较低下，最终导致粮食生产的单产比较少。

5. 缺乏金融机构的信贷支持

金融机构的信贷支持是农业发展的重要资金支持，在很大程度上制约着种植业的发展深度和发展方向。基础设施的建设是种植业发展的重要组成部分，所以金融机构的信贷支持与基础设施的建设有很大的关系。辛桥乡基础设施建设投入不足，建设的不完善有很大一部分原因是缺乏金融机构的信贷支持。调查发现，农村金融机构对辛桥乡种植业的投资只占到总投资的15%，占到最多的是60%还是农民自己投资的。金融机构是一个盈利性质的机构，辛桥乡农业发展缓慢，不能满足金融机构的盈利要求，一旦投资不当，就会损害自身利益，所以大多数的金融机构不愿意投资或是向农户发放的额度较小的贷款。随着现代化农业的快速发展，小额贷款已不能满足这些农户的需求。

6. 比较效益低导致农民不愿投资农业

种粮比较效益低是与种植其他农作物所获效益相比较得出的结果。辛桥乡91%的农户种植的作物品种比较单一，大多数种植玉米和小麦，只有9%农户在种植小麦、玉米的同时还种植花生、棉花等，农产品的价格低于其他产品，这是造成了种粮比较效益低；比较效益低，农民从种植业中得到的利润比较少，降低了农民种地的自信心，所以只有25%的农民还愿意守着祖辈留下来的耕地，但是75%的农户更喜欢去外地打工，因为粮食价格的下降，其得不到预期的收入，不愿意再去投资农业，这严重降低了种植业在农户心目中的地位，种粮积极性减少。

三、解决辛桥乡粮食种植业发展存在问题的对策

（一）加强土地流转以扩大种植规模

由于家庭联产承包责任制和小农经济的制约，辛桥乡的种植规模比较小，阻碍了粮食种植业的发展。要想解决这个问题，就要加强土地流转，我国的传统的小规模经营模式已经不能适应我国经济的发展，土地的滞后性不能使农民把握正确的市场方向。而土地流转可以将小规模的土地整合起来，进行大规模的经营，这样不仅可以降低生产成本，还可以提高劳动生产率，克服小农户面向大市场的不足。土地流转可以有效缓解人多地少的矛盾，让土地流向善于种

地的农户，没有土地的农民可以从事一些其他的生产活动，促使农民的收入增加。加强土地流转不仅可以使农民的收入稳定，还可以带动农村经济的发展。

（二）提高文化素质与转变思想观念

应当调整现在农村教育的体制，人力资本理论创始人舒尔茨教授认为：处理不均衡状态的能力是人在现代社会中不可缺少的能力，学校教育是培养这种的主要途径，因此，学校教育的质量也是经济发展的重要因素之一。辛桥乡教育的发展决定着其劳动力的素质，更决定着种植业的发展。针对于初高中毕业的青年劳动力，因其具有较高的文化素质，可以对他们展开职业技术教育培训，培养他们在农业方面的专业知识，让未来粮食种植业的发展充满活力；而对于从事农业多年的壮年劳动力，主要的是转变他们陈旧的思想观念，置办乡镇成人教育学校，宣传新知识和新技术，尽量减少文盲或半文盲的数量。只有提高了劳动力的文化素质，转变他们落后的观念，他们才能改革粮食的种植方式，提高种植业发展的活力。

（三）增强农村活力以提高劳动力吸纳能力

在当前我国农村经济快速发展的条件下，要想解决农村劳动力短缺的问题，就必须增强农村活力，这需要政府有所作为，采取措施。人地矛盾这一问题是我国农业发展的制约因素，辛桥乡政府应该鼓励会种地的农民承包土地，进行土地流转，这样可以统一应用新技术，还可以统一规划种植，规模的加大需要的劳动力就会增加，这样可以使许多劳动力再不离开家的条件下就可以增加收入，不仅有效减少了土地纠纷，提高了劳动力吸纳能力，还可以在稳定家庭联产承包责任制的前提下促进农村经济的发展。乡政府还要落实强农惠农富农的国家政策，完善农业保护体制；加快转变农业发展方式，深化农村的体制改革，增强农村活力。

在要求政府有所作为的同时，农民自己也要懂得提高自身的文化素质，应用新技术，创新种植方式，提高收入，增强农村活力，不能一味的放弃农业，脱离农村。

（四）应用新技术提高种粮效益

我国农业生产技术水平落后是造成农民收入不多的原因之一，科学技术是第一生产力，是发展现代农业的根本动力，应当建立健全粮食种植业科技推广体系，自主研发或者引用外国先进技术，把科技成果应用到实际生产当中。

加强政府对科技进步的引导力度，为科技的创新营造一个良好的环境，不断完善科技创新的激励机制,充分调动农民对科技创新的积极性,并且积极把技术运用到粮食的种植当中去,增强发展的后劲;加强对农村劳动力的科技培训,推进农业科技的进步。乡政府可以通过宣传农业资料,举办科技讲座,置办成人学校,要请科技人员进行现场指导等方式,向农民宣传新技术,改变农民传统的耕作观念,向集约化、产业化迈进,提高种粮效益,科技致富;加快农业技术的推广力度,加快科技成果的转化,引用新型的科学技术,促进农业的快速健康发展。

(五) 加强对农业信贷的支持力度

政府制定一些农贷法律,保护农业政策性金融机构的运行,使其全方位多层次的对农业进行资金信贷,促进粮食种植业的快速发展;政府应大力扶持,发展和完善农村金融体系,对其进行财政投入,给予利息补贴、免税等优惠政策;政府要发挥其资金导向功能,引导金融机构向农民提供大量的贷款,财政补贴利息差额。农田水利和灌溉等基础设施的改善应该以金融机构贷款为主,国家财政补贴为辅,这样既改善生产条件,又调动了农民种粮的积极性;政府在设立金融信贷机构、进行财政补贴的同时,也可以采取政府不计利息贷款形式,农民以一定的粮食作为抵押,向政府贷款,这样不仅可以减轻农民的经济负担,还可以提高了农业信贷力度,同时提升国家的形象。

(六) 加强和完善政府服务与扶持保障政策

粮食种植业的发展不可能依靠市场来完成,必须要有政府的财政支持,通过政府的财政支持,可以加强农业基础设施的建设,改善生产条件,更可以拓宽农民的利益空间,改善农民的生活质量;政府应该制定一系列保障种植业发展的政策,例如税收政策、价格政策等,建立农产品流通市场,降低农民的生产成本和交易成本,提高农民的比较效益;政府应该保障农民的利益,在医疗,教育,养老保险等方面改革变迁,解决好农民的后顾之忧。只有让农民在种植业中得到他们想得到的利润,提高比较效益,农业的利润高于外出打工所得,农民的生活水平得以提高,那么农民自然而然的会投资农业。

四、结　语

辛桥乡的种植业发展现状虽然比几年前发展得快,但是存在的问题还是很多。由于辛桥乡劳动力思想观念比较落后、文化知识不高,集约程度低,投资少等原因导致了其种植规模小,单产低,基础设施落后等问题,然而这些问题在全国范围内也是很普遍的。所以不仅是辛桥乡政府还是我国政府都要从政策、经济、技术、教育等多方面入手，抓住根本，从根源上解决。粮食是人类赖以生存的根本，辛桥乡只有解决了这些限制粮食种植业发展的问题，农民的生活水平才会得到提高，经济才会得以更快速的发展。

参考文献

[1] 蒋和平，辛岭. 我国种植业生产的现状与政策建议 [J]. 研究简报，2008，(12)：12 – 13.

[2] 杨红旗，徐艳华. 我国种植业发展现状、制约因素分析及对策建议 [J]. 江西农业学报，2010，(8)：181 – 183.

[3] 施良平. 粮食种植中的影响因素及建议 [J]. 吉林农业，2011，(4)：8 – 10.

[4] 胡元坤. 中国种植业发展现状及前景展望 [J]. 中国农学通报，2007，(3)：11 – 13.

[5] 陈丽英. 对我国农业发展现状的思考 [J]. 福州大学学报（社会科学版），1997，(4)：3 – 4.

[6] 孙薇，赵真. 中等农业职业教育现状及发展对策 [J]. 农业科技与装备，2008，(6)：13 – 14.

[7] 陈艳娟. 基于我国城镇化视角的农村劳动力转移研究 [J]. 经济与管理科学辑，2011，(1)：20 – 22.

[8] 袁艳红. 新农村建设中提高农民素质的基本思路 [J]. 国家林业局管理干部学院学报，2008，(1)：3 – 4.

[9] 周师慷. 应对农村经济发展的金融政策取向 [J]. 金融与经济，2004，(12)：23 – 24.

[10] 王皎. 农村土地承包经营权流转问题探究 [J]. 大连海事大学学报，2012，(8)：11 – 13.

[11] 崔高清. 农村劳动力转移与农村中等职业教育 [J]. 农业经济，2003，(5)：18.

[12] 赵海霞，张春美. 发展农村教育，促进农民增收 [J]. 中国农学通报，2004，(5)：15 – 16.

[13] 燕泽英. 粮食种植结构调整的难点及对策 [J]. 价格月刊，1999，(10)：13 – 15.

[14] 汤红官. 科技在现代农业中的重要地位和作用 [J]. 平川区宣传杂志，2009，(5)：1 – 2.

[15] 赵俊仙. 国外粮食信贷政策对我国的启示 [J]. 中国外资，2011，(23)：27 – 29.

[16] 周勤. 制度变迁对广东省农村经济增长影响的实证研究 [J]. 广东商学院学报，2012，(3)：16.

教师讲评

　　论文运用实地调查法对高碑店市辛桥乡粮食种植业发展现状进行分析，针对辛桥乡粮食种植业发展中存在的问题，深入探究产生问题的原因，并提出对策建议。论文结构合理，逻辑清晰，语言流畅，格式规范，对促进辛桥乡粮食种植业问题的解决具有一定的现实意义。

3

魏县鸭梨产业现状及其策略分析

农林经济管理 1002 班　申小雨／指导教师：梁　山

摘　要：魏县是河北省发展鸭梨种植业最早的农业县之一，鸭梨产业在魏县的经济发展中占有重要位置，在促进农民增收以及促进其他相关产业发展方面都起着重要的作用。然而，魏县鸭梨产业在发展的过程中也存在着一些问题，本文系统分析了魏县鸭梨产业发展的成就和制约因素，提出了魏县鸭梨产业发展中存在的问题，最后有针对性地提出一系列解决措施，对于指导魏县鸭梨产业的发展具有重要的现实意义。

关键词：魏县；鸭梨产业；状况；策略

引　言

（一）魏县鸭梨概况

魏县位于河北省最南端，河北、河南两省交界处，总面积 862 平方公里。西距南北交通大动脉京广铁路、107 国道、京深高速公路 48 公里，距离邯郸机场 60 公里，北距邯济铁路、309 国道 10 余公里。东距 106 国道 10 余公里。魏县是国家命名的中国鸭梨之乡。鸭梨是魏县的传统特色产业，北宋已有大面积栽培，至今已有 1 000 多年的历史。全县鸭梨种植面积 15 万亩，年产量 20 万吨，其中精品鸭梨 10 万亩。其果型端正，个大皮薄，肉细汁多，核小渣少，酸甜适度，香酥可口，因而享誉海内外，已打入十多个大中城市的大型超市和宾馆饭店，出口欧、亚、美二十多个国家和地区，深受国外消费者青睐。

为提升鸭梨这一传统优势产业，从 2000 年开始，魏县连续推出了无公害精品鸭梨建设工程，一年一个台阶，规模逐年扩大，到 2009 年已建成 8 万亩无公害果园，500 余亩鸭梨园顺利通过了河北省出入境检验检疫局的验收和产地注册工作，重点冲击北美市场。通过实施精品工程，魏县鸭梨品质及知名度逐年提高，销售形势逐年好转。近几年来魏县开发生产的精品鸭梨，以果面洁净，无污染的优良品质，成为广大消费者喜爱的水果产品。

2001 年以来，先后获"河北省优质产品"，两次"河北省名牌产品"，"中国名优果品"，在河北省果品品质鉴评会上曾获鸭梨品系第一名，连续五届中国北方农副产品暨农业技术交易会"名优产品"，首届中国国际林业产业博览会优秀展品银奖。魏县民风淳朴、热情好客、环境优美。每年三月底四月初梨花盛开之际，魏县都会举办一年一度的梨花观赏周。梨花观赏周期间，县城周围方圆十余里形成了花的海洋，时值桃花，油菜花盛开，青青的麦苗，如霞的桃花，金黄的油菜花，洁白的梨花，辉映成一道色彩鲜明，充满诗情画意的亮丽风景，令人心旷神怡，流连忘返，每年都吸引数万名的国内外的游客来魏踏青游览。

全县农民以种植梨树作为重要的经济收入来源，鸭梨产业的发展推动了魏县经济的腾飞，使县域经济迸发出强劲的发展态势，有力地促进了农民增收，也促进其他相关产业的发展。然而，近年来魏县鸭梨产业发展的过程中也存在着一些问题，从而制约了它的长期可持续发展。

（二）研究魏县鸭梨产业的目的

本文通过使用文献检索法和综合分析法，以理论开拓和实际应用为目标，从剖析魏县鸭梨产业的发展现状入手，对魏县鸭梨产业的发展现状和经营对策进行深入研究，以河北省其他省市果品发展模式的经验为借鉴，并在此基础上，提出适合魏县鸭梨产业持续发展的策略建议，以促进魏县鸭梨产业的蓬勃发展。

（三）研究魏县鸭梨产业的意义

鸭梨产业是魏县的传统种植业，更是魏县农业方面的支柱型产业。鸭梨产业在魏县的经济发展中占有重要位置，鸭梨特色产业的发展才能推动魏县经济的腾飞，才能使县域经济迸发出强劲的发展态势，才能促进农民增收，促进其他相关产业的发展。魏县的鸭梨产业的重要性显而易见。并且鸭梨产业属于农业产业，它有双重风险——自然风险和市场风险。由于种种原因，魏县的鸭梨产业发展缓慢，价格波动加大，农民出现了鸭梨滞销和丰产不丰收的现象，梨农的生产积极性不高，严重阻碍了鸭梨产业的发展，使鸭梨产业未能发挥出它应有的作用。本文主要介绍魏县鸭梨的生产和销售现状并且对现状进行分析，进而得到了对魏县鸭梨产业研究的意义，即魏县鸭梨产业该怎样经营才能使它又快又好的发展。

一、魏县鸭梨产业的发展现状

（一）魏县鸭梨产业所取得的成就

1. 魏县鸭梨建立了自己的品牌

2000 年，魏县鸭梨在国家工商局注册了"魏州"牌人仙精品鸭梨商标。2001 年 4 月，河北省林业局命名魏县为"河北省优质梨生产基地县"。"魏州"牌人仙精品鸭梨获得"河北省名牌产品"称号。2001 年 8 月，国家林业局在组织全国名优特经济之乡评比中，魏县被命名为"中国鸭梨之乡"。为提升鸭梨这一传统优势产业，从 2000 年开始，魏县连续推出了无公害精品鸭梨建设工程，一年一个台阶，规模逐年扩大，到 2009 年已建成 8 万亩无公害果园，500 余亩鸭梨园顺利通过了河北省出入境检验检疫局的验收和产地注册工作，重点冲击北美市场。通过实施精品工程，魏县鸭梨品质及知名度逐年提高，销售形势逐年好转。魏县鸭梨有了自己的品牌，打破了多年来的连续滞销局面，开始出现市场供不应求的大好形势，魏县鸭梨在国内外市场的形象得以恢复和提高，并连续保持了旺销势头。

2. 魏县鸭梨的质量有所提高

鸭梨的质量好，自然卖出高价。到 2003 年，魏县鸭梨的精品梨扩大到八万亩。八万亩无公害精品梨，受到市场欢迎。到 2006 年又搞标准示范区，列入河北省鸭梨标准化示范区。到 2007 年，无公害精品鸭梨又列入国家无公害标准示范区。

"魏州"牌人仙精品鸭梨，以其个大皮薄，核小渣少，酸甜适度，香酥可口，果色洁净，无污染的上乘品质，成为广大消费者喜爱的绿色食品。如今，已远销欧美、俄罗斯、日本、东南亚等十几个国家和地区。"魏州"牌人仙精品鸭梨，不仅好吃，还具有保健价值，它能津润肺、解酒醒脑、清心降火、润肤美容，因而备受消费者的欢迎。

3. 魏县成立了鸭梨协会为农民提供系列化、多方位的全程服务

魏县的鸭梨协会在贸工农以一体化中属于协会服务型，协会服务型主要是通过"农协，和"专协"两类服务组织网络，为农民提供系列化、多方位的全程服务，并以服务为纽带，形成新的生产经营集团。魏县的鸭梨协会，为农民提供技术指导，传递市场信息，联系销售渠道，使全县的鸭梨除在国内销售外，还远销香港日、美及东南亚等国家和地区，颇受梨农的欢迎。

4. 魏县发展红梨特色产业

红梨是河北魏县独有的奇特古老品种，其种植历史悠久，梨果功效独特，

即可鲜食，又可加工，医疗保健作用明显。魏县及周边县红梨销售地区都有冬春季吃红梨，喝煮红梨水防治感冒的传统习惯，对孝喘、支气管炎、肺炎等疾病有明显的疗效，此食用方法已流传了上千年，是中老年人食用之佳品。2006年11月18日魏县红梨在中国·河北（邯郸）第三届国际特色农业精品展销会上被评为银奖。2006年12月魏县玉堂果品科技开发有限公司的红梨被河北省林业局、河北省果树学会评为"河北省首届名优果品展评会铜奖"。把红梨作为特色产业，充分发挥其自花结实、食用、具有保健作用及药用价值的特点，在新果区应作为主栽品种规模发展，确定发展规模，搞好规划设计，落实管理人员与配套技术，尽快实现规模效益。

5. 魏县梨花观光旅游业和鸭梨采摘得到发展

近几年魏县的梨花观光旅游发展很快，自2001年举办首届梨花节以来，每年的梨花节都要吸引不少游客到魏县踏春、赏花、旅游。2009年"梨乡水城"项目的深入实施，重点推出以"逛梨乡水城、赏万顷梨花"为主题的3条观光线路，即环城生态观光线、梨乡水城观光线、古梨园观光线，重点打造城西神龟驮城文化公园、勤政源水上公园、北张庄水利枢纽、县城生态公园等10大观光赏花亮点。

魏县鸭梨以个大皮薄，色艳肉细，核小渣少，酸甜适宜，果型端正而享誉海内外。近年随着科学技术的发展，魏县鸭梨于2008年成功生产出艺术水果造型产品大系列，即人物型，山水型，动物型，艺术汉字型。鸭梨一般在农历8月左右成熟，采摘时节集中，魏县鸭梨效仿草莓采摘的经验，像梨花观赏一样做成品牌。因此魏县可以形成春天观花、秋天摘果的特色旅游专线。

（二）魏县鸭梨产业发展的制约因素

1. 魏县鸭梨农药使用的问题

改革开放以来。人们的生活水平的日益提高，人们对食品要求越来越高，以前人们对于食品只要是温饱即可，现在人们对于食品不仅要求温饱，更要求食品的质量安全。对于蔬菜水果来说，农药使用往往是人们相对比较关心的问题。以前传统的鸭梨在种植过程中至少要喷洒20种以上的农药，残留在鸭梨表面的有害物质多达300多种，沾染在鸭梨表皮的农药很难洗净。现在魏县鸭梨虽然已经尽量减少农药的使用，但果农们面对难以处理的病虫害时首先还是想到它，致使魏县鸭梨的农药残留虽然比以前低了不少但仍超出某些欧美国家的标准，造成了一定的经济和信誉的损失，这严重影响了魏县鸭梨的对外出口。现在，绿色食品，无公害食品和有机食品更强调环境的安全性，有机食品越来越受到人们的欢迎，面对有机食品占有市场份额越来越大的情况下，魏县鸭梨面临很大的压力。

2. 魏县种植鸭梨的农民文化水平不高，没有进行系统专业培训

魏县的多数种植鸭梨的农民没有经过专业化的系统培训，都是按照祖祖辈辈传下来的传统方式进行种植和管理梨树，使用比较落后的管理梨树的方式和方法。这样不仅提高不了鸭梨产量，有时还会降低原产量。如果一旦发生意外，梨树上的害虫发生变异或是有了新害虫的产生，他们只能立即以梨树做实验的方法进行管理，或增加农药使用量来遏制新型害虫的生长，这不仅导致环境的破坏，还影响了鸭梨果肉的质量，并且不一定能起到遏制害虫的效果。

梨树进入盛果期以后，一旦留果量过多，或肥水不足，很易出现大小年现象。多年放任不整形修剪的树，树冠呈圆头形，大枝多，内膛枝多而直立，交期混乱，权与枝之间分不清主次关系，通风透光不好，内膛枝瘦弱，病虫枝多，造成树干过高、过低这两种情况对树的生长发育均不利等。像这些梨树生产过程中的问题如果得不到合理有效的解决，产量严重受损，质量也会下降。由于魏县种植鸭梨的农民文化水平不高，拿不出科学的、有效的解决办法，只能凭借以往经验解决问题，起不到对症下药的作用，阻碍了魏县鸭梨产业的发展。

3. 魏县鸭梨的新品种研发缓慢，容易以价打价陷入价格战

当今社会水果种类越来越多，新品种不断涌现，水果市场竞争是越来越激烈。然而现在，魏县鸭梨处在一种品种单调、市场形势严峻、竞争激烈的状态。作为传统的老品种已经不能满足市场的需要，魏县鸭梨只能在低价位、低利润的市场厮杀中艰难生存。在这种状况下，梨价一降再降，入不敷出，梨农挣不到钱，许多梨农放弃了对梨园的管理，有的梨农甚至把梨树砍掉种植农业，这一举措对"鸭梨之乡"造成重大损失，政府出台补贴种植鸭梨的农民的政策，积极鼓励农民战胜目前的困境，但是他们获得的效果并没有预期的那么乐观。

4. 魏县鸭梨的营销方式落后，销售渠道过少

魏县鸭梨的营销水平还是停留在多年前，方式十分落后大部分交易都是"一手交钱一手交货"上门交易。因为对于思想观念落后的梨农来说只有这种交易方式才感觉踏实放心，不会被骗。但是在如今买方市场的环境下早已不合时宜，买方会选择交易方式更加灵活的卖主，从而使魏县梨农失去了部分市场。并且交易的大部分是初级产品，即不管是梨农出去找买家还是外商直接上门收购，都是直接以卖鸭梨的形式销售产品，梨农当然只能得到微薄的初级产品利润。这就是生产鸭梨——销售鸭梨的过程，即只售原产品而没有进一步的加工产品，这不利于魏县鸭梨产业的发展。

5. 魏县鸭梨因市场变化和居民消费结构的变化而滞销

改革开放以来，我国居民的消费结构在不断发生变化，因此对压力的市场需求就不断变化。20 世纪 80 年代，鸭梨等水果对居民来说，是比较奢侈的消费品。这类消费品的价格也相应高一些。但在当时，魏县鸭梨的产量也不是很高，因此鸭梨销售并没有遇到困难。90 年代初，我国大部分居民，尤其是城市居民，收入增长迅速。水果对人们来说，已经成为日常的消费品，鸭梨的需求量经历了几年比较快速的增长。但是在这几年里，鸭梨的供给量由于农业生产自身的特点并没有迅速增加。并且在这一时期，市场上的水果品种比较单调，替代品不多，消费者的选择余地比较小。这样自然就形成了鸭梨供不应求的局面。进入 90 年代中后期，随着居民收入的进一步提高，普通水果对广大追求生活质量的消费者的吸引力开始下降。同时市场上又在不断出现吸引人们眼球的新鲜水果品种，鸭梨的替代品序列不断扩大，消费者的选择性增加，对鸭梨的需求进入一个比较稳定的低速增长阶段。也就在这个时候，梨农在几年前销售火爆和出口顺畅的时期种植的梨树开始结果，而且，因当时种植的梨树品种单一，鸭梨销售由此出现困难局面。由此可见，市场变化和居民消费结构的变化对鸭梨的销售也有着不可忽视的影响。

二、魏县鸭梨产业的经营策略

（一）用科学方法解决魏县鸭梨的农药问题

喷洒农药对鸭梨的负面影响特别大，目前，许多地方种植果树的农民都用科学先进的方法代替了喷洒农药，例如，在当前的技术条件下，农民可以采用对果实套袋的方法减少害虫对鸭梨的破坏，很多果农已经采取此种办法并获得了不错的效果。套袋既能减少对环境的污染，又能提高鸭梨果肉质量，避免农药残留，使以前的普通的鸭梨变成了绿色无公害的鸭梨。并且小型塑料袋不但便宜，果农还可以减少农药的使用，这样又节约了生产成本。关键是用对果实套袋的方法代替喷洒农药消除害虫的方法，有利于走绿色食品路线，拓宽销路，有利于进一步扩大海外的销售市场，更有利于魏县鸭梨产业的长远发展。

（二）政府应鼓励鸭梨产业和农业院校联合对农民进行技术培训

政府应该鼓励魏县鸭梨产业与一批农业领域的院校、科研院所和农研所建立紧密型的合作关系，广泛开展多种形式的学研联合，组建品种科研成果转化项目需求和难题招标活动，进行深入的技术咨询，技术诊断，联合攻关，推进鸭梨新品种种植和果树害虫的防治。政府应出资鼓励农业专业人员培训梨农各种各样的培育技术，鼓励他们研发新品种，有针对性地研发适合消费者口味的新兴品种和优良品种。梨农通过人工进行授粉，或是自然传粉，使生产的鸭梨品种进化改良，品质多种多样。在生产管理各环节，努力研发出更便于现代机械化操作的机器，更加节省人力，减少投入成本。开展多种形式的"创新鸭梨"科学技术活动，提高魏县鸭梨产业群众的活力等。政府要想更好的发展鸭梨产业，提高梨农的专业水平，一定要做到技术到位，聘请专家教授作为技术顾问，定期指导生产、培训技术，组成技术服务团，巡回各乡村搞技术指导和技术培训。一定要确保领导力量到位，县委、县政府一定要把合作培训建设列为各级的一把手工程，纳入年度考核目标，分解任务，明确责任。

（三）魏县鸭梨产业应实施标准化、品牌化和规模化工程

魏县鸭梨由于受到种植规模零散、销售渠道不畅等因素的影响，其发展受到了前所未有的制约。特别是近几年，全国各地的农产品逐渐走向规模化、品牌化，魏县鸭梨作为魏县的标志性农产品，魏县鸭梨产业也应该向全国各地的农产品学习实施标准化、品牌化和规模化工程。

在农业标准化实施的过程中，魏县鸭梨产业应大力实施"公司＋基地＋农户"的农业标准化示范区模式，用新技术、新品种、新包装提高鸭梨的品质和竞争力，引进发展一批深加工和销售贸易龙头企业，鸭梨种植农户依照有关标准化的要求，实施育苗、栽培、剪枝、施肥、采摘、包装等有关鸭梨的农业标准，建立了多个农业标准化示范区，并由政府牵头向上申请示范区建设项目。按照无公害标准的要求，全县范围内的鸭梨种植区全部通过了无公害环保基地环评认定，基地生产的鸭梨扩大了魏县鸭梨的销售范围及其品牌知名度。同时又要大力发展鸭梨观光、采摘文化旅游业，进一步拉长鸭梨产业链条，使这个传统产业重新焕发出勃勃生机。

（四）魏县鸭梨应针对市场，寻求多品种共同发展，实现品种差异化和产品多样化

魏县鸭梨产业应根据市场需求进行创新，使产品在某些方面有独到之处。差异产品是指在设计、品牌等方面不同于同质产品，且被消费者认可的产品。消费者对差异产品的兴趣，来自消费者对较高满足程度的追求。实现梨品种差异化、多样化，可以扩大消费者的消费空间，提高消费者的满足程度。从生产者的角度来看，产品差异化可以满足不同消费者的个性化需求，从而扩大产品的销路，并且由于实现了产品差异化，梨品的总产量虽然很大，但分散到每一

个差异品种中的产量相对较小,这样就减缓了大量单一梨品在同一时间上市对市场造成的压力。魏县鸭梨产业除了可以寻求品种多样化之外,还可以寻求产品多样化,例如在特色、性能、一致性、可靠性等方面做出特色产品,鸭梨除了直接出售水果之外,还可以投资建厂生产一些梨罐头、果脯、梨膏、鸭梨果汁饮料等一系列产品。鸭梨在工业方面也有很大用处,例如在鸭梨果肉中提取各种规格黑色橡胶颗粒产品,广泛用于塑胶跑道,篮排球场,人造草坪足球场,建筑防水等领域,使鸭梨产业的产品更加多样化,从而促进魏县鸭梨产业的发展。

(五) 通过建立"魏州梨文化传播中心",打造魏县鸭梨产业的综合形象

魏县政府可以通过组织多方面的力量,建立"魏州梨文化传播中心",全力打造魏州梨业形象,努力提高魏县梨业的知名度和美誉度,为梨品经营做文化支撑。从 2001 年开始,魏县开始组织举办"梨花观赏周"等旅游宣传活动,并借助央视扩大宣传,取得了很好的效果。今后,魏县鸭梨产业的任务就是把梨文化资源进行整合加工,对内要提高自身素质,形成良好的文化氛围,对外要采取多渠道渗透式文化传播。通过打造魏县鸭梨产业的综合形象,来促进魏县鸭梨产业的蓬勃发展。

(六) 魏县政府可以出台政策吸引外来投资,加大鸭梨产业的发展规模

魏县是鸭梨的生产基地,可以通过拥有独特的鸭梨产业而名扬在外,吸引外来投资商对魏县鸭梨产业的投资,吸引先进的技术设备带动魏县鸭梨产业的发展。政府对外来带动魏县发展的企业,出台优惠政策,使外来企业可以放心的在魏县进行建厂发展,外来企业可以利用鸭梨这一农产品生产许多的农副产品,从而促进鸭梨产业的发展。

三、总 结

本论文采用文献检索法和综合分析法等研究方法,剖析了魏县鸭梨产业的发展现状,找出了魏县鸭梨产业所取得的成就和影响鸭梨产业发展的制约因素,并且根据魏县鸭梨产业的特点提出了鸭梨产业的经营策略。本文是根据采集资料的内容,发现问题,再根据魏县鸭梨产业的实际情况,提出针对性的策略分析,这对魏县鸭梨产业的发展具有一定的现实意义。

参考文献

[1] 齐景海. 开放的魏县创业的沃土 [J]. 中小企业管理与科技. 2006, (4): 20 - 21.

[2] 河北魏县鸭梨 [EB/OL]. 人民品牌网 www. peoplebrand. com. cn.

[3] 何伟. 魏县鸭梨产业发展中的问题及解决措施 [J]. 邯郸职业技术学院学报. 2012, 25 (1): 29 - 31.

[4] 张效昌, 刘青梅. 大力发展"龙型"经济 促进农业全面走向市场 [J]. 探索与求是. 1994, (4): 16 - 17.

[5] 许文芬, 和东芹, 杜坤. 对邯郸城郊农业发展模式的思考 [J]. 邯郸职业技术学院学报. 2012, 25 (3): 29 - 32.

[6] 河北魏县加快发展鸭梨产业 [EB/OL]. 燕赵都市网 www. yzdsb. com. cn, 2010 - 9 - 28.

[7] 牛鹏斐, 土红军, 等. 红梨的开发价值与栽培技术 [J]. 河北林业科技. 2009, (5): 102 - 103.

[8] 张志国, 王志刚. 梨乡水城别样红 农业标准化促进河北魏县鸭梨产业加快发展 [EB/OL]. 中国质量新闻网 www. cqn. com. cn, 2010 - 4 - 22.

[9] 高峰. 漫步"梨王公园" [J]. 河北林业. 2007, (3): 45.

[10] 王德峰, 茜秀臣. 魏县加快发展鸭梨产业 [N]. 邯郸日报, 2010 - 9 - 28.

[11] 实施"三动"战略 大力发展鸭梨产业 [J]. 河北林业. 2012, (12): 30 - 31。

[12] 李永刚, 秦宏普. 鸭梨减收原因及增收对策——中国鸭梨之乡的调查 [J]. 北方果树, 2005, (7): 31 - 33。

教师讲评

论文基于魏县鸭梨产业发展现状, 系统分析魏县鸭梨产业发展的制约因素, 并提出对策建议。论文结构合理, 逻辑清晰, 语言流畅, 格式规范, 对政府制定有效的鸭梨产业发展措施和指导魏县鸭梨产业的发展具有较强的现实意义。

4

青龙满族自治县板栗产业发展对策研究

——以肖营子镇为例

农林经济管理 1003 班　张艳文/指导教师：葛文光

摘　要： 本文在实地调研的基础上，以产业化、农产品营销、区域品牌等理论为指导，以青龙满族自治县（以下简称青龙县）肖营子镇为典例，依据其产业优势和独特的地理条件和气候条件，针对其在种植和栽培管理、标准化和产业化生产与加工、销售渠道和收益、市场竞争力分析、品牌营销战略以及专业合作组织的建设等方面的发展现状、存在的问题，结合当地客观实际情况对存在的问题进行系统全面的分析。进而，从规模化、产业化、市场化、品牌化多角度，政府、企业、种植户多主体，制度、市场和人文多因素出发，针对树立品牌战略、提升板栗质量、生产加工现代化、构建营销体系、完善市场体系等角度提出相应的对策和建议，以期能够对青龙板栗产业的发展有所借鉴和帮助。

关键词： 板栗产业；产业化经营；对策；肖营子镇

近年来，板栗产业在我国得到迅速发展，燕山地区是京东板栗的主产区，板栗种植和栽培有着悠久的历史，栽种面积以及产量均居于全省首位。其中秦皇岛市青龙满族自治县以其独有的自然地理气候条件，成为全球最适宜板栗生长的地区之一，青龙板栗的独特品质成就了其强大的市场竞争力，成为"京东板栗"的代表产品，单独注册商标为"青龙甘栗"。但是，近年来由于分散经营、产业化和品牌意识薄弱，农产品的区域品牌特殊性等原因，青龙板栗产业发展遇到诸多问题和困难，一直处于低层次水平。肖营子镇是青龙板栗的主产区，被确立为生产示范镇，将肖营子镇作为研究对象，对研究青龙板栗产业具有典型意义。本文将对其在板栗从种植到销售过程中遇到的一系列问题和困难进行分析，并结合实际提出相应对策，以期能够对促进青龙板栗产业的发展有所裨益。

一、青龙县及肖营子镇发展板栗产业的优势

（一）青龙县概况

1. 经济条件

青龙县位于河北省东北部，燕山东麓，隶属秦皇岛市，全县总面积 3 510 平方公里。于 1987 年成立青龙满族自治县，2001 年被列为国家扶贫开发重点县，经过 10 多年的努力，青龙经济实现了前所未有的发展，为发展壮大板栗产业奠定了良好的经济基础。

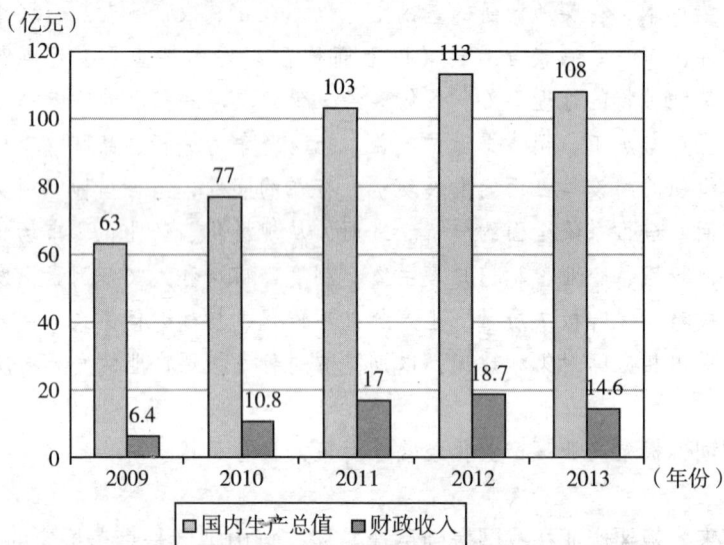

图 4 - 1 青龙满族自治县 2009～2013 年国内生产总值和财政收入水平

资料来源：青龙满族自治县 2009～2013 年政府工作报告。

2. 地理位置和交通条件

地理位置优越，是青龙板栗产业发展的有利条件。青龙县城距离秦皇岛港 120 公里，距离京沈高速公路仅 70 公里，距离首都北京约 250 公里，距离天津市约 265 公里。位于东北和华北两大经济区的结合部，东邻于渤海，南靠京津唐，北接辽宁省，地处环渤海、环京津经济圈和冀东经济区内。优越的地理位置，为青龙板栗提供了广阔的国内市场和发展空间。

在青龙县公路"十二五"建设规划中，将建成青曹和青凌两条高速公路，全面连接京沈、承秦和承朝高速，打通蒙东、辽西与青龙县的快速运输通道。

四通八达而又方便快捷的现代化交通网络已经覆盖全县，运输能力极大增强。包括以承秦出海公路、京建线等两横三纵为主体的省级干线公路五条共 269 公里，县级公路八条共 317 公里，油路和水泥路已经实现乡乡通和村村通。地方铁路一条，距离秦皇岛站 42 公里。便捷完善的交通系统，是经济发展的流通血脉，同样是板栗产业发展的必要条件。

3. 自然环境

自然环境得天独厚，是青龙板栗产业发展的前提和基础。山城青龙，素有 " 八山一水一分田 " 之称，全县林地面积约 328 万亩，森林覆盖率达到 60%。独特的气候条件：属于北温带湿润大陆性季风型山地气候，光照充足，四季分明，昼夜温差较大，平均气温 9℃ 左右，平均降水量约 715 毫米，全年无霜期达 162 天。环境质量优越，污染少，是板栗生长的理想之地。

有利的地形地貌：青龙境内多丘陵山地，平均海拔在 200 米以上。连绵不断的山是特色更是宝藏，是板栗种植的绝好条件，对于板栗产业的综合开发蕴藏巨大潜力。

优越的土壤质量：板栗生长对土壤要求非常严格。高品质板栗的土质，应该是微酸性至偏酸性的富含有机质、排水良好而且土层深厚的花岗岩、片麻岩残坡积物发育的棕壤和淋溶褐土。此类土质最适合与板栗共生的菌根繁殖生长，更利于锰等微量元素的吸收和利用，而铁、硼、锰等微量元素的含量值是影响板栗品质好坏的重要因素。青龙拥有铁、锰、石英石、花岗岩、大理石等丰富的矿产资源。土壤中富含多种微量元素和速效性有机质，呈微酸性，营养元素丰富，是板栗生长的理想土质。

（二）肖营子镇概况

1. 经济状况

近年来肖营子镇经济得到迅速发展，小城镇建设初具规模。全镇以板栗、石材、肉鸡、旅游为特色主导产业，努力打造中国北方地区石材产业集散基地，争创河北板栗、肉鸡产业第一镇，同时基本建成综合物流园区。经济发展有着广阔的前景和巨大的潜力。

2. 地理位置和交通条件

肖营子镇位于青龙满族自治县县城西南约 17.5 千米，南临唐山市的迁安和滦县，西临迁西县。京沈高速公路连接线 S252 公路南北纵贯全境，承秦高速公路连接线横亘东西，距离京沈高速仅 40 公里，地理位置极其优越。

3. 自然环境

肖营子镇以丘陵地形为主，平均海拔约 200 米。全镇境内花岗岩储量巨大，土质主要为微酸性的花岗岩和片麻岩残坡积物发育的淋溶褐土、棕壤。是青龙县板栗种植的主要地区。

肖营子镇作为青龙板栗生产示范镇，基于得天独厚的种植条件、优质的品质、优越的区位优势、扎实的产业基础和一定的市场地位，已经具备了独特的资源优势和产品优势。走板栗产业化发展道路，真正融入市场经济，是把板栗资源优势转化为经济优势的必经之路，青龙板栗有非常广阔的发展前景和空间。

二、肖营子镇板栗产业发展现状

（一）板栗种植和栽培管理

1. 板栗产业发展历程

"退耕还林"背景下的板栗种植大发展。肖营子镇板栗种植有着数百年的悠久历史，板栗一直是肖营子镇的重要经济树种之一，但是真正大规模种植并得到迅速发展，则是借着"退耕还林"的东风。2002 年，河北省开始在全省范围全面实施退耕还林工程，肖营子镇积极响应、认真贯彻和落实国家政策，根据《河北省退耕还林地方标准》，按照全县整体规划，经过周密的调研后制定出科学的规划，最终确定将板栗产业作为全镇的主导经济林果产业。

经过 10 多年的发展，现在板栗产业已经成为肖营子镇的农业优势特色产业。截止到 2013 年，肖营子镇板栗种植面积已经扩大到 6 万亩，约占青龙全县板栗种植面积 50%；年产量增至 3 000 吨，年总产值高达 4 800 万元，仅板栗收入全镇人均已达 1 500 元；建成板栗示范基地共 5 个，板栗专业合作社共 13 个。

肖营子镇板栗产业的发展成绩显著，国家有关部门多次到镇视察，受到国家的肯定和支持。

2. 板栗种植现状

经过对肖营子镇板栗种植户和板栗专业合作社的进行深入的实地访问，得到以下相关数据和信息。

表 4 - 1   板栗种植环节现状

种植环节	决策主体	具体表现
选种	农户	燕山红栗 2 号、大阪 49、燕山短枝、早丰、燕奎 107、替码珍珠 919
栽植	农户	直接购买成品苗木，山坡开挖沟渠
修剪	农户	凭经验，自行或请同乡帮忙修剪
水分管理	农户	每年 1~2 次，水力设施不足
营养调控	农户	使用农家肥或就地掩埋树下植被
虫害防治	农户	以防为主，以治为辅
林下作物	农户	豆类、花生、红薯或谷类作物，经济效益低

（二）成熟与收获

1. 成熟期

由于品种不同，造成即使是一户的板栗也会出现同一块土地的板栗在不同时期成熟落地，由此造成了额外的时间和精力上的消耗和浪费，降低了板栗收获效率。

2. 收获环节

通过实地走访种植户得知，现在肖营子镇的板栗，在成熟期采收时的时间上非常紧凑，而且随着各家各户的板栗种植面积连年扩大，再加上山区地形的复杂，及时将散落在树下的板栗收回，需要众多劳动力同时参与农业生产。随着城镇化进程的加快，劳动力转移数量庞大，对于肖营子镇来说也不例外。大量年轻劳动力外出务工和求学，留在村里的多半儿是中老年人。

（三）销售渠道

1. 出口直销

在 2010 年以前，青龙板栗凭借其独特的品质，一直作为青龙县乃至秦皇岛市传统产业出口创汇的龙头产品，以"青龙甘栗"为注册商标，出口日本。而对于肖营子镇，以王子店村为例，每年日本外商会直接到村定点集中收购板栗，收购范围辐射周边多个村。外商直收成为当时肖营子镇板栗的主要销路。但是，在 2010 年钓鱼岛事件后，中日贸易受损，外商不再直接来华收购板栗。

2. 农户零散销售

2010 年以后，肖营子镇的板栗仍有部分出口到韩国、东南亚，但是均经过中间商运作。各个私人商贩可自行收购，再转手倒卖给更大的贸易商。收购环节增多而且复杂，随时有可能停收。在收购地点，常常是农户肩扛板栗袋子排队，每个人都争先恐后的往前挤，即便如此，还会有可能因为家中无劳动力或没能排上队而无法顺利卖出自家板栗。

3. 转销迁西

近几年，迁西板栗走出了自己的品牌之路。肖营子镇紧邻迁西，而迁西的板栗收购商会通过合作社或独立来肖营子镇收购青龙板栗，再以"迁西板栗"的名义进行对外销售，以此来扩大货源。在调查中得知，迁西的板栗经销商认为青龙板栗的品质要优于迁西板栗。

4. 合作社经营

到目前为止，肖营子板栗专业合作社共有13个，较为典型的是高丽铺村板栗专业合作社，2003年被肖营子镇确定为全镇的板栗科普示范基地。在销售环节，初步形成"公司＋合作社＋农户"的产业模式，2012年成功注册"金鸡沟"板栗商标，为带动全村板栗种植业的发展、促进村民增收起到极大作用。

（四）收益状况

在市场供求规律和本地实际情况等多种因素共同影响下，2010年以后，肖营子镇板栗的收购价格呈波动趋势，从8～9元降到5元左右。波动幅度较大，尽管销量连年递增，但是农户收益并未因板栗种植面积的扩大而产生收入的大幅度增加。

在肖营子镇板栗示范村王子店村，随机选取50个板栗种植户，调查后得到如下信息：（如图4-2所示）

（五）区域品牌构成

1. 农产品品牌建设的必要性

随着市场经济的不断发展和完善，品牌成为是产品的核心竞争力，对农产品行业来说更不例外。青龙作为典型的山区县，有着丰富的自然资源，成为发展特色产业区域品牌的天然优势。但是，青龙板栗的优势仍尚未得到充分的开发和利用，其中最重要的原因就是青龙板栗品牌未能真正做大做强。充分发挥整体效益和品牌效应，是让青龙板栗产业真正走品牌化经营之路必须解决的问题。

2. 区域品牌体系

早在2006年，河北省政府就以地理标志产品保护的形式，以燕山板栗带

（元）

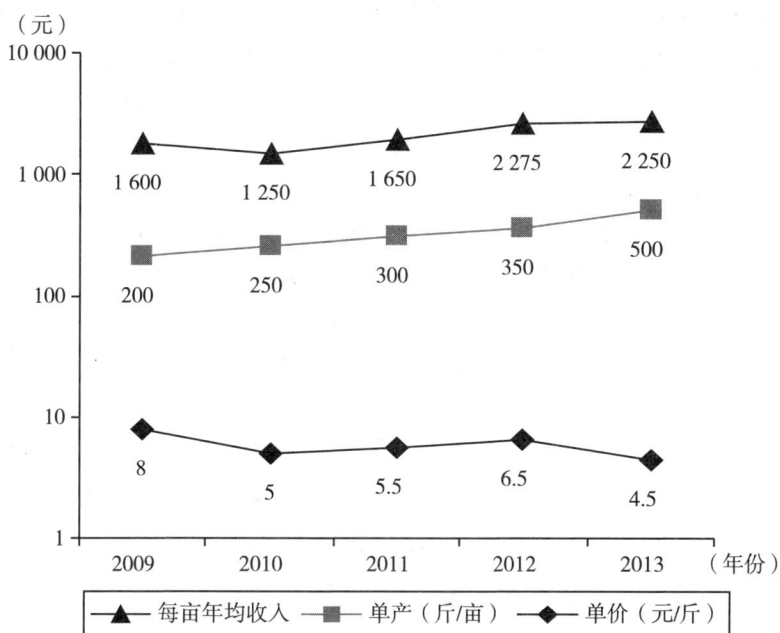

图 4-2 板栗单产、单价及每亩年纯收入

为主体区域，创建了"京东板栗"区域品牌。青龙板栗作为"京东板栗"的代表之一，注册了"青龙甘栗"商标。肖营子镇已经建立了以王子店和五指山村为主的6个板栗示范基地，注册"紫梦"牌板栗。2012年肖营子镇高丽铺板栗专业合作社注册"金鸡沟"牌板栗商标。品牌化经营越来越受到重视，已经形成多个区域品牌，品牌体系逐渐完善。

（六）板栗产业的发展和规划

到目前为止，肖营子镇的板栗产业仍以销售初级产品为主，直接将采收回来的板栗在最短的时间里出售，很少进行贮藏和深加工。同时，板栗种植以单个农户家庭经营为主，较少以大规模承包的形式进行经营管理。板栗产业的综合开发仍然停留在单一直接的原始产品销售。

肖营子镇政府为改善板栗的生产条件，进一步构建优质板栗产业带，延长板栗产业链，板栗改良、贮藏、深加工和物流一体化的综合项目正在筹建中。

（七）专业合作组织的建设

近年来，合作社模式得到广泛推广，到2013年为止，肖营子镇的板栗专业合作社已经达到13个。

其中，高丽铺板栗合作社发展最好，已经成立板栗协会，不仅是青龙县无公害板栗出口基地、肖营子镇的板栗科普示范基地和板栗科技培训中心，而且成功注册"金鸡沟"区域板栗商标。在科普工、提高村民科学素质和专业技能、促进村民增收、新农村建设方面取得显著成效，受到村民的广泛认可和好评。

其他，如五指山村板栗专业合作社、盛源板栗专业合作社、温杖子板栗专业合作社、上打虎店板栗专业合作社、抱榆槐板栗专业合作社等都有所成绩。

三、存在的问题和困难

青龙板栗产业发展迅速，但是，近与迁西相比，远与山东、河南等地相比，差距是巨大的。在实地走访肖营子镇板栗生产基地和多个板栗专业合作社，在理论与实际相结合的基础上，总结出如下问题：

（一）青龙板栗产业整体水平

1. 青龙板栗各个产区发展不平衡

肖营子、娄丈子、七道河、朱杖子等乡镇板栗是青龙板栗的主要种植地区，板栗产业发展水平相对较高，其他乡镇还处在较低的水平。

2. 板栗产业化总体处于初级阶段

整体上板栗生产基地的规模较小，而且分散；板栗产品以单一的初级产品为主，产业链条短，附加值低；品牌意识薄弱，区域品牌战略建设滞后；龙头企业为真正发挥明显的带动作用；专业合作社等中介组织发挥的作用有限。因此，青龙板栗仍然不完全具备产业化发展各个要素，整体水平处于初级阶段。

（二）种植和栽培管理科学性低

1. 良种化程度偏低

良种培育研究投入不足和推广力度不够。由于良种选育研究和推广需要投入大量的资金、技术和人力资源，整个过程是长期而又艰巨的，因此容易被忽视。肖营子镇板栗品种较复杂，尽管在户长期生产实践中已经能选择适合本地的优良板栗品种，但是仍然没有系统科学的规划和细分缺少相应的技术指导和培训。

并未根据不同的地形和水土条件，有针对性地进行选种。如缺乏适合密植的高产优质品种，缺少能适应欧美市场需求的大粒品种等。在实际栽培过程中，由于青龙板栗曾长期采用实生繁殖的形式，现今存活的最老的树有上百年的历史。从当地条件较好的实生树上嫁接繁殖仍是板栗栽培的重要形式之一。品种的复杂多样化,造成不同农户的果实成熟期差别较大,有时会产生不适应市场需求而造成短暂滞销的现象,最终都会直接影响农民收益。

2. 栽培管理粗放

没有相关的板栗生产技术规范,大多数种植户对树体管理和栽培技术的学习与应用不够重视,重栽轻管现象明显,尤其是年轻一代的农户,表现得更为突出。青龙板栗的栽培管理技术水平仍然相对较低。青龙板栗栽培管理技术标准化和规范化建设有待加强。

3. 板栗基地建设不完善

近年来,青龙板栗基地建设发展迅速,肖营子镇已经有 5 个板栗基地,但是,基地整体规模较小。青龙板栗各个产区采取建设板栗示范基地、发展生态绿色有机板栗种植基地等措施,但是基地面积仍占较小比例,农户粗放种植仍然占主体。肖营子镇2013 年板栗种植面积已达到 6 万亩,但是板栗基地仅仅有约 7 000 亩,约占全镇板栗种植面积的 11.7%。

基地整体规模较小的直接影响就是标准化程度低。以单个农户为主要种植单位,根本无法实现规模经营和标准化管理。

同时,由于政府对板栗产业的投入力度不够,农业水利配套设施相对落后,气候仍是决定产量的主导因素,单位面积产量不稳。

(三) 板栗产业化水平低

板栗产业化的核心是延长产业链,实现产、加、销一体化。青龙板栗产业在发展过程中,存在着产业链短、产品附加值低、龙头企业和合作组织带动作用不明显、农民分散经营等问题,严重影响了青龙板栗的实现产业化发展的进程。

1. 产业链条短

以肖营子镇为例,全镇 95% 的板栗都会在采收回来后立即卖出,由经销商以原始产品转销外地或直接出口。其余部分除自家留存食用或赠送亲朋外,仅仅有不足 2% 的板栗由本地企业作进一步的深加工。

2. 产品附加值低

产业链短的直接后果就是产品附加值低。与近邻迁西板栗相比,无论是在原产品的深加工总量上,还是加工技术、产品品种上,都有着较大差距。与国内板栗产业化发展先进地区,如山东板栗、丹东板栗等差距更加明显。青龙龙头企业仅能够加工小包装栗仁、速冻栗仁、板栗粉等初级产品。

3. 龙头企业带动作用不明显

龙头企业自身建设滞后。"公司＋合作组织＋农户"是实现板栗产业化的有效组织模式之一，其中龙头企业的带动作用意义重大。虽然青龙板有自己的龙头企业，但是目前企业与农户之间，主要是简单的板栗收购的合同关系。同时，与其他行业和板栗种植区的龙头企业相比较，青龙板栗的龙头企业规模较小、加工能力弱、创新意识不强，尚未出现一家能够整合青龙各产区板栗资源龙头企业。龙头企业在提高板栗产量和质量、促进栗农增收方面作用不明显。

由于青龙板栗多年来主要主打出口，因此，板栗企业只满足于出口原品，从中赚取市场差价和加工费，不愿投资于新产品开发。生产明显呈季节性，只生产从板栗下树到原品出口的两三个月的时间，剩余时间多处于停产状态，企业长远规划和发展意识不足，在产品研发和生产创新方面，不够重视而且投入过少。

4. 板栗专业合作组织作用不大

目前为止，肖营子镇板栗专业合作社已经达到 13 个之多，合作社这一组织形式得到广泛推广。但是，尽管数量剧增，但是实际作用不大。在肖营子镇，发展较好、起明显作用的只有高丽铺等个别合作社，其余多半只是有名无实的空架子。而且，对于高丽铺板栗专业合作社，社员范围绝大多数只是高丽铺村村民，起优惠政策也仅限社员享有。地区性的单独发展，并不能带动整体进步，所以板栗专业合作社组织的真正带动作用还需要进一步挖掘。

（四）品牌经营有待加强

1. 缺乏科学完善的品牌管理体制

青龙板栗在对外销售中，通常称"青龙甘栗"，各个板栗产区也相继有了自己的品牌，如肖营子镇的"紫梦"。青龙板栗区域内有很多小品牌，品牌众多导致"青龙板栗"区域品牌使用程度不高。到目前为止，青龙对于青龙板栗的品牌建设并没有相对科学完善的管理体制，品牌建设相对滞后。

2. 集群内区域合作意识淡薄

青龙板栗的主产区主要集中在中西部乡镇，经过多年发展，各个乡镇的板栗栽培面积和产量都有大幅度增长，极大地促进了地区经济的发展。但是，各个乡镇之间并未在板栗销售和加工及开拓市场上进行紧密的合作，仍以各自地区独立发展为主。青龙板栗集群内区域合作意识淡薄，直接导致整体区域品牌影响力下降，市场竞争力减弱，不利于青龙板栗产业的产业化和品牌化。

3. 品牌宣传力度不够

市场经济的不断完善和发展，使品牌竞争成为提高市场占有率和产品知名度的重要途径。其中，品牌宣传是必不可少而且极其重要的手段。青龙板栗多年来凭借优质品质受到市场欢迎，但是"酒香不怕巷子深"的时代早已经成为过去式。青龙板栗面临着品牌宣传形式单一，品牌建设投入不足、力度不够等多方面问题。

（五）板栗产业体系不健全

板栗产业体系是包括板栗产业及板栗相关产业在内的整体，现在青龙县的大多数板栗园区资源未能得到充分的开发和利用。板栗林下一般只会种植少量豆类、花生、红薯或谷类作物，以不影响板栗正常生长为主，没有形成规模，经济收益较小。无论是政府还是农户，都把主要精力放在板栗产业本身上，从而忽视了板栗园与种植业、养殖业、特色经济作物相结合的价值开发，生态板栗园的概念还未得到普及，没有按照循环经济的要求，板栗园区还未进行科学合理的规划和标准化管理，规模经营尚待时日。

（六）相关服务机制不完善

1. 政府支持力度不足

青龙板栗产业的发展离不开先进的技术和科学的管理方法，更离不开政府在资金、政策方面的扶持。

政府扶持力度不够，农户在板栗销售环节缺乏即时、准确、全面市场信息，因此无法有效抵御巨大的市场风险。具体就缺少专业的技术推广人才；在资金、品牌推广等方面缺少相应的政策支持；板栗网络营销不完善。常常出现增产不增收的状况，打击农户的积极性。

2. 板栗产业物流体系滞后

青龙板栗在保鲜、储藏、运输等环节不完善，尽管近年来有部分综合物流园区建成，但是远远不能满足现状。随着青龙板栗主要出口国日本的进口量骤减，尽管仍然出口到东南亚、韩国、欧美等地，但是在板栗供给明显大于出口需求的情况下，出口＋内销，成为青龙板栗今后的主销模式。而内销就面临着多次销售、长期供应的问题，因此对板栗保鲜、储藏、运输要求较高。同时，通过储藏进行，可以反季节销售，既调节供求又提高利润。

（七）农户科学文化素质有待提高

板栗种植户普遍学历不高，缺少专业的板栗栽培技术知识和系统的市场营销理念。不能正确把握和遵循市场经济规律，品牌意识和创新意识淡薄（农户学历水平见图 4-3）。

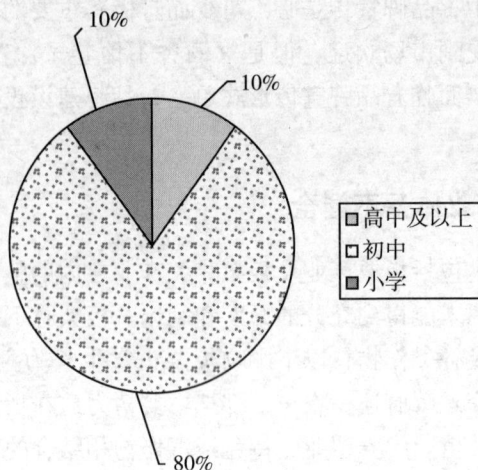

图 4 – 3 基于抽样调查的 50 户栗农学历情况

四、对策和建议

青龙板栗的根本出路是实现板栗的规模化、产业化、市场化、品牌化，充分利用科技力量，加大政府投入，走科学发展之路。

（一）提高认识，树立正确科学的意识

1. 树立质量第一的意识

任何产品要想得到消费者的认可，一个重要的前提条件就是优越的产品质量，质量就是品牌的生命，对于青龙板栗来说更不例外。近年来，我国食品安全问题层出不穷，绿色、健康、有机的食品成为趋势，人们对食品安全的重视必将对产品质量提出严格的要求和考验。同时，在我国加入世贸组织后，农产品想要进入国际市场，必须是符合进入地市场的农产品卫生标准。因此，青龙板栗的品质不仅仅是广大消费者的要求，也是青龙板栗真正走进更广阔的国际市场的必要通行证。所以，从政府、企业、合作组织到栗农，都必须把质量第一作为首要理念，在此基础上通过一系列有效措施，打造高品质青龙板栗。

2. 强化市场意识

社会主义市场经济的不断发展，已经将市场规律作用和延伸到各个产业、环节，农产品行业同样应该遵循市场规律。青龙板栗产业的发展必须遵循、顺应社会主义市场经济规律，按照市场的供求和变化，灵活正确的运用市场规律。政府和企业要基于现实，解放思想，实事求是，与时俱进，不断创新，以

市场为导向，提高市场竞争意识，加强产业管理，全面提升板栗企业的实力，真正融入社会主义市场经济的大潮之中。栗农也要学习更多市场经济的知识，提高市场意识，将市场规律自身的生产实际相结合，减小损失，走上致富路。

（二）科学种植管理，实现标准化生产

1. 加强良种选育

首先在选种方面实行良种化。从青龙县的板栗生产实际来看，现在主要是通过提高栽植密度来实现的丰产的。今后应以政府为主导，对优良的板栗变异品种进行调查、筛选，结合青龙实际水土情况，以优质、抗病虫的品种为主栽品种，加强矮化品种的选育、选用和推广，走矮化品种与人工控制树冠技术相结合的密植之路。同时建立良种选苗园和良种繁育基地，优化良种区域生产布局，明确每个良种适宜栽植和推广的地区，建设丰产、优质、高效、标准化的板栗生产基地。

2. 制定标准化生产管理办法

青龙县政府应在遵循普遍经验和成果下结合青龙自身特殊实际情况，制定并实施一系列相关的板栗标准化生产管理办法，如《板栗品质等级标准》、《青龙板栗综合测评标准》等。通过政府宏观调控，形成板栗生产的法定标准，让板栗基地经营和分散种植的农户在板栗生产中有据可依。

3. 规范栽培技术及管理

研究和制定青龙板栗栽培技术规范，选拔培养优秀的科技人才进行技术攻关。同时依托高等院校和科研院所，尽全力引进国际、国内的先进技术，攻克从园地和品种的选择到病虫害防治等一系列主要环节上的技术难关。

应适地适栽，合理布局板栗园区的密度和规格；积极推进板栗园内间作，合理选择与板栗生长相辅相成的作物种植，既能形成良性的小范围生态系统，又能提高土地和光能的空间利用率，增加单产，实现增收；适时改良土壤、及时排灌、合理施肥；合理设置和培育授粉树；及时进行整形修剪和科学嫁接；推行无公害、绿色有机板栗的生产栽培与管理，保护好板栗园区周围的自然环境不被污染，病虫害以防治为主提倡少用或不用农药化肥。

提高板栗种植户的科技文化素质和专业意识，成立专门的科普队伍，由政府支持运作，推广和普及科学、先进的板栗实用栽培管理技术，定期的结合板栗生长的阶段对农户进行集中专业的技术培训。可以把板栗种植大户确立为科技示范户，深入现场实地指导，以此带动广大栗农的生产积极性，切忌走形式走过场，并且要长期持续的进行。

4. 加大板栗基地建设，实现规模化种植

建设板栗种植基地，是实现板栗规模化、产业化的前提和基础。青龙多山，地形复杂多变，需要在实地考察的基础上，将全县各乡镇作为整体，制定科学合理的整体规划。同时，根据各地区的实际资源和产业基础状况，在基地的选址、栽培特色、基地布局、规模等各方面进行严格具体的设计和规划。在条件允许的情况下，积极推进土地合理流转，整合土地资源，提高利用效率。

在管理方面，向板栗产业发展较好的地区如迁西学习，可以进行实地访问和考察，积极引进和吸取其先进的生产管理经验。实行标准化生产，建立日常生产记录档案、产品质量安全追溯体系，实现基地环境和板栗质量生态、绿色、健康化。

建立完善的基地配套设施。根据各地区实际情况，以政府为资金支持主体，积极加大对水、路、电等配套设施的投入力度，构建良好的基地运营环境和能力，真正改变青龙板栗一直以来过于靠天增收的现状。

（三）延长产业链，实现板栗产业化

1. 建立板栗产业化经营体系

对产业链中所涉及的各个环节，包括生产、储藏、加工、运输、市场等整合优化，可以以股份的形式将各环节主体连接起来，实现从产、贮、运到销的一体化运作，各方风险共担，利益共享，利用先进的组织形式，建立完善高效的产业化经营体系。

2. 延长产业链，板栗深加工

产业链是产业化的具体表现，只有延长板栗产业链，对板栗进行贮藏保鲜和深加工，才能改变青龙板栗以销售原品的现状，加大板栗的附加值，真正提高效益。针对青龙板栗进行贮藏工艺及不同加工方式的考察和研究，确定科学合理的贮藏工艺及参数，提高板栗深加工和精加工的能力。在充分利用现有设备基础上，加大技术支持，开发具有青龙特色、结合地域文化、符合市场需求的新型产品，如板栗粥、板栗糕点、板栗饮料、板栗冰淇淋等。板栗很高的药用价值，因此可以从营养学和医药学的角度入手，开发相应的板栗新产品，满足现代人追求健康生活的市场需求，努力实现青龙板栗的增效增值最大化。

加强质量安全控制，加强对有害物质残留的检测和对相关人员的培训和管理。针对国际市场，根据进口国实际需求适时调整计划出口量，板栗生产安全卫生和质量标准与国际接轨。

3. 发展板栗龙头企业

龙头企业在农业现代化中起着至关重要的作用，青龙政府必须培养和扶持真正具有带头作用的板栗龙头企业，才能打破青龙板栗产业发展的瓶颈。

打破地区独自为伍的现状，跨越乡镇行政区划，通过整体规划，进行合理布局和协调，通过收购、兼并、股份制形式，充分整合现有的小企业资源，建设产、供、销一体化的板栗龙头企业集团。

政府创造宽松的政策环境，加大对龙头企业技术开发、改造的资金扶持。可以通过无偿资助，无息、低息、贴息的板栗专项贷款，减免税费等手段拓宽企业资金来源。同时，对于龙头企业购买关键生产线和先进设备遇到困难的应予以资金支持。

提高龙头企业的经营管理水平和效率，利用现代管理理论和技术，建立健全各项企业规章制度。重视人才资源的开发和积累，培养和引进高素质的优秀管理人才，提高企业职工队伍的整体素质和科学文化水平。

4. 支持新型产业模式

《农民专业合作社法》于2007年7月1日正式颁布，在这之后，农民专业合作社如雨后春笋般从中国大地发展起来。随之，"龙头企业＋合作社＋农户"的农业产业模式应运而生，实践证明，这一模式如果能真正建立并健康运作，将是实现农业产业化的优越途径。因此，青龙板栗产业发展也应充分利用这一模式，培育板栗龙头企业，让其起带头作用；加大板栗专业合作社的建设并严格规范其运行，在产前、产中、产后各环节，为其社员提供全方位的服务，提高农户的抗风险能力和组织化程度；社员应严格遵守合作社章程和规定，生产符合标准的板栗。

"龙头企业＋合作社＋农户"的产业模式，既能衔接板栗的生产和流通环节，实现组织化管理，提升青龙板栗的品牌附加值；又可以增强龙头企业的市场化运作能力，减少运营成本，提高效益；最重要的是解决了栗农在生产中的难题，减小"栗贱伤农"的几率，实现农民增收。

（四）建立完善的市场体系

1. 加强青龙板栗发展的软、硬件建设

板栗产业发展必须有一定的基础设施和相应的运行规则，才能做大做强。

硬件方面，以政府为主导，企业和栗农共同参与，不断完善地区内相关的交通、仓储、物流园区、通信等基础设施。同时，必须加强板栗市场信息体系的建设，完善板栗信息网络。全县建立统一的信息中心，并让各乡镇、板栗企业、栗农成为会员，通过互联网，向栗农和板栗企业及时准确的提供全面可靠的国内外板栗市场最新的价格动态、新品种和新技术的推广以及生产资料的市场信息，指导板栗生产和销售。

软件方面，政府必须依法制定一系列有效实际的市场规则，如市场准入规

则、公平交易规则、市场监督和仲裁规则，让青龙板栗产业真正走市场化道路。

2. 构建完善的销售渠道

在销售环节，面对青龙板栗在大产能、单一销路的现状，充分利用龙头企业的带头作用，不断开拓和完善多种销售渠道，是当前青龙板栗产业优选之路。

（1）出口。过去出口一直是青龙板栗的主销渠道，在多种因素影响下，近年来出口比重有所下降。但是，仍不可忽视，必须不断提高产品质量和品牌宣传，在保持原有市场基础上，开拓新的国际市场。

（2）连锁加盟。企业发展之初，各方面的资源有限、实力不足情况下，缺少足够的人、财、物发展直营店，因此，可以通过加盟的形式，发展连锁专卖模式。一方面，能迅速开拓市场；另一方面，加盟终端是一种媒介，能快速有效的提高青龙板栗的知名度。

（3）旗舰直营。在龙头企业有所发展实力之后，在主要发达地区创立青龙板栗直营店，同时负责所在地区连锁店市场的管理，收集准确有价值的市场信息，作为调整经营管理的参考。

（4）商超渠道。企业内部专门设立商超部，进入经济发展较好地区的商场和超市。同时，完善相应的配套措施，加大品牌宣传力度，提高市场占有率。

（5）电子商务。在互联网时代，电子商务逐渐成为重要的营销渠道，势头越发强劲。在企业有能力情况下，在天猫、京东、1号店等知名网站设立官方品牌旗舰店，并成立专门的后方运营团队。

（五）树立品牌营销战略

1. 打造标志品牌

品牌的影响力是巨大的，品牌战略是提高产品知名度和附加值，提高产品市场占有率和竞争力的重要手段。在青龙板栗产业发展过程中，必须与时俱进，遵循市场规律，打造青龙的板栗的标志品牌。尽管已经注册商标"青龙板栗"，但是还需要在此基础上进行细分，在"青龙板栗"这个统一的大品牌之下，根据不同品种，创建具有不同特色的系列品牌，最大限度将品牌个性化、差别化，以适应不同市场需求。

2. 加大品牌宣传力度

通过各种渠道和方式，创新宣传模式、丰富宣传内容。建立企业和板栗宣传网站，并且有专门的运营团队，及时更新内容和进行信息反馈；通过专卖店、加盟商等途径进行实体宣传；充分利用多种新闻媒体，如广播、报纸、电视广告、交通线路两旁的广告牌，尤其是在青龙县域附近的交通沿线进行重点宣传；定期参加展销会、招商洽谈会等会展。树立公众良好的形象，以品质作基础，以投入作保障，多渠道进行品牌的宣传，才能提高青龙板栗的知名度，真正打开市场。

3. 增强品牌保护意识

品牌经营常遇到假冒品牌的情况，严重影响正品的信誉和经营，因此要对区域品牌进行保护。政府、企业、栗农都要强化品牌保护意识，成立并完善板栗产业协会的运行机制，制定栗农公约，企业诚信经营。通过原产地立法的形式，加大对掺假、售假、冒充"青龙板栗"品牌的主体，依法追究其责任，加大惩罚力度，运用法律的手段保护"青龙板栗"的原创性。

（六）加大政府的支持力度

政府在社会主义市场经济中的宏观调控手段，在扶持产业发展中有着重要作用。政府的优势体现在多方面，首先是组织力，政府能够通过经济、法律、行政等多种手段，从全局上调控和组织经济活动；其次是全局性，政府能够从区域内的全局利益角度，优化区域资源配置；再次是政府能够把握宏观经济信息。

因此，青龙政府要提高对青龙板栗产业的重视，为其发展提供必要的制度和政策保障，出台一系列优惠政策，例如资金、税费、技术方面。制定长远科学的产业规划，加大对青龙板栗品牌的保护力度，鼓励企业进行科技创新和产品研发，致力打造名牌产品。在巩固国际市场的基础上，不断培育和拓展国内市场，提高应对国际绿色壁垒的能力。重视人才队伍的建设，完善人才政策，培养和引进为专业、高素质的技术、管理人才，实现青龙板栗产业的长足发展。

五、结　　论

青龙板栗产业发展面临巨大机遇和挑战，实现青龙板栗产业化、品牌化、市场化，是青龙板栗发展壮大的必由之路，同样是增强青龙经济实力、提高农民收入和人民生活水平的必然要求。相信随着板栗基地和龙头企业建设的不断扩大、生产技术规范的不断完善，以及政府扶持力度的不断加大，青龙板栗会有广阔的发展空间和前景。

参考文献

［1］青龙满族自治县. 青龙满族自治县概况［EB/OL］. 青龙满族自治县政府门户网，2013.01.

[2] 青龙满族自治县地方志编纂委员会. 青龙满族自治县志（上）[M]. 2010. 121.

[3] 温丹，刘树庆. 气候和立地条件对板栗生长结果的影响 [J]. 河北林果研究，2006（4）：434-437.

[4] 河北林业厅. 河北省退耕还林工程技术规范 [S]. 河北林业网，2006. 3. 31.

[5] 苏永民. 燕山板栗产业化研究 [D]. 中国人民大学，2010.

[6] 张铮. 青龙满族自治县经济发展研究 [D]. 中央民族大学，2011.

[7] 栗艺元. 青龙满族自治县山区综合开发研究 [D]. 河北农业大学，2013.

[8] 韩玉. 基于山区特色产业带的"京东板栗"区域品牌发展研究 [D]. 北京交通大学，2008.

[9] 陈芳芳，路剑. 河北省板栗产业发展存在的问题及对策 [J]. 江苏农业科学，2011（1）：487-489.

[10] 王志刚，王珊. 供应链环境下我国板栗产业问题分析 [J]. 北京农业职业学院学报，2006（3）：41-45.

[11] 周艳波，曹淑云. 京东板栗如何突破绿色壁垒 [J]. 河北林业，2009（3）：12.

[12] 惠建斌. 板栗开发中的科技实践与探索 [J]. 高科技与产业化，2013（7）：58-61.

[13] 任春丽，庞绘影，赵邦宏. 科学发展龙头企业 壮大迁西县域经济 [J]. 经济研究导刊，2011（28）：166-167.

[14] 曾诗淇. 从名品到名牌的跨越——河北迁西板栗特色产业发展之路 [J]. 农产品市场周刊，2012（28）：14-17.

[15] 魏霜，刘黎明. 秦皇岛市农产品网络营销提升策略初探 [J]. 中国商贸，2011（1）：36-37.

[16] 牛红春. 增强迁西县板栗品牌竞争力的对策与建议 [J] 农业经济与科技，2013（7）：53-54.

[17] 徐海珍，温桂华，陈述庭. 制约京东板栗产业发展的要素与对策 [J]. 河北果树，2008（2）：28，32.

教师讲评

论文基于对秦皇岛市青龙县肖营子镇板栗产业的实地调查，对青龙县板栗产业从种植到销售过程中存在的问题及困难进行系统全面的分析，并有针对性地提出对策建议，为政府制板栗产业发展政策提供借鉴。论文主要观点突出，思路清晰，语言规范，文笔流畅，具有一定的研究价值和实践指导意义。

第二部分　新型农业经营主体篇

5

定州市中药材种植农民专业合作社
建立与发展问题分析

——以定州市东留春乡西柴里村为例

农林经济管理 1101 班　秦宇锶/指导教师：刘宇鹏

摘　要： 本文以西柴里村为例，对整个定州市中药材种植农民专业合作社的发展问题进行了深入研究。从西柴里村的自然和社会条件出发，并借鉴其他专业合作社的经验，分析出西柴里村中药材种植农民专业合作社可能会遇到财政依赖性强、融资难、缺乏风险控制机制和科技人才不足、经营管理混乱和品牌创立难等问题，并提出了相应的对策措施，以期为今后定州市中药材种植农民专业合作社的建立和发展铺平道路。

关键词： 农民专业合作社；中药材种植；财政依赖；融资难；产权界定

引　言

近年来，在经济发展的新形势下，分散的个体经济越来越成为农村经济发展的障碍。隶属于定州市的西柴里村紧邻"药都"安国，有着多年种植中药材的历史。然而以家庭为单位的个体种植经营不仅出现了技术问题上的滞后，而且还受到了市场的极大影响，村民的中药材种植每年都会承担很大的风险。在市场化经济深入发展的过程中，农村经济的现代化和集体化已经成为了一种发展趋势。农民专业合作社作为一种新的经营方式，不仅能够很好地提高生产效率及经济效益，也能够更好地应对市场风险，克服个体经济的种种弊端。本文将以西柴里村为例，对整个定州市中药材种植农民专业合作社的发展问题进行深入研究。

一、西柴里村中药材种植农民专业合作社发展背景

（一）外部条件

西柴里村虽然隶属于定州市，但是紧邻安国。安国素有"药都"和"天下第一药市"之称，是全国最大的中药材集散地。改革开放以后，安国药业蓬勃发展，初步形成了农工贸、产加销、科教服一体化的产业格局，被列为河北省"十大产业化典型"。西柴里村可通过这一地缘优势更便利的获得中药材种植的经验技术和市场最新行情，同时安国也可以成为其庞大的外销市场。这些都将成为西柴里村中药材种植农民专业合作社的有利优势条件。

除此以外，隶属定州市的西柴里村临近首都北京和省会石家庄，定州近几年又开通了高铁，交通便利，能够在第一时间获得有关中药材的最新信息，也利于外地客商的实地考察。

（二）内部条件

由于传统的粮食种植收入较低，当前西柴里村有相当一部分的农户选择种植中药材以提高收入。因此该村村民已经有一定的药材种植历史，并掌握了一定的中药材种植经验和技术。与此同时，西柴里村农户近两千家，这将会为西柴里村中药材种植农民专业合作社的建立和发展提供充足的劳动力资源。

（三）当前村民的药材种植现状

当前西柴里村村民还是以家庭为单位进行中药材种植，由于经验和技术相对缺乏、市场行情不稳定等因素，中药材种植的收入非常不稳定，几乎每年出售中药材都需要"碰运气"，非常没有保障。

（四）必要性和重要性

1. 利于集中规模化生产

农民专业合作社的建立有利于集中规模化生产。通过土地大规模集中生产和统一的产前、产中、产后服务等方式，既可以节约生产资料，使资金、技术、土地、人力资源、工具设备等资源优化配置，既节约了生产成本，又提高了生产率，提高了药材的质量。西柴里村的村民现在大多数都种植中药材，合作社的成立可以大大促进中药材种植的规模化和集约化生产。

2. 利于提高抵抗市场风险的能力

有利于提高村民的收入，提高抵抗市场风险的能力。西柴里村的中药材种

植一直受到市场的很大影响。农民专业合作社不仅可以通过规模经营降低农户的生产成本，也可以通过略高于市场的收购价格来保证农户的收入。大规模化生产使农户摆脱了市场价格的任意摆布。与此同时，合作社还可以通过及时、准确、全面的把握市场行情，改变以往市场信息不对称的局面，帮助农户提高适应市场风险的能力。

3. 利于推动城乡一体化的发展

农民专业合作社的建立和发展有利于推动城乡一体化的发展。西柴里村中药材种植农民专业合作社将围绕区域主导产业（即中药材种植）的培育、发展和壮大，通过拉长产业链，把城乡土生土长的产业和市场对接起来，实现工业与农业、城市与农村的良性互动，促进城乡一体化发展。

（五）对西柴里村中药材种植农民专业合作社建立的调查意愿分析

为了进一步了解西柴里村村民对建立中药材种植农民专业合作社的意愿情况，我们进行了一次问卷抽样调查。

通过对调查结果的整理分析我们发现，由于粮食种植收益不高，西柴里村的村民中75%以上的家庭都在种植中药材，且种植人员多为年龄偏高、受教育程度低（80%以上小学及以下学历）的村民，因此对先进的技术掌握的并不好，仅仅是凭借自己的种植经验。与此同时，中药材种植普遍存在着化肥农药花费过高，市场非常不稳定等问题，这些也大大提高了种植中药材的风险性。

二、西柴里村中药材种植农民专业合作社的类型设想及其利弊分析

根据西柴里村的实际情况，中药材种植农民专业合作社的类型有以下三种设想可供选择：

（一）专业大户或村里能人带动型

该类型是以专业大户或村里能人为核心的，按照互利、自愿的原则，联合周边的农户，共同从事中药材种植、粗加工、销售、运营等活动而创立的中药材种植农业专业合作社。当前村里有一部分农户属于中药材种植大户，自家大面积的责任田都用来种植中药材，他们积累了比其他村民更多的种植经验和技术，其中不乏中药材种植能手，他们会把成功的经验在全村传播开

来，在技术、销售等方面为合作社铺平道路。然而严重依赖于村里能人的个人素质和能力存在比较大的风险，一旦能人个人出现问题，会影响到整个合作社。

（二）乡村干部牵头型

该类型是指乡村基层干部联合农户，按照自愿的原则，鼓励大家规模化生产，统一进行销售，使得原本分散的生产变成集中连片生产，帮助村民共同致富。目前西柴里村现任村主任颇具领导能力，而且坚持扎根于农民群众之中，跟村民打成了一片，比较有威望并且他非常了解西柴里村的实际情况。因此这种类型的合作社也是切实可行的。

（三）龙头企业带动型

该类型是指周边实力较强的中药材加工流通企业主动引导带动农户组建农民合作社，形成"企业+合作社+农户"的生产经营模式。目前临近的安国就有着不少的饮片加工厂等具有一定规模的企业，企业与村民合作开展农业合作社也能够帮助合作社种植的中药材走上深加工的道路，从而形成种植、深加工、销售等一条龙生产模式。不过这种模式是以公司利益为导向的，合作社明显处于劣势地位。所以我们认为若想彻底解决这个问题，必须在机制上协调企业和农户之间的利益冲突。

三、西柴里村中药材种植农民专业合作社
如何规范运行和科学管理

农民专业合作社的创始者一般是农民，受农民本身局限性的影响，在创立合作社时容易出现缺乏规范性、科学性的问题，从而使农民专业合作社在未来发展过程中出现问题，不能长久发展下去。因此西柴里村中药材种植农民专业合作社必须规范运行、科学管理，才能真正做大做强。

（一）组织机构建设

《农民专业合作社法》对合作社组织机构的设立做出了明确的界定，成员代表大会是合作社的最高权力机构，理事会是执行机构，监事会是监督机构。其组织机构见图 5-1。

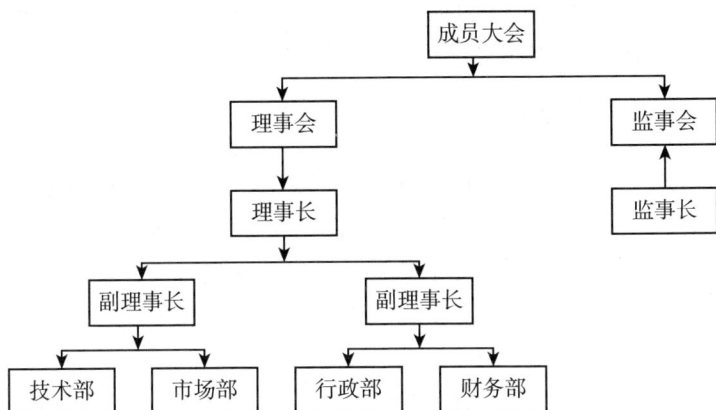

图 5-1 农民合作社组织结构示意图

1. 首先组建理事会

首先组建一个有决定权的理事会。农民专业合作社成立之后，除了涉及合作社的重大问题决策，需要成员代表大会讨论通过外，一般日常事务主要靠理事会进行决议并实施。因此理事会在合作社发展运行中的作用是非常关键的。在民主选举理事会成员时一定要兼顾多方面的人才，不仅要包括村里德高望重的前辈、中药材种植能手，还要有生产技术方面和营销策划等方面的人才，这样才能够保证未来理事会决策的正确性。

2. 其次选出理事长

其次要选出一名高素质的理事长。任何一个优秀的团队都需要一个好的带头人。理事长是合作社的领军人物、核心人物。作为一名优秀的理事长，不仅要有较强的号召力和凝聚力，还要有极强的责任心和无私奉献的精神，同时其本人还应该具备出色的组织管理能力。只有这样的人才能带领合作社健康长久发展。这一点就需要西柴里村的村民仔细考虑，投出自己神圣的一票。

3. 然后聘请财会人员

然后需要聘请一位业务精湛、工作经验丰富的财会人员。农民专业合作社是一个经济组织，关系到西柴里村全体村民的经济利益，离不开严谨的财务核算。在创办初期，如果没有合适的财务人员，合作社可以委托当地（如定州）的代理记账机构代理做账，但一定要保障账务明晰。在人员配置方面一定要配置具有财务方面从业资格的财会人员。

4. 最后设置内部机构

最后要设置合理的内部机构。内部机构的设置需要根据合作社的实际情况进行设置。对于西柴里村中药材种植农民专业合作社来说，需要设置办公室、财务室、会议室、培训室、技术服务部、营销策划部等部门，后期的发展如果涉及中药材的深加工，则需要设立相应的生产机构。

（二）规章制度建设

俗话说，没有规矩不成方圆。规章制度是农民专业合作社规范运行和健康发展的基本保障。从目前很多合作社的情况来看，不少合作社的章程是套用工商登记的范本或者是其他合作社的章程，而没有根据自己合作社的具体情况制定真正切合实际的规章制度，这会使得今后合作社工作的开展难以有序进行。

1. 首先制定《章程》

首先要制定一部从本合作社出发的《章程》。章程就好比是一部合作社内部的法律。如果没有这部法律，就无法可依，就会使合作社的管理出现混乱。章程的制定可参照农业部示范的章程，但是必须结合西柴里村中药材种植农民专业合作社的具体情况对其中的关键部分做出明确的规定，最后必须要通过合作社的民主选举才能生效。

2. 其次制定规章制度

其次要制定一套基本的规章制度。这套制度要对各个岗位的职责作出规定，同时也要对生产销售等行为做出规范。制度通过以后，所有的社员都要熟悉了解，并且要严格遵守。

四、西柴里村中药材种植农民专业合作社
建立和发展可能存在的问题

（一）对政府财政支持依赖性强

目前，农民专业合作社都希望得到政府的财政补贴，更有甚者打着合作社的名义骗取政府财政支持，建立一个有名无实的合作社，村民入社后得不到任何的扶持和帮助。还有的合作社依照政府部门来设置其内部机构，行政化现象非常严重。不少农民专业合作社自己不想办法，在筹备阶段就要求政府注入启动资金，否则无法启动，合作社的发展过程中始终都离不开政府资金的扶持。

另一方面，目前许多政府财政力量有限，在资金扶持、信息、技术、管理服务方面扶持和引导力度远远不够，因此政府一般选择那些具有一定经济实力的农业龙头企业合作社作为补贴对象，据统计能够得到政府补贴的只占20%左右，其他80%较小规模的农民专业合作社发展前途堪忧。

（二）融资渠道狭窄，举步维艰

合作社如果想持续长久发展，必须独立自己经营，不能单一的依靠政府财政补贴。然而，农民专业合作社作为一种新兴的经营组织，还没有形成成熟的发展模式，因此融资渠道相当狭窄。各类商业银行基于专业合作社运行的不可预知性，出于对自身资金安全问题的考虑，一般不愿意向农民专业合作社发放贷款。农民专业合作社的自有资金来源于入社农民缴纳或者入股的会费，而基于农业季节性的特点，季节性资金需求矛盾十分突出。

（三）缺乏风险控制机制

目前参加合作社的村民大多只看到"利益共享"，而不愿意接受"风险共担"，大部分农民抱着傍"大户"的想法参加合作社，入社成员法律意识淡薄，在面对一些高风险的项目时，社员之间就会产生分歧，而合作社章程并不完善，缺乏必要的约束力，这样极易激化内部矛盾。

（四）科技和人才力量不足

目前西柴里村的中药材种植仍是处在一家一户的分散种植，村民大都依靠多年的种植经验，缺乏系统的管理经验和先进的种植技术。而且绝大多数的年轻人都选择了外出打工，在家务农的村民中年轻人很少，且文化水平普遍不高，这会导致合作社缺少新鲜血液的注入，合作社的这种"老龄化"问题会制约其长远发展。

（五）内部运行机制不规范，经营管理混乱

虽然农民专业合作社大多都需要进行工商注册登记，也有相关的《章程》规定了内部组织机构，但由于村民文化程度较低、管理意识淡薄，可能会致使农民专业合作社的理事会和监事会流于形式，在日常管理中不能发挥应有的作用，导致内部控权问题严重，运作和管理随意性大。同时合作社对社员利益的二次分配比例较小，使得社员的收益少，这样就严重打击了社员的生产积极性。

（六）农产品的品牌创立难

通过走访调查，我们发现农产品品牌化经营能够帮助合作社在激烈的市场竞争中处于有利的地位，如河北省沧州市献县的占臣果蔬专业合作社种植的伊丽莎白瓜，合作社坚持"你有我优，你优我特"的经营理念，积极注册商标，

大力推广"富硒"的伊丽莎白瓜，取得了很好的发展。目前很多合作社也非常认可品牌竞争的方式。但是与此同时我们也发现，很多合作社的优势产品不够强，市场上的可替代产品较多，合作社农产品的品牌创立难。没有品牌的支撑，产品的统销也会有困难。这一点也将会成为西柴里村中药材种植农民专业合作社需要重视的问题。

五、可能出现这些问题的原因分析

（一）创办目的不纯

一方面，目前部分农民专业合作社创始人创办目的并不是为村民社员服务，带领大家致富，而是通过钻法律和政策的空子争取国家的优惠政策，套取政府的财政补贴、免息贷款、征地补偿等，也有的是为了完成政府下达的任务指标。另一方面，受经济利益和政绩的驱动，有的政府官员也为这些投机者打开了方便之门。

（二）日常监管落实难

一方面，由于《农民专业合作社法》及其相关法规规定农民专业合作社不需要年检，因此相关部门很难掌握专业合作社成立后的经营、发展状况；另一方面，由于相关法律法规只明确了合作社虚假注册、擅自变更、出租、转让营业执照等行为的法律责任，对合作社实施其他违法行为的法律责任未做规定，致使工商部门无法可依，执法难。

（三）产权界定模糊

产权界定模糊，使合作社的资本积累难上加难。首先，目前我国农民专业合作社的投资主体主要涉及供销社、农资公司、龙头企业等，企业法人的投资占主体地位，农户投入股金相对有限，由于投资主体特别是国有企业等国有投资主体无法实现人格化的产权，致使产权界定仍不十分明晰。其次，产权模糊亦表现在对社员个人产权的界定上。现有的农民专业合作社大多在创立之初就没有将产权明确到个人，这种模糊的原始产权随着合作社的发展壮大进一步强化，致使个人产权更加难以清晰界定。除此以外，《农民专业合作社法》第四条规定"农民专业合作社对由社员出资、公积金、国家财政直接补助、他人捐赠以及合法取得的其他资产所形成的财产，享有占有、使用、处分的权利"。这一规定就将合作社的收益权剥离了。合作社在经营过程中只有产生了盈利才能将其分给社员。在将盈利分配之前，利润是以合作社名义取得并掌握的，社员没有对这部分控制的权利。

六、对西柴里村中药材种植农民专业合作社发展的对策建议

（一）政府应帮助合作社摆脱财政补贴的依赖

我村即将建立的农民专业合作社本身的力量薄弱，政府还是需要对合作社进行财政扶持，但是财政扶持并不意味着单纯的财政补贴。政府财政扶持要遵循资源优化配置的原则，采取审慎的态度，经科学评审后再进行发放，并且要充分尊重合作社内部的自治和独立原则，不对合作社的经营管理进行过多干预。除此以外，授人以鱼不如授人以渔，政府应该加大对合作社的科技投入和人才培养的力度，提高合作社的整体实力，帮助合作社独立自主经营。

（二）革新金融体制，不断完善融资渠道

这一点不仅是西柴里村中药材种植农民专业合作社未来可能面临的问题，更是当前大部分合作社面临的共同问题，而且这个问题直接关系到合作社是否能够顺利建立起来，这就需要政府发挥宏观调控的作用。一是要建立农民专业合作社的信贷评级制度，制定适合当地农民专业合作社实际情况的信贷管理政策，合理确定信用评级标准，二是加强相关银行的信贷管理体制改革（目前我村的农民专业合作社拟选定当地农村信用社作为合作银行），利用行政等手段鼓励银行积极为各地农民专业合作社的建立提供信贷的便利；三是针对各地农民专业合作社的融资需求特点，对金融服务产品进行创新，解决其融资难的问题，使其具有更加强大的生命力，帮助各地的农民专业合作社健康发展。另外，为了避免某些农民专业合作社负责人打着合作社的名义为自己的私人融资目的筹谋，银行方面也应该对相关的农民专业合作社进行实地考察，确定正在进行筹资的合作社的确是真实存在，并且是以带领大家共同富裕为目的的，方能提供融资的便利。

（三）完善风险共担机制，完善合作社的利益机制

首先要加强我村村民的法律意识，让村民意识到加入合作社不仅可以共同分配利润，还需要共同承担风险。这一点在合作社的章程上应该明确提出，让所有具有入社意愿的村民了解这一点，并给予他们自由选择的权利。其次，责

任不能连带，但必须共担；风险不能消除，但必须分散。原有的单打独斗保证贷款的模式使个人承担的风险太大，这会阻碍合作社的建立和发展，因此这种模式必须进行改革。这一点可以借鉴浙江丽水地区的经验，西柴里村的农民专业合作社可以建立银行、企业和政府三方共担责任、分散风险的合作机制。此外，建立股份制的企业也可以比较好的解决这个问题。在入股的村民共担风险的同时，银行和政府方面也需要进行相应的扶持。这样通过多方合作，才能更好的解决这个问题，实现多赢。

（四）加大人才培训力度，提升入社村民素质

科学技术是第一生产力。首先进一步做好《农民专业合作社法》和2014年通过的《河北省农民合作社条例》的宣传工作，其次，西柴里村中药材种植户的村民文化水平整体不高，要举办农民专业合作社培训班，定期进行培训学习，提升西柴里村中药材种植农民专业合作社全体社员的整体水平。培训班的培训内容不仅要包括中药材种植技术和管理的学习，还要强化对社员的教育培训，不断提高综合素质，充分理解利益共享、风险共担的宗旨，增强农民专业合作社内部的凝聚力，降低组织运行成本，全面提高专业合作社的市场竞争力。再次，针对目前很多专业合作社存在的综合素质较差，管理水平较低的现状，合作社成立以后应该对西柴里村的农民专业合作社进行市场营销、信息利用、财务核算、经济合同、计算机等方面的强化专业培训，促使改变过去传统的中药材种植方法，全面提高管理水平。与此同时，采取开设宣传栏、散发宣传资料、集中讲座等形式，大力宣传国家的支农政策、发展先进典型和工商惠农等措施，切实提升西柴里村农民专业合作社的整体素质。

（五）完善相关法律法规和制度，加大内部监管力度

首先国家要完善相关的法律法规和制度，如对农民专业合作社的年检制度，使相关部门在对农民专业合作社进行监管的过程中有法可依。其次，理事会和监事会不能只是流于形式，要发挥应有的作用。西柴里村农民专业合作社的内部不仅要按照严格的程序制定合作社章程和制度，更要严格的去执行，要对合作社负责人和社员的行为进行透明化的监督，扭转当前很多合作社内部专权的现象。

（六）制定合理的发展战略，打造品牌优势

首先西柴里村的农民专业合作社应该从思想观念上重视打造品牌的问题。其次在中药材种植的问题上，合作社应该从本村的自然条件等出发，选定几种

药材品种长远发展。比如现在很多村民都在种植的黄芪、白芷等。再次，西柴里村的中药材种植要具有自己的特色，需要制定一套严格规范的质量检测流程，在品牌宣传的过程中也要凸显西柴里村中药材的绿色健康和药用价格。最后，申请一个县域的商标名称，这个名称既要响亮好记、具有吸引力，又要具备当地的地理坐标特征，如可以利用定州塔这一古迹，使品牌具有深厚的文化底蕴。

（七）明晰产权制度，合作社的资本结构应该多元化

合作社产权模糊的问题归根到底是相关法律不完善的问题。首先，法律应该完善合作社的财产所有权，打消村民对此的顾虑，激发村民融资的积极性，促进合作社的资本积累。其次，农民专业合作社作为一个新兴的市场主体，也应该符合现代企业经营的特点。我认为西柴里村中药材种植农民专业合作社可以采取公司制的形式进行市场运作，从农民专业合作社的特点来看，可以采用股份制形式。股份制形式有利于促进资本的多元化，合作社可以通过发行股票筹措资金，扩充资本。除此以外，考虑到农民专业合作社本身力量较为弱小的情况，可以允许合作社与其他企业联合经营从而增加资金积累。比如西柴里村中药材种植农民专业合作社可以与安国的饮片厂进行合作，双方的合作有着得天独厚的地缘优势，不仅有利于增加资金积累，而且有利于促进合作社中药材的深加工，延长中药材种植的产业链，提升其附加价值。

七、总　　结

本文以西柴里村为研究目标，旨在探寻定州市地区中药材种植农民专业合作社的发展方向。当前西柴里村的中药材种植仍是以家庭为单位进行生产种植，本文虽然从当地实际情况出发，借鉴了成功的专业合作社案例，又结合了国家政策法规和河北省刚刚制定的农民专业合作社条例，对西柴里村中药材种植农民专业合作社提出了切实可行的设想，但在未来的实施过程中必定还会出现新的实际问题，这就需要不断对规划设想进行调整。所以说，西柴里村乃至定州市地区的中药材种植农民专业合作社的建立和发展仍然任重而道远。

参考文献

[1] 谢瑞芬. 河北省农民专业合作社发展问题研究 [J]. 经济论坛，2014，12（6）：5~8.

[2] 杨雪萍，王文棣. 陇西县中药材专业合作社发展状况研究 [J]. 山东农业大学学报，2013，12（3）.

[3] 蔡祥凯. 规范运行 科学管理 做大做强农民专业合作社 [J]. 山东科技报, 2012, 6 (4)：7~9.

[4] 杨国勇. 浅析农民专业合作社发展中存在的问题及对策 [EB/OL].
http：//www. hb261. com/news/gcfx/2012718/1442447324. htm, 2012 - 7 - 18.

[5] 米彩虹. 关于农民专业合作社发展的现状存在的问题及对策 [EB/OL].
http：//www. ngsh. gov. cn/gzyt/llwz/201003/20100329142343 _ 24696. shtml, 2010 - 3 - 19.

[6] 徐菲农民专业合作社快速发展存在的问题及规范建议 [J]. 2013, 6 (26)：34~39.

[7] 肖湘雄、冯飞. 农民专业合作社的产权问题刍议 [J]. 中国农经信息报, 2009, 3 (4)：11~13.

[8] 孙旭宁. 农民专业合作社运行中存在问题与解决对策 [D]. 广西：广西广播电视大学, 2009：7-9.

[9] 卢学英. 试论政府对合作社的财政支持 [D]. 安徽：安徽财经大学, 2008：4-9.

[10] 丽水金融办. 责任需要共担 风险必须分散 [J]. 光明经济, 2014, 12 (21)：1~3.

[11] 石梅静. 新形势下农民专业合作社发展现状和对策研究 [J]. 中国农经信息报, 2012, 8 (3)：5~9.

[12] 任彬彬. 建立和发展农民专业合作社促进农业科技成果转化与应用 [J]. 企业技术开发报, 2013, 12 (6)：30~33.

[13] 英启琛. 农民专业合作社发展问题研究——以济南市历城区为例 [D]. 山东：山东大学, 2009：7-9.

[14] 张伟伟. 莱芜市农民专业合作社发展的金融服务问题研究 [D]. 山东：山东农业大学, 2011：5-7.

[15] 毕誉馨. 资源依赖理论视角下农民专业合作社发展研究 [D]. 浙江：浙江大学, 20.

教师讲评

本文阐述了定州市西柴里村药材种植农民专业合作社的创建过程，分析了农民专业合作社最初的创建构想和章程组织结构的设计，并针对当前该农民合作社存在的问题进行了原因分析，据此提出其今后发展的对策建议。文章的结构基本合理，语言比较通顺，写作较为规范。

6

家庭农场组织创新的探究

——以民富源农牧产品专业合作社为例

农林经济管理 1102 班　杨丹丹／指导教师：甄鸣涛

摘　要：本文通过实地调查和非结构式访谈方式，针对容城县南张镇野桥营村民富源农牧产品专业合作社在发展过程中所经历的一系列问题和采取的解决办法进行深入思考，基于土地、生产资料、技术的充分利用，从组织关系、要素、结构方面剖析农户家庭的组织创新，通过市场经济条件下经营主体组织形式多元化、主体经营内容多元化，促进新型农村社会化服务体系成熟，最后对弥补家庭农场经营的不足从组织创新的层面提出解决对策，希望对其他农业生产经营组织具有一定借鉴意义。

关键词：家庭农场；合作社；组织创新

近几年，随着现代化农业不断取得进一步的成就，合作社的产生是为了切实促进农业的发展，然而合作社在发展过程中遭遇了哪些瓶颈，又将怎样克服，在市场经济的大环境下将怎样结合自身特点成功转型完成组织创新，都是具有重大的思考意义的，本文将以位于河北省保定市容城县南张镇的民富源合作社为例来阐述农民专业合作社在组织创新中在农场生产经营中遇到的问题和采取的做法，基于土地、生产资料、技术的充分利用，从组织关系、要素、结构方面剖析农户家庭的组织创新，通过市场经济条件下经营主体组织形式多元化、主体经营内容多元化，促进新型农村社会化服务体系成熟。

一、合作社的发展历程及面临的问题

经过调研后发现，位于河北省保定市容城县南张镇的民富源合作社是合作社中的优秀代表，该合作社先后于 2012 年获得了"河北省农民专业合作社示范社"、"全国农民专业合作社示范社"等荣誉称号，不但带动了县域范围内农业经济的发展，而且成为保定市及其周边农民专业合作社发展的成功典范。

那么，是什么因素使得民富源农牧产品合作社在短时间内取得如此大的成果呢？原来，是组织创新。经过调研发现，它的家庭农场嵌套农业合作社、农业合作社与供销社及资金互助合作社横向与纵向的联合的发展模式，是值得我们深入思考并借鉴的。从传统小农分散经营向集约化、专业化、组织化、社会化相结合的新型经营体系转变过程中，农民增收逻辑一般是通过采用农业机械、扩大生产规模或者采用新的生产资料和新技术来提高生产效率，单纯地通过增产来增加收入，形成了自主经营、自负盈亏的生产经营模式。但这种基于自给自足生产经营方式形成的传统小农认识忽视了一些影响因素，在社会化生产过程中使得合作社生产经营中面临一些问题。

（一）土地经营布局、规模不合理

朱永岐家最初在自己承包的 40 亩土地上进行粮食种植，兼养殖黑脚麻鸡。但单一的家庭经营模式难以实现规模化、机械化生产经营的要求，为了实现规模化与机械化生产经营，朱永岐和合作社的其他成员积极运作，广泛吸纳本村及周边村落的农户，实现土地流转。截止到 2015 年，容城县民富源农牧产品合作社土地流转总面积达 1 000 多亩，其中包括本村土地 900 多亩、外村村民自愿流转的 100 多亩，目前 1 000 多亩土地分成好多小片区域，最大的一块有250 亩，其他还有 30～40 亩和 10 多亩不等的地块。由于地块分布分散，影响了农业机械的使用效率及规模化农业，对此，合作社展开了一系列的土地流转置换工作。

在土地流转置换过程中，合作社有序开展土地经营流转工作，主要采取了两种流转方式：（1）土地入股。在县、乡（镇）政府的支持下，自 2010 年年初，经理事会议研究决定，成员会议讨论通过"容城县民富源农牧产品专业合作社土地流转实施方案"后，合作社与 108 家农户签订 10 年期限的土地流转协议。与传统合作社不同的是，民富源农牧产品专业合作社与社员之间并不是单纯的利益共享、风险共担，农户以土地入社后可以每年收到以 700 斤小麦按市场价折合的现金作为分红，在此基础上，流转户依然可以享受国家的各种粮补。也就是说，朱永岐一家独自承担流转土地带来的生产风险和市场风险，流转户只承担市场风险。（2）以地易地。对于分散在大片之外的小块土地，合作社与农户进行耕地置换。合作社用大片之外的小块耕地来换取与大片相邻土地的农户进行交换，合作社尽量用相对少的土地来换取农户相对多的土地，对于要流转土地的不足部分合作社按每亩每年 700 斤小麦的标准补偿给农户。从而使流转土地逐步成片，更利于现代化的集中连片耕作。

目前民富源农牧产品专业合作社的土地 1 000 多亩地分成好多小片区域，

最大的一块只有 250 亩，其他的 30～40 亩和 10 多亩依次不等，现有土地难以连片经营，影响了农业灌溉设施和机械的使用效率，增加了生产和管理成本；虽然在分散的单独地块上可以实现小规模的机械化，但机械需要花费时间往返于各地块之间，所以在播种或收割期间使用机耕机种所需要的时间加大，很容易就误了农时。并且很多大型机械在一年也就使用一两次，例如播种机一年只使用两次，分别在六月份播种玉米，十月份播种小麦。在其他的月份就只是闲置在家中，造成资源浪费。面临着要放弃租外村土地的问题，以减少投入成本。

大面积土地规模经营需要进行土地流转，同时要与众多流转户协商。在农村社会养老、医疗保障不力的情况下，农民瞻前顾后、心里不踏实，许多农户不愿意长期流转土地。土地是农民手中最重要的资产，目前，在子女教育、社会保障、住房等问题没有得到根本解决之前，农民不会贸然将土地长久流转出去。还有部分农民认为自己家土地好，有能力自己种植，不愿意承租出去。转包、转让、互换只是在少数农户之间进行，难成规模化气候，影响了机械化经营，进一步降低了农产品生产率，经营规模难以稳定，极大地影响了土地利用效率，难以实现土地资源的最优化。

（二）农业机械与设备更新快、投资大

该合作社购进了大中型农业机械 10 余套，其中雷沃大拖拉机 3 台，共花费 25 万元；玉米联合收割机 3 台，共花费 36 万元；小麦联合收割机 1 台，共花费 5 万元；播种机 8 台，共花费 2.5 万元；旋耕机 3 台，共花费 1.5 万元；秸秆还田机 3 台，共花费 1.5 万元；喷灌及其配套设施 40 万元左右。和传统的合作社一样，在购买农机设备时得到了国家的相应补贴，每台补贴 20%～30%。现有的机器设备主要用于本合作社的种植、防护和收割，在农忙时节，合作社将农业机械设备进行代耕、代播、代收工作，为周围的村民提供种植、收割机械化服务，收取一定的劳务费与租赁费。

（三）技术的应用与推广不够

与传统的合作社相比较，合作社存在社员文化程度参差不齐，对很多种植、养殖新技术不熟悉等现象，对此，民富源农牧产品专业合作社经常开展合作社教育工作，以提高社员的素质。6 年中，合作社多次聘请技术人员来进行指导，开展了有关小麦种植的知识讲解，并对合作社工作人员进行喷灌设备使用的培训，大大提高了工作效率，降低了设备的损坏率。民富源农牧产品专业合作社还多次与其他合作社进行关于种植方法、养殖规模等技术的交流学习。

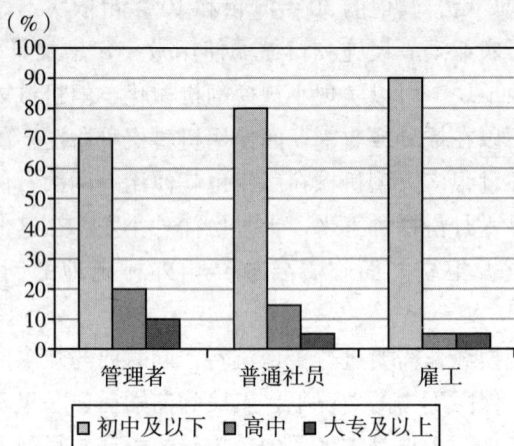

图 6 - 1   民富源农牧产品专业合作社社员学历水平统计图

（四）要素配置调整空间狭小

单一粮食种植的经济效益低，倒逼农场探寻高效利用资源的途径，但目前仅限于家庭内部资源的利用。如为提高产品附加值，农场进行了甜玉米真空封装尝试，但技术问题自己无法解决，尤其是资金的家庭约束，目前仍徘徊于生产技术积累阶段。由于农场发展思路、战略决策局限于其家庭成员范围内，未能充分利用外部资源和条件，对农场发展规模、速度产生了制约作用。

（五）储藏方式落后

玉米小麦等农产品收割后就要进行风干、晾晒、储藏一系列程序。民富源农牧产品专业合作社拥有近 6 亩的硬化地面用来晾晒玉米、小麦，另外还有近 2 亩的彩钢棚进行玉米和小麦的储存。一方面，河北的六月份是个多雨的季节，在小麦的晾晒期间常常会有风雨来袭，这样的气候条件大大增加了小麦风干的难度。玉米的烘干晾晒受气候的影响较小；另一方面，大量的玉米收割后进行剥皮装袋，之后便堆积在仓库里储藏自然风干即可。由于大部分玉米在脱水烘干前就入库储藏，堆积在底层的玉米出现霉变，甚至出现被老鼠之类的小动物啃咬的情况。

（六）营销方式单一

在玉米和小麦的销售上，主要通过合同或者口头协定卖给粮站此类经销商；在柴鸡蛋的销售上，则直接卖给市场消费者。在销售粉虫绿皮柴鸡蛋之初，合作社尝试将鸡蛋放到超市进行销售，但是由于超市资金周转期长，且一般消费者难以接受鸡蛋的价格，造成很多鸡蛋直到变坏也销售不出去，故目前采用消费者直接到合作社所在地购买的方式，合作社没有找到粉虫绿皮柴鸡蛋除此之外更加合适的销售渠道。

（七）外部环境不稳定

生产领域中，家庭农场之间农机实力都不大、并且各有自己的辐射范围，合作面临较多障碍。农场由于小麦种植面积较大、农时紧，对小麦收割积极寻求合作，但杯水车薪，主要是因为双方的农机数量合作都不足以满足耕作规模的要求；虽然玉米没有农时问题，但因为辐射本土即能获取足够的收益，农机合作对农机拥有者吸引力不足。

流通领域中，市场风险和不确定性影响合作的稳定性。在养殖黑脚麻鸡初期，村里几家进行合作、产品统一销售，但由于没有建立稳固的市场渠道，收购商压价、利润低，养殖合作社逐渐萎缩，最后都转给朱永岐家养殖。

二、基于家庭经营的合作社组织制度创新

面对合作社生产经营上的问题，民富源农牧产品专业合作社横向嵌套资金互助合作社，纵向与农业企业、供销社合作，合理组合生产要素、充分利用社会资源应对市场变化，在一定程度上实现外部衔接与内部协整，部分解决了合作社面临的问题。民富源合作社的理事长朱永岐是这一组织创新模式的主要带头人，他在合作社成立之初是以自己的农田为基础进行农业生产发展，后来通过在本村及邻村进行土地流转，例如农田的租赁等来进一步扩大农业生产发展，进行规模化、集中化的生产经营，直至成为周围村落中具有相当影响力的大农场。在生产经营的过程中，朱永岐发现单纯的农场化生产经营已经无法满足生产力的持续发展，遂联合当地几个主要的农业种植业大户，于2008年成立了民富源农牧产品专业合作社，由朱永岐担任理事长，进行生产经营。与其他合作社不同的是，民富源农牧产品专业合作社在经营上实行统一经营、统一管理，打破了原有的合作社的运作模式，与种植大户的家庭经营有机结合，带动农户应用先进农业科技、提高农业经济效益、走向外部市场。

民富源农牧产品专业合作社由朱永岐和其他四户村民共同创立，至今，发展了240多户社员。与传统合作社不同的是，在经营决策方面，民富源并不进行一人一票或按股投票的决策方式，而是由理事长朱永岐进行统一经营、统一管理，保持着家庭经营的决策方式。社员不与合作社共担生产环节

的风险，只承担市场流通环节的市场风险，按实物 700 斤/亩小麦的当年市场价格折算货币，共享利益，而朱永岐承担合作社盈亏，在一定程度上规避了社员的风险。

合作社在复杂多变的市场经济竞争中有时候仍处于不太优势的被动方，民富源农民专业合作社扬长避短，进行了农民专业合作社、资金互助合作社和供销合作社的社社联合。民富源合作社的这一联合，是有着一定的机遇条件的——农业专业合作社的理事长朱永岐不仅管理着民富源农牧产品专业合作社，同时管理资金互助合作社，代营南张镇供销合作社。三个组织之间相互独立，拥有各自独立的财务。民富源农牧产品专业合作社主要经营小麦、玉米等大田作物的种植以及黑脚麻鸡的养殖。资金互助合作社主要开展社员的存款及贷款业务，以及为农牧产品专业合作社融资。资金互助社不仅仅吸纳社员，还依靠其存款利率较银行存款利率高、立足于农业产业为农民谋福利的原则等自身优势发展了周边村落的村民来资金互助社办理业务。供销合作社主要经营种子农药化肥的销售。

（一）决策的统一化促进土地规模经营

河北省不同地区、不同时期土地流转价格、途径差异较大，多方参与"一人一票"方式往往难以形成决策。为实现土地连片，合作社灵活采用近村地块换远村地块的换地方式；对于置换土地不完全符合农户要求、亩数不够的地块，采取一部分置换、不足部分付租金的方式。在这些决策中，合作社核心成员朱永岐的家庭作为决策单位，最大程度上避免土地承租标准不统一带来的决策冲突，加快土地的流转进程，合作社土地形成了规模并初步实现连片经营，最大连片地块近 250 亩。

（二）通过嵌套合作组织充分利用了外部资源

在家庭经营基础上，建立了横向的合作社联合，包括农牧产品合作社和资金互助合作社。资金互助合作社对象并不局限于农牧产品合作社社员，而是以村民为发展对象。虽然利率低于一些民间借贷，但由于以家庭实业、资产和农场经营为条件，融资的安全性仍能吸引村内资金参加互助合作，为合作社筹集资金 30 多万元。

（三）纵向合作方式开拓、稳定了市场渠道

一方面，由于拥有较高的农机实力和技术，合作社与容城县南张镇供销社联合开展了种子、化肥、农药的代销、代耕和技术推广，实现了合作社间的纵

向合作。另一方面，民富源农牧产品专业合作社超越松散的市场购销，直接与一些化肥企业合作，如赊购、代销化肥；甜玉米加工企业预先提供种子、化肥、技术和信息，并签订订单，即使企业的加工能力不足也全部收购了合作社生产的甜玉米，实现了相互制衡，稳定了市场流通渠道。

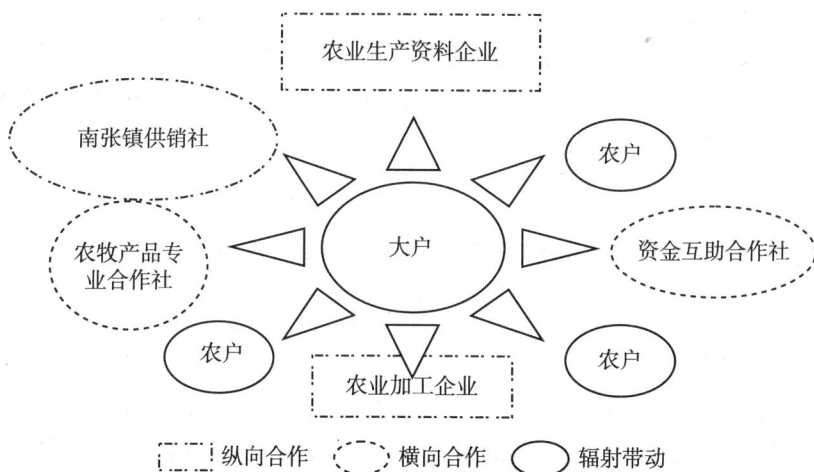

图 6-2　三个组织关系图

（四）内部多元化方式探求合作社支柱产业

粮食种植的比较效益低，为寻求适销对路、经济效益高的支柱产业，除了经营初级农产品的生产销售，合作社还对农产品进行加工，如玉米糁、玉米面，小杂粮等，进行了多元化的生产，以探索新的增长点和专业化的途径。在合作社的发展过程中，先后尝试过种植紫薯、谷子、白蜡树苗等，在 2013 年种植 20 亩"甜玉米"的基础上，2014 年扩大到 400 亩，实现了整个合作社的扭亏为盈，也成为合作社今后产业的主要选择之一。

（五）有限的农机社会化服务提高农机使用效率

相对于一般农户，农场拥有更多的农业机械，受政府部门委托为村里农户代耕、代播，积极提供农机社会化服务，提高了农机利用率。如在农作物种植上与一般农户错开农时，闲置的农机外租为合作社赚取相当多的收益。2014年玉米收割时节，合作社的一台玉米收割机（带剥皮）6 天赚了 3 万多元。但这些社会化服务限于本乡本土，未进一步形成农机合作以满足更大范围的社会化服务需求。

三、合作社组织创新的对策建议

组织创新包括组织要素、组织结构、组织关系、组织意识的创新。以大户经营的农场为载体嵌套合作社，使生产经营更具有灵活性，提高了农业生产经营的稳定性，增强了合作社发展的动力。但合作社仍有一些问题未得到充分、有效解决，还需要进一步进行组织创新，分别从组织要素、组织结构、组织关系、组织意识四方面进行改革创新，与时俱进，实现合作社组织创新的卓越成效。

（一）引导农场拓展内部多元化的深度与广度

首先，合作社要与政府、高校、研究机构相互配合，在内部多元化基础上尝试、选择支柱产业，充分发挥基层农业技术推广机构的服务优势，有效利用农业技术推广、优良品种引进、动植物疫病防控、质量检测检验、农资供应和市场营销等服务。如果有条件的话，合作社可以建设试验示范基地，种植大户担任农业科技示范户，参与实施农业技术推广项目；其次，加强对合作社理事长的市场营销培训，促进品牌农产品进入超市；最后，营造社会化协作环境，一方面，提供面向种植大户的社会化服务，提供代耕、代种、代收、病虫害统防统治、肥料统配统施、集中育苗育秧、灌溉排水、贮藏保鲜等经营性社会化服务；另一方面，引导种植大户利用其农机优势提供面向一般农户的代耕、代种、代收等经营性社会化服务。

（二）增加种植大户（合作社）联合，充分利用社会资源

合作社应该从单方面农产品生产销售向合作社之间的合作发展，仅仅依靠自身的力量难以应对生产、经营环节中出现的许多复杂问题，现当今变幻莫测的市场经济让合作社在竞争中显得势单力薄，合作则是合作社在市场经济浪潮中实现稳定、健康、持续发展的不二法则。合作社需要增强合作共赢意识，在联合过程中扬长避短，克服单一的农民合作社社运作的困难，提高农民合作社在当今复杂的市场经济环境下的综合竞争能力。

首先，合作社可以与种植大户（合作社）联合，大户↔大户的模式。对于合作社之间的合作，早在 2013 年，我国农业部部长韩长赋在海南博鳌会见泰国副总理兼农业与合作社部部长钰昆·林岚通的时候，双方一致达成意见，为进一步加强中泰农业生产、科研、贸易等全方位合作，决定共同推进两国农业合作社之间的合作。据此，为了推动我国合作社的健康可持续发展，合作社

之间的联合势在必行。充分利用联合起来的资源优势，发展一些农产品加工、流通和服务业，实现对产业链利润的分享，来达到资源的优化配置；联合种植大户（合作社），在收割季节实现农机共享，既降低了生产成本，又提高了工作效率。

其次，可以进行"大户+专业合作社+农户"形式的合作经营。在平等自愿、互利互惠、协商一致的基础上，农业大户、专业合作社以及农户可以进行经营合作。这样可以形成一个大范围的合作，提高了各个组织和农民抵御风险的能力，可以实现资源共享，获得最新的市场信息，提高规模经济效应和资源利用效率，缩短了各组织和农民的资本积累周期。这将会带来除此之外的社会化利益，例如促进农民增收，促进农村区域地方经济的发展进步，促进农业产业结构优化调整，实现共同富裕。

（三）在家庭经营基础上多途径促进合作组织嵌入家庭农场

首先，增强家庭农场的实力，提高家庭农场的承载基础，为孕育不同生产环节、要素的合作社创造条件；其次，保证经营决策的统一性，稳定家庭经营机制，进一步完善"大户+专业合作社+农户"模式，更好的应付多变的市场；最后，鼓励与农业企业紧密合作，提高农场在市场交易中竞争力和讨价还价能力。

（四）建立合作分层运作机制，降低管理成本

合作社应该积极进行与大户（合作社）的联合，与其他大户之间建立分层运作机制。在决策经营过程中，由核心成员交流决策，形成高层管理机制，从而整合了有利资源，降低管理成本。在低层管理机制中，主要是由各合作社组织核心成员，在统一决策、统一管理的基础上，形成大户→农户的模式，辐射带动周围农户。在种植、农业技术、销售等多个环节带动农户，使农民真正获利，从而吸纳更多的农民加入合作社。

（五）促进思想转变

首先，转变把家庭农场与合作社、农业企业对立的思维定式，认识到家庭农场为载体可以孕育出合作社，并且有助于实现合作社之间的联合；其次，完善农村各种社会保障政策，解决农民对未来生计的担心，促进土地连片经营；再次，加强对农场管理者的市场营销培训，促进品牌农产品进入超市；最后，在社会化协作背景下，鼓励家庭农场在不同层面上吸纳社会成员、组建合作社，进入农场的生产经营，有利于社会资本的充分利用。

（六）完善涉农补贴的瞄准机制

政府的涉农政策应有区别地瞄准家庭农场经营主体及农业生产类别，提高政策实施绩效。首先，明确要支持的家庭农场条件、范围；其次，选好支持的产业，农场种粮收益相对较低，收入基本上都作为沉淀成本投入了各种农机和基础设施，政府提供的农业项目对农场的经营持续性具有关键的作用；再次，加强支持的关键环节，有针对性的引导农机技术改造升级；最后，鼓励家庭农场基础上的立足农业、立足本村的资金互助合作社，实现其健康运行、风险可控。

（七）关注民生，健全农村社会保障制度

为完善农村各种社会保障政策，解决农民对未来生计的担心，促进土地连片经营。我国目前的农村社会保障制度存在覆盖面窄、社会保障资源分配不均、管理体制不健全、法律制度不完善等的问题，这些问题的真实存在，使得我国的农民不足以老有所养、老有所依，他们又怎么能放心地将土地流转出去呢，这就是合作社在发展过程中土地流转的瓶颈。

首先，政府应充分发挥主导作用。社会保障制度虽然建立起来了，但是这些制度建立之后的安全平稳运行也是需要政府相关政策的积极引导和协调。服务三农，通过政策倾斜等来增加农民加入，增强加入社会保障制度的意识，以及利用舆论对农村社会保障制度的正面宣传，在全社会形成对社保制度的积极响应。

其次，应扩大农村社会保障体系的覆盖面。我国很多农村社保体系尚处于试点的阶段，农转非、城镇化过程让部分农民失去土地，这加剧了农民的恐慌感，现存的农村社保很难实现他们在土地流转过程中放心大胆搞创新。所以，政府要加快实施农村居民社会保障制度的建立和完善的落实工作，切实关注民生，让农民上得起学、看得起病、住得起房、老有所养、老有所依，为合作社的发展创造一个和谐社会的良好氛围。

（八）农业保险的推广和展开

由于农业生产经营风险大，保险赔付率高，商业保险公司开展农业保险的积极性较低，导致农业保险险种较少。对此，应健全农业保险险种，进一步扩大农业保险投保险种和数额，降低合作社的经营风险，提高保障水平，创造出针对合作社的合作社社会化服务体系。

社会上的商业化保险公司应该积极响应国家惠农政策，壮大保险人才队伍，建设高素质保险人才队伍，创新业务推广和经营模式，结合实际情况去更

有深度地开发农业保险资源，增加农业险种。通过调整农业商业保险的运营模式来提高保险公司利润，服务三农，在带来商业化利润的同时带来社会化效益。

四、总　　结

民富源合作社在大农户的基础上，嵌套农业专业合作社，由农场大户户主以合作社理事长身份进行统一经营管理决策。合作社成功地将民富源合作社、资金互助合作社、供销社联合运作，与农业生产资料供应商、农民实现了互惠的良好局面，促进了民富源农牧产品合作社的成功运作。但值得注意的是，民富源合作社在经营的过程中面临一系列发展的问题，例如由于农民传统固有观念造成的土地流转困难、农业生产过程本身特点造成的资金的运转周期长等问题，严重制约着民富源农牧产品专业合作社的发展。为了促进我国农业持续健康发展，需要合作社本身与国家、社会联合起来，突破农业发展的瓶颈，实现合作社的良好运作。

参考文献

[1] 宁启文. 中泰农业部将共同推进两国农业合作社之间合作 [EB/OL]. http：//www. farmer. com. cn, 2013 - 04 - 08.

[2] 中国农村财政研究会. 关于农民专业研究合作组织和农业保险专题研讨会情况综述 [J]. 农村财政与财务, 2008 (3)：12 ~ 17.

[3] 胡雅蓓, 高晓能. 山东省供销合作社组织体系创新研究 [J]. 农业经济问题, 2010, 18 (4).

[4] 陈林. 同分结合, 三位一体　习近平的"三农"情怀 [J] 人民论坛. 2013 (13)：14 ~ 17.

[5] 国鲁来. 农村基本经营制度的演讲轨迹与发展评价 [J] 改革. 2013 (02)：19 ~ 27.

[6] 温铁军, 杨帅. 中国农村社会结构变化背景下的乡村治理与农村发展 [J] 探索与争鸣. 2012 (09)：11 ~ 16.

[7] 温铁军. "三农"是保持我国经济总体稳定的"稳定器" [J] 农村工作通讯. 2012 (07)：30 ~ 31.

[8] 徐祥临, 魏丽莉. 尤努斯模式与郁南模式之比较——结论：农业信贷靠正规金融机构 [J] 农村经济. 2012 (10)：23 ~ 26.

[9] 白志刚. 日韩农协与中国供销合作社 [J] 中国合作经济. 2012 (01)：15 ~ 16.

[10] 孙亚泛. 新型农民专业合作社经济组织发展研究 [M] 社会科学文献出版社,

2006. 19 - 21.

[11] 徐旭初. 中国农民专业合作经济组织的制度分析 [M]. 经济科学出版社, 2005. 30 - 59.

[12] 张晓山, 苑鹏等. 中国乡镇企业产权改革备忘录 [M]. 社会科学文献出版社, 2003. 23 - 34.

[13] (美) 奥利弗·E·威廉姆森 (OliverE. Williamson), 段毅才, 王伟译. 资本主义经济制度 [M]. 商务印书馆, 2004. 1 - 7.

[14] 温铁军. 我们到底要什么 [M]. 华夏出版社, 2004. 3 - 11.

[15] 程同顺. 中国农民组织化研究初探 [M]. 天津人民出版社, 2003. 78 - 93.

[16] 张晓山, 苑鹏等. 中国乡镇企业产权改革备忘录 [M]. 社会科学文献出版社, 2003. 56 - 91.

教师讲评

本文通过实地调研获得了保定市容城县南张镇野桥营村民富源农牧产品专业合作社的较为详尽的资料, 运用半结构访谈方法针对该合作社的负责人和部分社员进行访谈, 得知当前面临着农机设备更新快、技术应用推广受限、营销方式较为单一和储藏方式比较落后等问题, 基于此进行组织制度创新, 并提出了具体的对策建议。文章结构合理, 思路清晰, 分析透彻, 语言流利, 阐述比较充分, 提出的对策建议具有一定的适用性。

合作社：现代农业的组织载体

——基于对玉田县集强农民专业合作社的调查

农林经济管理 1102 班　王怀远/指导教师：葛文光

摘　要： 合作社是将农民组织起来实现规模化、集约化生产的重要举措，是现代农业的组织载体，也是实现农业现代化的必由之路。本文在对玉田县集强农民专业合作社深入调研的基础上，首先介绍了该合作社成立的背景，并对该合作社的经营管理模式进行了剖析。其次，又从产前、产中、产后全产业链条，对农民加入农民专业合作社前后的不同进行了对比，总结了合作社在农业科技进步以及农民增收等方面所发挥的积极作用。最后，指出了集强农民专业合作社存在的问题并提出了相关建议。

关键词： 农民专业合作社；经营管理模式；现代农业；作用

引　言

从 2014 年 3 月 20 日到 4 月 27 日，笔者深入到唐山市玉田县集强农民专业合作社，对该合作社及合作社的社员进行了走访和问卷调查，并与玉田县委农工委的相关负责人进行了座谈，本次调查和走访共获取问卷 150 份。通过本次调研，笔者对玉田县集强农民专业合作社的成立及运行情况有了较深入的了解，对农民专业合作社的作用有了更进一步的认识。

玉田县集强农民专业合作社成立于 2008 年 10 月 10 日，它是在唐山益农种业有限责任公司、唐山中康农业生产资料有限公司基础上吸收该县部分农业企业管理人员、种田大户、科技种田能手、农业生产资料经营者、农产品经纪人等参加的，集粮食、蔬菜的种植、加工、销售于一体的农民专业合作经济组织。

合作社成立之后，理事长带领组织成员进行土地规模开发，实施标准化生产、产业化经营、品牌化销售，为社员提供系列化服务，并通过健全组织机构，完善规章制度，使合作社的服务能力不断提升，合作社的凝聚力逐渐加强，目前合作社成员已达 1 985 户，入社土地 1.5 万亩，农作物种植面积达 2.93 万亩。该合作社已成为当地颇具影响力的农民合作组织。

一、集强农民专业合作社成立的背景

通过调查发现，集强农民专业合作社之所以成立，主要基于以下几个方面的原因：

（一）农民自身观念的转变和实现规模效益的需求

据了解，新中国成立后，农民对合作生产经营的观念转变经历了四个主要时期。一是合作化时期，农民靠合作生产解决了解放初期生产工具不足，部分家庭劳动力不足，一家一户难以抵御自然灾害的问题，那个时候农民希望合作生产经营。二是生产队时期。经济上，生产队作为最基本的生产核算单位，农民要依靠其就业。经济行为主要靠指令实现，靠行政力量推动。几乎任何农业生产物资都属于生产大队或生产小队集体所有。农民一年到头儿，只能在生产队中干农活，不准从事其他活动，甚至连农民出门走亲戚、赶集也要经过队里同意。这期间，农民对合作组织有反感情绪。三是家庭联产承包之后。一方面，经济上，作为统和决策的生产队被解散，农户获得了土地的承包权、经营权。作为村务管理的村委会也不再干涉农民的日常生活。另一方面，集中动员农民做公益事业较为困难，村委会的号召力微乎其微。因此农村中设施建设缓慢，并且很难做出重大决断，各农户在经济上缺乏联系。四是农村进入市场经济后，农民商业化意识逐渐浓厚，等价交换的观念较强，因此表现为集体干事难。为什么会出现这种现象呢？在调查中了解到，土地经营权交到农民手中后，经济利益与个人经营相关联，自然增大了农户的自主性和生产积极性。但是，从另一方面看，土地经营上的分散化，必然会导致农户与集体以及农户之间的联系减少，农村中诸如基础设施的建设与完善以及大型农业生产设备的采购等工作很难组织和完成，直接导致农民增收缓慢。

在进入科学种田和农村市场经济日益发展的今天，农民的思想观念也在逐渐发生着转变。调查中，农民普遍反映，单户农民耕种，虽然有很大的自主性，但以个人力量要做好产前预测，产中科学管理，产后销售，以及收集各种信息，获取新技术，这些都是个人力量难以做到的。因此，农业效益很难提高。而加入了合作社则能够实现大规模的生产经营，从产前对市场信息的科学分析与预测，到产中的机械化作业和科学的田间管理以及优良品种的应用和推广，再到产后对农产品的深加工处理和包装销售。这些流程的实现不仅极大地降低了农产品的生产成本而且提高了农产品的附加值，使农产品的生产取得了规模效益，提高了农民的收入水平。因此，加入合作社成为新时期一些农户的强烈需求。

（二）国家和地方政府的扶持

1. 《农民专业合作社法》的出台

2006 年 10 月 31 日，《中华人民共和国农民专业合作社法》出台，从 2007 年 7 月 1 日起开始施行。《农民专业合作社法》的颁布、施行，给予了农民专业合作社市场主体和法律地位，同时也为集强农民专业合作社的建立提供了机遇，为该农民专业合作社的发展奠定了法律基础。

2. 农村土地承包经营权流转管理办法的颁布

2005 年 1 月 19 日，农业部颁布了《农村土地承包经营权流转管理办法》，并于 2005 年 3 月 1 日起施行。办法的颁布规范了农村土地承包经营权流转行为，维护了流转双方当事人的合法权益，健全了土地承包经营权流转机制。进一步推进了农村土地承包经营权的流转，为玉田县集强农民专业合作社组织合作社成员实行土地流转，规模化、集约化经营提供了保障。

3. 地方政府对合作社的支持

玉田县是传统农业大县，"三农"问题一直受到当地县委县政府的高度重视。近年来该县坚持以合作社的建设为抓手，推动农业发展。为了推动合作社的发展还制定了以下激励措施和奖励办法：对于符合条件的合作社给予一定程度的资金支持和政策优惠；对于那些对合作社建设有突出贡献的人员给予表彰和物质奖励。地方政府的这些举措极大地激发了有条件、有技术、有资金的人员成立合作社的热情，推动了农民专业合作社的建设与发展。

（三）农村城镇化进程的加快

随着市场经济的不断发展，农村的城镇化步伐随之加快。农民逐步向城镇集中居住，农业生产和生活方式也发生了重大变化，大部分农民转向非农产业就业。玉田县紧邻北京、天津和唐山市，为农村劳动力转移提供了便利条件，该县大部分青壮年外出打工，一些农民甚至全家搬到城镇就业、生活。大量农村劳动力的转移，造成一部分土地闲置无人耕种，还有一部分土地虽有人耕种，但大多是由"3860 部队"来种植管理，经营粗放，经济效益低下。在这种背景下，农民需要新品种、新技术，急需改变经营方式，提高经营效益。集强农民专业合作社的建立，大量吸收这些农户入社，解决了农民急需的问题，得到农户的积极响应，从而为合作社的建立和发展提供了难得的机遇。

二、集强农民专业合作社的经营管理模式

（一）科学流转土地，实现规模经营

从 2011 年开始，集强农民专业合作社在玉田县的陈家铺、虹桥、石臼窝、亮甲店、林南仓等 5 个乡镇的 18 个村，分别采用土地入股、合作社集体租赁、委托经营、合作经营等四种土地流转模式，流转土地近 1.5 万亩，相继建立起示范试验基地和标准化生产基地共 6 个，有力地推进了土地的规模经营。

1. 土地入股

土地入股是指社员把自己的土地作为股份加入合作社，由合作社实行统一作物布局、统一耕作、统一管理、统一收获、统一贴标销售，获得利润按土地面积和质量进行分红。具体操作方式为：合作社年初先给社员预付一定数额的地价款，到了年底再按盈利金额进行分红，社员主要从分红中获得收益。集强农民专业合作社目前共有 608 户社员以土地入股，入股土地面积达 11 000 亩，占合作社经营土地的 73.3%。

2. 合作社集体租赁

合作社集体租赁是指由合作社出资承包土地，不进行土地分红，盈利部分作为合作社的公共积累资金。目前，集强农民专业合作社集体租赁土地 2 000 亩，占合作社经营土地的 13.3%。

3. 委托经营

委托经营是指对于那些没有时间经营土地，或者虽有时间但没有经营土地经验的农户，将土地委托给集强合作社代为经营，合作社提取利润的 10% 作为管理费用，然后把剩余利润全部返还农户。采用这种流转方式的农户未必是合作社的社员。例如：玉田县的石臼窝镇服装企业比较发达，该镇大部分农民都进入到企业打工赚钱，而没有时间经营自己的土地。于是有很多农民就把土地委托到集强合作社经营，自己既可以专心地从事其他行业，又可以从合作社中提取利润，这种方式不但解决了农民家中土地生产经营的后顾之忧，而且极大地增加了农民的年收入。目前，集强合作社委托经营的土地面积为 1 500 亩，占合作社经营土地的 10%。

4. 合作经营

合作经营是指农业企业或土地承包大户用自己的商标、知识产权或土地与合作社进行项目合作。例如：合作社与大型农业企业合作时，农业企业授予合

作社商标和知识产权的使用权，再把贴牌生产的农产品以较高的价格进行回收。与土地承包大户进行合作时，合作社则为其提供优良的品种，而土地还由大户自己负责耕种和管理，在农作物收获时，合作社再对其进行统一回收。目前，集强合作社合作经营的土地面积为 1 000 亩，占合作社经营土地总面积的 6.7%。

（二）开展新品种新技术试验示范，提高社员农业生产的技术水平

集强农民专业合作社目前与中国农业科学院蔬菜研究所、中国农大、河北农大、北京大北农科技开发有限公司以及市县农业各部门都保持着良好的合作关系。合作社的经营与发展真正做到了以科技为依托，依靠高等科研院所和农业院校的技术支持，采用最先进的科研成果，并且建立了属于自己的农产品实验、生产示范基地。

合作社建立了两个优质粮生产（繁种）基地，面积各为 10 000 亩。它们分别是为位于玉田县陈家铺乡的国家现代农业示范区优质高效粮食生产示范基地，和农业部小麦万亩高产创建示范区。其中，后者承担着国家农业部高产创建和粮食核心区建设等项目。

同时，合作社建立了两个农业新品种新技术示范基地，面积为 450 亩。一个为国家棉花新品种基地，它承担着我国北方棉花新品种的审定试验。另一个为粮食作物新品种、新技术试验示范基地，它主要配合有关部门和科研单位进行新品种选育和产业化开发工作，并逐年筛选适合玉田县土壤、栽培条件的优势品种和品系。例如：京玉 11、农华 101 等被合作社选育出的优良品种已成为玉田县玉米主栽品种。

此外，集强农民专业合作社在河北农业大学博士生导师申书兴教授等专家的指导下，建立了 3 000 亩的大白菜科技示范基地。目前，该示范基地项目已列入国家星火计划。通过该项目的运行，为玉田县培养了一支农业科技人员队伍，农业技术得到很好的推广，合作社社员应用农业技术的能力和程度不断提高，农民素质得以提升。

为了扩大科技示范影响，增强农产品的科技含量，集强合作社每年都要召开新品种、新技术宣介会、培训会、现场观摩会，每年的会议场次达 30 多次，每次参加人数不低于 200 人。相继推广了深松（耕）整地、保护地耕作、播后镇压、适期精量播种、配方施肥、节水栽培、病虫害综合防治以及机械化收获等关键技术。在基地内，合作社实行"五统一"（即统一品种、统一测土配方施肥、统一机械作业、统一病虫防治、统一肥水管理）方式的专业化服务。

例如：位于玉田县石白窝镇的 1 000 亩优质小麦繁育基地，每年能向全县及周边地区供应小麦优质品种 40 余万公斤。

（三）生产标准化，产品订单化、品牌化，服务系列化

1. 生产标准化

集强合作社针对不同基地的特点，给每个基地均定制了严格的生产标准和产品质量标准，这些标准包括：《小麦 500 公斤生产标准》、《冬小麦轮选 987 种子繁育标准》、《优质玉米生产标准和产品质量标准》、《玉田包尖白菜标准化栽培规程和质量标准》等 10 余个标准，其中有国家、省、市级标准，也有企业标准，使农业生产有据可依，有章可循。这些标准的运用使合作社的生产实现了标准化与专业化，从而确保了产品质量和经营水平，也为农产品顺利销售奠定了良好的基础。

2. 产品订单化、品牌化

集强合作社充分利用人才、信息、资金、市场等资源，积极开展信息服务和订单服务，使基地产品完全实现了订单化。例如：基地与中国农业科学院签订小麦优质品种轮选 987 繁种合同 1 000 亩，订购种子 40 余万公斤。与北京超市发、深圳创立等 20 多个蔬菜经营单位有着广泛的联系，实现了"农民围着信息转、生产围着市场转、产品围着餐桌转"的目标。订单销售农产品 7.5 万吨，农民增收 100 多万元。合作社为 580 亩玉田包尖白菜，制作了精品包装箱、印制了商标标识，使平均每公斤白菜的价格高出普通白菜 0.8 元。目前合作社的蔬菜遍及京津、东北、华北、华东等市场，并远销香港、澳门、俄罗斯、东南亚、韩国等国家和地区，"麻山碧玉"品牌的农产品在全国销售初见成效，合作社拳头产品"麻山碧玉"牌大白菜也广泛地为消费者和各地客商所喜爱。

3. 服务系列化

集强农民专业合作社依托唐山益农种业有限责任公司、唐山中康农业生产资料公司两大社员单位，组建了培训中心、信息网络中心、农业技术部、产品配送站和农资供应部，从产前信息、农资服务，产中农机及技术管理服务，产后产品销售服务，全面实现了集团化系列化服务。既提高了效率、又降低了成本，减少了盲目性，提高了经营的科学性，有效避免了决策、生产、销售等多环节的风险，提高了经济效益和社会效益。

（四）多渠道筹措资金，保障生产和经营顺利进行

为了保证各种生产和经营活动的顺利进行，合作社采用了银行小额贷款、

企业垫付、社员资金互助、争取国家资金支持等方式，打破长期困扰合作社发展的资金瓶颈，有效地解决了融资难的问题。

1. 银行贷款

即合作社充分利用金融系统惠农政策，采用合作社担保、农户联保、财产抵押等形式，在当地农业银行办理了惠农卡，在邮政储蓄银行办理了农业小额贷款，一定程度上解决了合作社及社员的生产资金短缺的问题。

2. 企业垫付

作为农业生产资料供应单位，唐山益农种业有限责任公司和中康农业生产资料有限公司两个社员单位，对合作社生产中出现资金困难的社员采用赊销和垫付的方式，先行垫付生产资金，待农产品收获后再进行偿还。通过这种方式，解决了社员生产中的资金困难等问题。

3. 社员资金互助

2008年，党的十七届三中全会颁布了《关于推进农村改革发展若干重大问题的决定》，其中提到"允许有条件的农民专业合作社开展信用合作，规范和引导民间借贷健康发展"。集强农民专业合作社充分利用国家这一政策规定，建立了集强农村资金专业合作社。按照银监会资金互助规定，在合作社内部社员之间，按农村信用社同期同档贷款利率上浮20%利息，向资金富裕社员筹集资金并向资金困难的社员发放。这样一来，合作社在社员之间起到了信用中介的作用，使社员之间的资金得到了有效流通，既提高了资金的利用率，同时又解决了社员的资金困难问题。

4. 争取国家资金支持

合作社依托自身实力和服务能力，向上级争取各项补贴政策和项目，争取国家资金支持。例如：2011年合作社共争取领导干部粮食高产示范田、国家农业部粮食高产创建、国家科技部粮食丰产工程以及种粮补贴、良种补贴、农机购置补贴、农机深松征地补贴等项目和政策资金60多万元，在一定程度上解决了合作社资金短缺的问题，为合作社社员提供系列化服务奠定了资金保障。

三、集强农民专业合作社的作用

集强农民专业合作社从成立到现在，社员人数不断增加，土地承包面积不断扩大，辐射范围也越来越广。社员从中受益，其作用体现在农业生产的产前、产中、产后各个环节。

（一）产前

1. 完成土地流转，为规模化、集约化生产提供了条件

合作社于 2011 年相继开展了大规模的土地流转工作。采取多种土地流转形式，成功流转土地 1.5 万亩，并相继建立起了示范试验区和标准化生产基地。农民以土地形式入股加入合作社，合作社把社员土地集中起来，按区域实行统一作物布局、统一耕作、统一管理，实现了农业生产的规模化、集约化。改变了加入合作社之前农民分散、小规模粗放经营的现象。

2. 开展信息服务和订单服务，避免了盲目生产

合作社充分利用人才、信息、资金、市场等资源，积极开展信息服务和订单服务。合作社建立了信息网络中心，不断收集农产品的市场信息，并且根据信息对农产品品种和数量等方面的市场需求做出科学的分析和预测，根据市场需求来确定农作物的种类以及生产规模的大小，使农产品生产具有了针对性和科学性，有效避免了农民的决策风险。同时，合作社又与大型农产品经营单位保持着紧密联系，积极开展订单合作生产业务，每年完成订单生产的农产品达 7 万多吨。而农民加入合作社以前，对农作物生产品种和规模的决策都是根据自己以往的经验和判断，或者是盲目跟随其他村民，缺乏对市场信息的把握以及对市场需求的分析和预测，农业生产具有很大的盲目性。

3. 统一生产资料供应，降低了生产成本

合作社组建了农资供应部，依托唐山益农种业有限责任公司、唐山中康农业生产资料公司两大社员单位，为农民提供产前的农资服务。两大公司向合作社社员提供着种子、农药、化肥等农业生产必备的生产资料，并对社员开展产前培训和指导。一方面使农民使用生产资料的质量有了保障和提高，合理有效地规避了农民自己购买生产资料时出现的质量好坏不一、品种参差不齐的风险；另一方面降低了农民生产资料的购买费用和生产成本。同时也提高了生产效率和生产的科学性。通过把加入合作社的农民和未加入合作社农民的生产资料成本进行对比显示：加入合作社的农民平均每年每亩地的种子、化肥、农药、农膜等生产资料成本比未加入农民的成本降低了 100～150 元。

4. 为社员提供资金支持

一种方式是采取企业垫付的形式。作为农业生产资料的供应单位，唐山益农种业有限责任公司和中康农业生产资料有限公司两个社员单位，对合作社生产中出现资金困难的社员采用赊销和垫付的方式，先行垫付生产资料，解决社员生产中的资金困难问题。另一种方式是采取社员资金互助的形式。合作社面向广大社员按照银行同期同档存款利率的标准吸收互助金，并按照农村信用社

同期同档贷款利率标准向有资金需求的社员发放互助金。几年来，合作社累计向社员投放互助金 165 万元。其中，向从事种植业社员发放资金 82 万元，支持了 32 名社员发展温室大棚建设及精品蔬菜种植；投放养殖业互助金 63 万元，支持了 25 名社员发展养猪、养鸡、养牛等产业；投放社员个体工商户农资经营、粮食收购流通互助金 20 万元。合作社为社员解决了资金问题，为社员扩大生产规模、经营规模提供了条件。而社员入社前则无法享受到资金上的帮助，也很难实现农作物的增产增收。

（二）产中

1. 采用标准化生产，提高了农产品产量和质量

合作社实行农产品的标准化、专业化生产。在基地内，实行"五统一"（即统一品种、统一测土配方施肥、统一机械作业、统一病虫防治、统一肥水管理）的生产方式。并且合作社针对不同基地的特点，给每个基地均定制了严格的生产标准和产品质量标准，先后共制定了 10 余个生产和质量标准，其中有国家、省、市级标准，也有企业标准。目前，合作社标准化生产率已达100%。生产方式和生产标准的制定为农业示范基地的农产品生产提供了依据和目标，同时也极大地提高了农产品产量和质量，促进了集约化经营。实收测产数据显示，集强合作社生产示范基地种植的小麦平均亩产比普通农户种植的小麦多达 30 公斤，玉米平均亩产则多达 50 多公斤。另外，高质量的农产品也拓宽了销售渠道，树立了优良的信誉，为产品流通打下了良好基础。

2. 定期进行社员培训，社员应用技术的能力提高

合作社每年都召开新品种、新技术宣传介绍会、培训会、现场观摩会等不同形式的会议 30 余场次，每次参加人数不低于 200 人。相继推广了深松（耕）整地、保护地耕作、播后镇压、适期精量播种、配方施肥、节水栽培、病虫害综合防治以及机械化收获等关键技术。这些培训与指导使社员掌握了先进的知识和技术，切实解决了农民生产中遇到的实际问题，从而也增强了农民学习知识与技术的热情，提高了农民的科技意识和接受新事物的能力。与此同时，农民把掌握的新知识、新技术应用到生产活动中，能极大地提高农产品的科技含量。

3. 为社员提供大型农业机械作业服务

目前，合作社共拥有农业机械设备 128 台套，在农作物生产示范基地内利用机械化作业，完成了统一耕种，统一收获的任务。统一的大型农机设备服务为农民解决了资金不足、无力购买机械设备的问题，节约了农民的劳动时间，提高了生产力水平和生产效率。另外，合作社的农机服务也降低了农民的生产

成本，通过与未加入合作社的农户相比较，加入合作社的农户每年每亩地的农机服务成本降低了 20 ~ 25 元。

（三）产后

1. 运输、加工、包装一条龙，提高了农产品的附加值

合作社对收获后的农产品进行统一运输、深加工处理和清洗包装，提高了农产品的科技含量。目前，合作社拥有小型货车 10 辆，用于对农产品的统一运输；拥有加工、清洗、包装机械 12 台套，建有加工、包装车间 3 000 平方米，这些机械设备和车间全部用于完成农产品的深加工处理和清洗包装工作。合作社实现了对农产品"安全运输、清洁加工、规范包装"的目标。调查结果显示：以大白菜为例，经过加工包装的大白菜每公斤价格高出普通白菜 0.8 元。农产品的附加值提高了，创造了更高的利润，农民的收入也增加了。

2. 品牌化销售，增强了农产品的市场竞争力

玉田是中国大白菜之乡，也是我国北方大白菜的主要产区。2008 年，玉田包尖白菜地理标志证明商标通过了国家商标局的审定。集强合作社借助这一有利契机，把大白菜制定为该社特色农产品，并创立了"麻山碧玉"、"京益"等优质商品菜品牌。目前，合作社的商品菜品牌已经通过了国家无公害农产品认证，并获得了绿色食品标识使用权。"麻山碧玉"和"京益"牌商品菜打进了北京华润万家、物美等大中型超市，还销往东北、华北、华东等市场，并远销香港、澳门、俄罗斯、东南亚、韩国等国家和地区，深受当地消费者和客商的喜爱。实现了品牌化销售，增强了市场竞争力，扩大了农产品的影响力。

四、集强农民专业合作社存在的问题

（一）农民与合作社的联系不够紧密

合作社与社员之间在合作内容上局限于提供生产资料、技术、资金和信息服务等方面，农民对经济活动的参与不够，合作社没有真正意义上的把社员组织起来进入市场。部分社员加入合作社只是为了获取更为廉价的生产资料，没有同合作社产生产权关系。

（二）缺乏风险控制机制

目前，参与合作社的社员大多只看到"利益共享"，而不愿接受"风险共担"。部分社员抱着靠"大户"、傍"能人"的想法参加合作社，由于社员法律意识淡薄，一旦需要引进高风险的项目时，在成本和利益的分摊上就会遇到争执和阻力，合作社章程缺乏必要约束力，容易激化内部矛盾。

（三）社员对合作社认知不足

大部分社员都是农民，受小农意识影响，对合作社的发展前景认识不清晰，参与的积极性不高。有些社员认为加入合作社的最终目的是享受政府优惠政策、领取补贴，没有真正认识到个人与合作社之间"社荣我荣、社衰我衰"的密切关系。许多农民心存疑虑，持观望态度。

五、建议和结论

（一）建议

第一，完善社员与合作社之间的利益连接机制，扩大服务范围，强化服务功能。带动和引导农民积极参与到经济活动中去，增强合作社的凝聚力。

第二，进一步完善合作社章程，加强约束力度。建立健全风险防范机制，提高合作社抵御风险的能力。对合作社负责人、财务人员、专业大户、农户代表进行阶梯式培训，使他们及时了解现代农业发展趋势、农村政策法规、财务管理、经济合同、信贷和投资等。

第三，加大对合作社的宣传教育，提高农民的认知水平和合作意识。政府主管部门应通过新闻媒体等机构的联系协作，采用农民喜闻乐见的形式，如举办讲座、鼓励合作社自办内部刊物、印刷宣传手册等活动，消除农民对合作社的认识偏差和种种误解，激发农民参与合作社的主动性。

（二）结论

第一，农民专业合作社是现代农业的组织载体。合作社在产前、产中、产后农业生产的整个产业链条中都发挥了至关重要的作用，极大地推动了农村科技进步、农业增产和农民增收，成立农民专业合作社、组织农民加入合作社是实现农业现代化的必由之路。

第二，农村改革要相信农民的智慧和创造力。农民从事农业，最接近农村，改革最关乎他们的切身利益，因此他们有极大的动力创造新生事物，推动农村经济发展。政府部门要结合当地的实际情况，积极引导农村改革，充分发挥农民自身的能动性和创造力。

第三，若要实现真正意义上的农民增收，需要规模化、标准化、集约化生产，发展订单农业和供单农业。

参考文献

[1] 伍国强，秋南. 论农民专业合作社在农村经济发展中的作用 [J]. 江西农业学报，2010 (7)：196 – 198.

[2] 孔祥智，史冰清. 当前农民专业合作组织的运行机制、基本作用及影响因素分析 [J]. 农村经济，2009 (1)：3 – 7.

[3] 黄祖辉. 中国农民合作组织发展的若干理论与实践问题 [J]. 中国农业经济，2008 (11)：4 – 7，26.

[4] 葛文光. 河北省农民专业合作经济组织发展研究 [D]. 西安：西北农林科技大学博士学位论文，2008：32 – 33，42 – 43.

[5] 汪力斌，李鸥，李凌. 对农民专业性合作组织发展的调查研究 [J]. 农村经济2006 (8)：114 – 116.

[6] 牛洪侠. 助推现代农业发展的生力军——河南省永城市农民专业合作社发展情况调查 [J]. 湖南农机，2010 (9)：100 – 101.

[7] 何官燕. 农民专业合作组织的问题与对策 [J]. 农村经济，2008 (4)：125 – 127.

[8] 赵铁桥. 农民专业合作组织案例评析 [M]. 北京：中国农业出版社，2009.

[9] 徐旭初. 当前我国农民专业合作社的发展趋势 [J]. 江苏农民经济，2010 (12)：30 – 32.

[10] 邓书群. 农民专业合作社发展中的问题及对策 [J]. 内蒙古农业科技，2012 (5)：83，129.

[11] 武爱玲. 河南省发展农民专业合作组织的对策研究 [J]. 洛阳工业高等专科学报，2007 (6)：49 – 52.

[12] 孙亚范. 新型农民专业合作组织发展研究 [M]. 北京：社会科学文献出版社，2006：397 – 404.

教师讲评

本文以唐山市玉田县集强农民专业合作社为主要研究对象，全面深入地分析该合作社的成立背景，管理模式，在产前、产中、产后所发挥的不同作用以及目前存在的主要问题，并相应提出对策建议。文章的研究思路清晰，分析深入透彻，写作较为规范，深入分析产生诸多问题的深层次原因更好。

8

农民专业合作社的现状及对策分析

——以秦皇岛市农民专业合作社为例

农林经济管理 1102 班　　王语嫣／指导教师：葛文光

摘　要：本文利用调查法，通过对秦皇岛地区农民专业合作社发展情况的调查，对农民专业合作社目前的发展现状进行了系统分析，发现了制约该地区合作社发展的因素主要是整体实力弱、服务能力差、内部机制运作不健全、融资难、高素质人才严重不足、扶持力度不到位等。文章并提出了促进合作社发展的如下建议：一是推动主导产业发展；二是加大扶持力度；三是加强合作社人员的培训；四是深化农超及农社对接；五是推动示范社建设。

关键词：农民专业合作社；现状；对策；秦皇岛

引　　言

为了支持、引导农民专业合作社的发展，规范农民专业合作社的组织和行为，保护农民专业合作社及其成员的合法权益，促进农业和农村经济的发展，2006 年 10 月 31 日十届全国人大常委会第二十四次会议通过了《中华人民共和国农民专业合作社法》，并于 2007 年 7 月 1 日起实施。2008 年 10 月党的十七届三中全会提出："扶持农民专业合作社加快发展，使之成为引领农民参与国内外市场竞争的现代农业经营组织。"自 2004 年至今中央一号文件多次提到农民专业合作社发展问题。可见中央对发展农民专业合作给予了很大的希望与重托，希望农民专业合作社成为未来中国农村经济发展的重要支撑。至此，中国广大农村迎来了快速发展农民专业合作社的春天。但是在农民专业合作社发展的道路上也暴露了一些问题，本文就秦皇岛市农民专业合作社的发展存在的问题进行分析并提出建议。

一、秦皇岛市农民专业合作社发展现状

（一）发展规模

自 2007 年 7 月 1 日《中华人民共和国农民专业合作社法》实施以来，秦皇岛市农民专业合作社发展态势平稳，每年以 200 个以上的速度递增，到 2013 年年底，全市发展农民专业合作社总数达到 1 268 个。全市加入各类农民专业合作组织的农户 19.14 万户，占全市农户总数的 29.86%；带动农户 38.58 万户，占全市农户总数的 59.35%。2013 年全市农民专业合作社统一组织销售农产品 26.9 亿元，统一组织购买生产资料总值 12.3 亿元，盈利 16 356 万元。农民专业合作社在带动农业产业发展、提高农产品质量、开拓农产品市场、增加农民收入和引领农民致富等方面发挥了重要作用。

（二）运作模式

秦皇岛地区农民专业合作社的运作模式主要有四种类型：一是合作社 + 农户，这类合作社一般由农户自发组织成立，主要通过合作社把自己的产品销往市场；二是合作社 + 基地 + 农户，该类合作社通常拥有一定规模的生产基地，合作社通过生产基地，指导农户生产，并按标准收购或代销社员产品；三是龙头企业 + 合作社 + 农户，这类合作社一般由农业产业化龙头企业发起，企业占合作社的绝大部分股份，社员以劳动或产品入股，合作社的法人代表多数由龙头企业负责人兼任，合作社搭建了龙头企业与农户之间的桥梁，成为企业的生产车间；四是合作联社 + 农户，这种组织模式由从事相关行业的不同合作社组成，形成产、加、销一体化经营的联合体，并在各环节上带动社员和农户。

从调研情况看，虽然合作社运作模式呈多元化趋势，但仍以"合作社 + 农户"类型居多。据农业部门统计，到 2013 年年底合作社 + 农户类型 990 个，占合作社总数的 78%，合作社 + 基地 + 农户类型 250 个，占合作社总数的 20%，龙头企业 + 合作社 + 农户和合作联社 + 农户两种类型共 27 个，占合作社总数的 2%。

（三）产业分布

秦皇岛地区农民专业合作社行业分布比较广泛，种植、养殖、农机、服务等行业都有不同程度的发展，但以种养行业为主。据农业部门统计，从事种植业的专业合作社 431 个，占合作社总数的 34%，从事林果业的专业合作社 406

个，占合作社总数的 32%，从事养殖业的专业合作社 405 个，占 31.9%，从事农机、植保、技术信息等其他行业的专业合作社 26 个，占合作社总数的 2.1%。

（四）服务领域

经过几年的发展，秦皇岛地区农民专业合作社在服务领域上虽然拓展到了农资供应、加工、仓储等环节，但主要仍以生产服务和产品销售为主。据了解，目前秦皇岛地区以产品为依托、以销售为重点开展服务的农民专业合作社占到合作社总数的 80% 以上；以提供技术咨询、信息服务以及生产资料供应为主的农民专业合作社占到合作社总数的 15% 以上；以加工服务为主的农民专业合作社比例不到 5%。

（五）行政措施

2009 年农业部下发了《2009 年农民专业合作组织示范项目指南》，确定了农民专业合作组织示范项目内容，共分两部分：一是农民专业合作组织示范项目，二是农民专业合作社示范社"以奖代补"试点项目。

秦皇岛市为抓好项目落实，促进农民专业合作社示范社建设，自 2010 年开始连续三年组织开展了秦皇岛市农民专业合作社示范社评选活动，为使评选结果公开、公平、公正，秦皇岛市农民专业合作社领导小组制定了《秦皇岛市市级农民专业合作社示范社评选标准》，内容包括以下十个方面。一是基本设施齐全。办公场所在 20 平方米以上，有办公桌、电脑等基本办公设施。二是组织机构健全。设有会员大会、理事会等机构，成员大会每年至少召开两次。三是章程制度完善。制定章程要以农业部《农民专业合作社示范章程》为版本，根据本合作社发展的特点和要求制定章程，并经会员（代表）大会表决通过，建立有会员大会等制度，有成员分工和岗位职责、决策议事规则、会员管理、生产经营管理、财务管理、档案管理等相关的管理制度。四是会员资格明确。合作社会员入退社手续健全程序明确，加入成员 30 名以上，带动农户 100 户以上。农民会员应占会员总数的 80% 以上。五是社务管理民主。实行民主决策、民主管理和民主监督，重大事项由成员（代表）大会讨论表决，单个成员享有"一人一票"的基本表决权外，还额外享有附加表决权的总票数，但不得超过本社成员基本表决权总票数的百分之二十。六是会计核算规范。合作社实行独立的财务管理和会计核算并实行电算化管理，建立健全财务和会计制度。合作社要按照要求向农经管理部门报送财务和统计报表。七是盈余返还合法。合作社成员一般应有出资，结构比较合理。合作社年终盈余在弥补亏损、提取公积金、公益金及风险基金后，按出资额和交易量（额）相结合方式进行盈余返还，按交易量（额）返还总额不得低于可分配盈余的百分之六十。八是档案管理规范。九是经营服务统一。十是经营效益良好。合作社的利润应逐年销售与有所增长。年均销售额在 50 万元以上，年均盈余在 10 万元以上。合作社会员每年的收入有所增长，加入合作社的农户比一般农户年均增收 10% 以上。

（六）目前秦皇岛促进合作社发展的措施

1. 增强合作社软实力

秦皇岛市农业部门积极和媒体合作，大力宣传农民专业合作社法，2013 年在秦皇岛市电视台、电台、报纸等媒体就编播了关于合作社的节目和文章 367 篇。通过发放宣传资料、广播电视讲座、深入基层面对面宣讲、开辟互联网页等多种方式的宣传，激发了全市农民兴办、加入合作社的热情，对全市农民专业合作社的发展起到了积极的促进作用。同时，相关职能部门还举办培训班 46 期，培训业务骨干、合作社负责人 6 000 人次，农民专业合作社自己举办各种农业技术培训班 400 余次，培训农民 3 万余人，农民专业合作社从业人员的素质有了明显提高。

2. 完善农产品流通渠道

农超对接，指的是农户和商家签订意向性协议书，由农户向超市、菜市场和便民店直供农产品的新型流通方式，主要是为优质农产品进入超市搭建平台。"农超对接"的本质是将现代流通方式引向广阔农村，将千家万户的小生产与千变万化的大市场对接起来，构建市场经济条件下的产销一体化链条，实现商家、农民、消费者共赢。

为解决农民专业合作社农产品销售问题，2013 年秦皇岛市政府举办了 3 次大型的农超对接活动。活动期间，北京首航国力超市、北京华冠超市、北京超市发、唐山家万佳超市、天津津工超市，秦皇岛本地广缘超市、家惠超市、艾欣超市、金原超市、乐购超市、利联超市、家乐福超市等 20 余家超市与秦皇岛市 90 余家合作社进行现场采购洽谈。洽谈会上有 40 多家合作社的 80 多种农产品，与 12 个超市、230 家连锁店、6 家便民蔬菜直销企业签订了 79 份购销意向协议，订购农副产品 100 多种，合计金额 1.21 亿元。

3. 加强示范社建设

秦皇岛市为引导农民专业合作社规范化发展，促进合作社做大做强，于 2010 年制定了《秦皇岛市市级农民专业合作社示范社评选标准》和《秦皇岛市市级农民专业合作社示范社评选办法》，并下发了农民专业合作社会员大会、财务管理、收益分配、民主管理等各种制度，帮助合作社理清财产关系，探索多种形式的运行机制，依法规范管理农民专业合作社。通过几年的规范，秦皇岛市共创建市级示范社 242 个、省级示范社 35 个，国家级示范社 1 个。2013 年农业部门还与组织部门、团市委、妇联合作在合作社中开展党建、团建、妇女工作，积极评选党员示范社、青年示范社、巾帼示范社，鼓励党员、青年农民返乡在农村创业，积极领办、创办农民专业合作社，带动农村经济发展。通过示范社的带动作用，有效地推动了农民专业合作社的规范发展。

4. 合作社规范化建设

积极指导合作社为社员做好七统一服务，即统一农业生产资料的采购和供应、统一开展运输、储藏、统一技术辅导和培训、统一注册（使用）商标和包装、统一产品和基地的认证认定、统一销售成员产品、统一组织成员自办农产品加工企业；鼓励合作社创建加工企业，延伸产业链，增加农产品附加值；帮助合作社进行品牌建设，拿出资金进行补贴。截止到 2013 年年底全市农民专业合作社创办加工企业 53 个，注册商标品牌 129 个，通过无公害、绿色食品、有机食品认证 78 个，荣获省级以上名优或名牌产品 18 个。通过一系列服务指导，实现了规模化、标准化和安全化生产，促进农民合作社健康快速发展。

5. 优化合作社发展环境

在政府工作目标中，大力发展农民专业合作社，支持农业产业发展作为重点进行考核。2014 年秦皇岛市政府计划出台"关于进一步扶持农民专业合作社发展的实施意见"，要求涉农项目主管部门积极支持有条件的农民专业合作社承担涉农项目建设，对于农业生产、农业基础设施建设、农业装备保障能力建设和农村社会事业发展的有关财政资金项目和中央预算内投资项目，凡适合农民专业合作社承担的，均应积极支持有条件的农民专业合作社承担。2014年，为了支持农民专业合作社发展，市级财政安排专项资金 120 万元，通过实施"农民专业合作社示范"工程支持合作社发展；为解决农民专业合作社资金短缺问题，市级农业部门通过与金融机构协调，金融机构贷款给合作社金额 8 910 万元；积极鼓励农民合作社开展资金互助业务，全市开展资金互助业务资金 4 000 多万元。通过多方扶持，全市涌现了昌黎县嘉诚蔬菜种植合作社、昌黎县全农畜牧养殖专业合作社等大型的、服务于整个县域经济发展的合作社，这些合作社提供市场信息服务，开拓农产品销售市场，建冷库搞深加工延伸产业链条，带动了一方产业的发展。

二、秦皇岛市农民专业合作社发展存在问题

近几年，秦皇岛市农民专业合作社数量虽然增长较快，但仍属于发展起步阶段，存在着经营规模小、服务层次低、内部机制运行不规范、带动能力不强等问题。发展不平衡，各合作社之间发展水平差异较大。

（一）整体实力弱

现有的农民专业合作社多数规模偏小，资金短缺，经济实力较弱，很难形成产品规模和提高产品质量。从工商局登记情况看，农民专业合作社出资额50万元以下的占70%以上。大部分合作社资金来源主要以发起人出资为主，资本原始积累慢，严重影响农民专业合作社进一步产业化经营和规模效益的提高。较小的合作社农产品销售还很困难，经不起大市场的千变万化。全市发展较好的年销售收入在50万元以上的示范社只有278个，只占农民专业合作社总数的22%。多数农民专业合作社是龙头企业的附属，或者是龙头企业的生产基地，缺少单应对市场变化的能力。

（二）服务能力差

现有的农民专业合作社主要集中在蔬菜、果品、家禽和生猪行业，其他行业不多。多数农民专业合作社的服务内容主要围绕生产环节，延伸到销售、加工、贮藏、运输、保鲜等环节的不多。大多数合作社只是把老客户领来，把初级产品卖出去，缺少对于农产品的深加工。例如，一些板栗合作社、果品合作社，完全可以在深加工方面有所作为，但由于受资金短缺、专业技术人员不足等方面影响导致合作社没有能力向更广阔的市场发展，做大做强产业。一些养殖合作社还主要依靠个体户经营，服务带动作不强，只是自己搞发家致富，没有起到带动其他农民共同致富的作用。

（三）内部运行机制不健全

对照《中华人民共和国农民专业合作社法》，一些农民专业合作社存在着严重的内部组织不健全、民主管理机制不完善、财务制度不规范等问题，主要表现在以下三个方面。一是有的合作组织虽然设立了成员大会、理事会、监事会等，但民主管理、民主决策、监督约束机制没有真正落实到位。在重大决策上往往由合作社发起人自己做决定，普通社员基本上没有真正的参与专业合作社的管理。二是有些合作社产销衔接不够紧密，重盈利轻服务、重分配轻积

累。三是大部分合作社与成员的利益关系不够紧密,"二次返利"比较小甚至没有。四是个别合作社财务制度不健全、不规范,在财务管理上还存在无专人核算、无会计账簿、无合法的原始凭证的"三无"现象。

(四) 融资难

流动资金缺乏是制约多数农民专业合作社发展壮大的一大瓶颈。合作社虽然是法人,但由于入社农户本身收入较低,出资有限,自有资金不足,导致农村信用社等金融机构给其贷款时缺少抵押物品或必要的担保,或是贷款手续繁杂,授信额度低。合作社的融资需求得不到有效满足,很大程度上影响了农产品的深加工和市场的开拓。尽管近年来各级政府设立专项资金对合作社给予扶持,但受限于财力,受惠面较小。合作社仅有的经费只能维持学习培训、信息宣传等基本活动需要,发展后劲严重不足。例如,青龙满族自治县五指山板栗专业合作社,虽然注册资金 645 万元,拥有固定资产 1 100 万元,年销售板栗 1 000 吨以上,但仍处于销售初级农产品阶段。虽然该合作社有意愿拓展板栗深加工业务,但缺乏启动资金严重影响了该合作社发展板栗种植产业化。

(五) 高素质人才严重不足

随着市场竞争的日益激烈,多数农民专业合作社的经营管理者缺乏信息利用、市场营销、技术服务等方面的专业知识,尤其是对于那些正处于发展初期的合作社而言,严重缺乏带头人、财务、经纪人、营销、经营管理这五种类型的人才,这在很大程度上制约了农民专业合作社的发展与壮大。

(六) 扶持力度不到位

《中华人民共和国农民专业合作社法》规定,在农民专业合作社组建和经营中享有相关的优惠,政府部门应加大扶持力度。而有些地方的做法与法律要求相差甚远。一是在农业产业化经营中,政府的扶持、税收减免等政策主要给予重点龙头企业,对合作社的优惠政策还存在着落实不到位的问题,而在农民专业合作社成立中应免收的各种费用被有的部门变相收取;二是有些部门未能从农民专业合作社的实际出发,把农民专业合作社等同于一般企业,规定了较严厉的处罚措施,罚款金额比缴纳的税费还多;三是项目资金扶持难度大,农业标准化生产、农产品认证、无公害基地建设、"一村一品"建设等项目资金,难以与专业合作社实现有效对接。

三、加快秦皇岛市农民专业合作社发展的建议

（一）推动主导产业发展

没有产业做不大合作社，没有合作社也做不大产业。产业的发展与合作社的发展相互依存、相互促进。政府在支持农业产业化发展的同时，不放松对农民专业合作社发展的支持。政府应鼓励和扶持农民专业合作社的发展壮大，完善合作社的民主管理、民主决策和民主监督制度，加大理事会、监事会权力的行使。建立健全入社审批制度、财务管理制度、风险保障制度等。规范和完善"龙头企业＋专业合作社＋农户"的组织形式。引导龙头企业通过委托生产、订单农业、入股分红、盈余返还等方式，与合作社建立自愿平等、利益共享、风险共担的利益机制。在畜牧业方面，应依托秦皇岛正大有限公司、河北宏都集团、三融食品等龙头企业，重点抓好生猪、肉鸡、乳业等合作社建设。在林果业方面，应依托华夏、朗格斯、香格里拉、沿海木业、奔象木业等龙头企业，重点抓好酿酒葡萄、板栗、石门核桃、大樱桃等果品合作社建设。在种植业方面，应依托秦皇岛长胜、北戴河集发、骊骅淀粉、金海粮油等龙头企业，重点抓好蔬菜、粮油和中药材专业合作社。水产方面，应依托禄权、团林、江鑫、斌杨等龙头企业，重点抓好以昌黎黄金海岸、抚宁南戴河及山海关沿海为养殖基地的海水养殖合作社。

（二）加大扶持力度

财政部门应增加合作社发展专项基金，对市级以上示范社进行重点扶持，对涉农项目只要能适合农民专业合作社承担的，应优先安排农民专业合作社实施。鼓励金融机构针对农民专业合作社的资金需求特点，切实改进金融服务，创新金融产品，加大信贷投入。重点要在担保方式、授信额度、贷款利率等方面，体现便捷、灵活特点，开发适合专业合作社特点的信贷产品。提倡在有条件的地方成立同类专业合作社的资金互助社，引导合作社之间开展金融联合与合作。

（三）加强合作社人员的培训

广泛利用电视、报纸、网络等各种方式加强对合作社的宣传，鼓励农民兴办更多的合作社。积极宣传农民专业合作社示范社的成功事例及示范社带头人先进事迹，努力提高示范社的知名度，充分发挥其示范带动作用。广泛开展面

向以理事长为主的经营管理人才、以会计为主的理财能手、以专业技术人员为主的业务能人培训，为示范社发展提供人才支撑。农业部门每年应组织不少于一次的全市性大规模现场观摩会，举办一次全市合作社市级示范社理事长培训班，促进信息交流和知识更新。同时，还应重视合作社专业人才的培养，通过开展专家授课、示范指导、技术交流，提高合作社员的科技文化素质。鼓励农技人员到合作社任职。

（四）深化农超及农社对接

多渠道拓展农民专业合作社农产品销售渠道，积极组织合作社参加省内外农超对接活动，促进本地农民专业合作社的农产品向周边超市及更远的市场推广。同时，应进一步拓展农社对接领域，打通农民专业合作社生产的鲜活农产品直接进入城市社区的通道，鼓励农民专业合作社在城市社区建立直销店、连锁店，在公益性农贸市场、社区菜市场开设直销点。促进"菜园子"与"菜篮子"的有效衔接。

（五）推动示范社建设

重视示范社建设，尤其是青年示范社建设，鼓励青年农民返乡创业。积极推进农民专业合作社示范工程，组织好国家级、省级、市级三级示范社的创建和评审工作。落实好相关奖励补贴政策，扶持示范社做大做强，充分发挥示范社引领作用。同时还应强化农民专业合作社的财务规范、制度建设及信息管理等工作，应积极开展示范社财务电算化试点，提升农民专业合作社电算化管理水平。

参考文献

［1］黄祖辉．农民专业合作组织发展的影响因素分析［J］．中国农村经济．2002，（3）．

［2］何官燕．农民专业合作组织的问题与对策［J］．农村经济．2008，（4）．

［3］张丽娜．国外合作社发展经验及对我国农民专业合作社的借鉴［J］．台湾农业探索．2007，（09）．

［4］郑丹，王伟．我国农民专业合作社发展现状、问题及政策建议［J］．中国科技论坛．2010，（2），138－142．

［5］马彦丽，董进才．我国农民专业合作社研究的回顾与评价［J］．河北经贸大学学报，2006，（2）：89－93．

［6］王欣．社会资本视角下的农民合作经济组织研究［D］．华中师范大学，2007．

［7］申秀清．关于发展农业专业合作社的几点思考［J］．北方经济，2008，（12）：

89 - 90.

[8] 陈庆春. 公共财政支持农民专业合作组织发展对策研究 [D]. 南京农业大学, 2007.

[9] 李桃. 农民专业合作经济组织的政策影响评价 [J]. 湖南科技学院学报, 2007, (3): 149 - 151.

[10] 张美珍. 农民专业合作社人力资源开发研究 [D]. 西北农林科技大学, 2010.

[11] 赵国翔. 农民专业合作社发展中存在的问题及对策研究 [D]. 东北师范大学, 2010.

[12] 张朝兵. 我国农民专业合作经济组织的历史变迁及其启示 [D]. 安徽师范大学, 2007.

[13] 张晓山. 农民专业合作社的发展趋势探析 [J]. 管理世界, 2009, (05).

[14] 张美珍. 农民专业合作社人力资源开发研究 [D]. 西北农林科技大学, 2010.

[15] 宋芳. 我国农民专业合作社的发展研究 [D]. 山东大学, 2010.

[16] 吴晓燕. 安徽省农民专业合作社财务管理问题研究 [D]. 安徽农业大学, 2010.

教师讲评

本文运用实地调查法，阐述秦皇岛地区农民专业合作社的发展情况，对该地区目前农民专业合作社存在的整体实力弱、服务能力差、内部运行机制不健全、融资困难、人才匮乏和扶持力度不够等问题进行系统分析，并提出加快秦皇岛农民专业合作社发展的具体建议。文章结构较为合理，阐述比较清晰，引用资料较为丰富，写作比较规范，提出的对策建议有一定的适用性。

第三部分 农业资源与环境篇

9

邯郸市沙口村冬季取暖方式的优化方案选择

农林经济管理 1101 班　高青青／指导教师：刘宇鹏

摘　要：城市供热应用较多的是集中供热、中央空调等，偏僻稀疏的农村，由于没有集中供热的条件，只能选择家庭供热。本文以邯郸市沙口村为例，通过走访各家各户，以口头问答的形式，收集了冬季中各家各户取暖方式的相关信息，做好记录后分析数据，总结得出，个体的锅炉、暖炉是最普遍被采取的取暖方式，通过参考相关文献，结合沙口村实地情况，笔者认为采用生物质燃料供锅炉燃烧是比较经济实效、环保的取暖方式。

关键词：沙口村；冬季取暖方式；生物质燃料；经济实效；环保

引　　言

随着农村经济的发展，供热的安全性、清洁性越来越受到重视。到底应该选取什么样的供暖方式才能既安全清洁又经济呢？本文先介绍被调查地的取暖方式，分析利弊，再查询其他地区取暖方式的相关资料，结合实际情况，选出最适合的取暖方式，并提出自己的建议。

一、调查目的及意义

我国是一个农业大国，改善农民的衣，食，住，行永远都是一个值得研究的问题。同样，农村的生活取暖亦是民生当中非常重要的一项。而今，在能源与设备的利用中我国农村均没有达到理想的状态。所以，尽快推广一种经济节能的取暖方式迫在眉睫。

当下农村设备的缺乏，能源利用的浪费，都表明着冬季取暖急需一场技术性的变革，本文调查旨在了解当地取暖的现状，存在的问题，并结合当地实际情况，以及现有基础，借鉴其他地区优良的采暖系统，改良当地的冬季取暖方式，为农民冬季取暖带来建议。

二、沙口村冬季取暖方式的调查

（一）调查结果的整理

1. 调查地区简介

沙口村位于河北省邯郸市邯郸县南堡乡，地处平原，地势平坦，四季分明，冬季寒冷干燥，"年平均气温为13.5℃，最冷月份（一月）平均气温为-2.3℃，极端最低气温为-19℃"，属于典型的暖温带大陆性季风气候。

2. 数据总结

此次走访了共计20户家庭，其中，两人及两人以下有4户家庭，两人以上有16户家庭。共计人数77人。

（1）取暖方式

4户家庭中主要是独处的老人或者老年夫妇，他们冬季取暖主要是靠传统火炉，燃烧物为蜂窝煤。（其中，有1户家中有空调设备，但老人表示，不曾用过。）16户家庭中，有2户家庭冬季会使用空调设备，并使用传统火炉，燃烧物为蜂窝煤。剩余14户家庭中，都使用的是锅炉取暖，连接暖气片供家中取暖，燃烧物为煤块或者木材秸秆。从上述数据中可以总结出，大部分家庭还是要靠炉子取暖，极少数家庭在冬季会采用空调设备。

（2）取暖材料

从取暖的材料来看，综合整理可以得到，沙口村冬季家庭取暖的材料来源有煤炭，秸秆，木材以及电力（见图9-1）。

（户数）

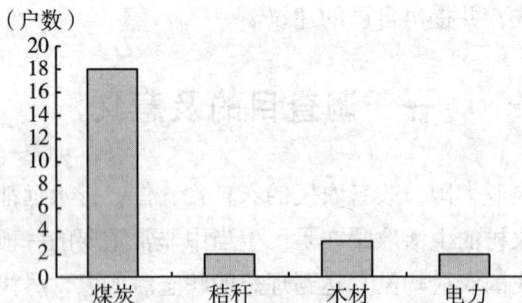

图9-1　取暖材料使用情况

从图9-1中可以看到，煤炭是沙口村冬季取暖材料的主要来源，少数家庭用户会在对应季节使用玉米，小麦，棉花的秸秆及木材作为替代品，以节省开支，极少数家庭会使用电力作为冬季主要的取暖来源。

（3）取暖预算

火炉取暖：目前，沙口村使用的蜂窝煤为小型蜂窝煤，价钱是一元3块，每天取暖使用15块左右，那么平均每天的取暖消费是5元，每月为150元，整个冬季下来，取暖的花费大概为600元。

锅炉取暖：小型的锅炉设备使用起来，一个冬季的耗费煤炭是1吨左右，沙口村目前使用的为无烟煤块，价格在770元到1100元一吨不等（见表9-1），个别家庭会使用一些秸秆，这样粗算下来，使用此种方式取暖，冬季的花费平均每户大约要消费1000元，是传统火炉取暖方式的将近2倍。

表9-1　　　　河北邯郸2015年5月煤炭使用价格详情（中国煤炭网）

品名	矿区/产地	价格（元/吨）	价格属性	税
无烟洗煤	邯郸	770	车板价	含税
无烟洗精煤	邯郸	780	车板价	含税
无烟煤	邯郸	1 100	车板价	含税

注：数据来源于中国煤炭网。

空调取暖：被调查的家庭中，虽然有在冬季使用空调取暖的用户，但并不是主要的取暖方式，只是作为辅助取暖，大约每天的使用时间为6个小时，按照现如今的阶梯电价，农户表示，每个月的电费支出比平时多出2倍左右。

（4）环保理念

调查中，在环保理念以及能源优化的概念上，农民都有认知，但重视程度并不理想。大部分的农民有环保的意识，知道现在的采暖方式，或多或少对我们的环境造成了一定的污染以及破坏，应该改正，尤其是最近的雾霾来袭，在他们心中，也是愿意呼吸新鲜空气的。然而，对于采用新型加热系统，人们第一看中的却是它的价格，其次是供热的质量，次之是对家庭环境的影响，最后才是地球环境（如图9-2所示）。

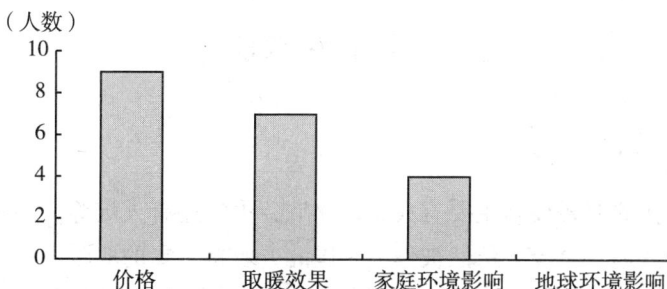

图9-2　新型采暖系统农民看中特点统计

（二）总结评价

从调查结果来看，像沙口村这样的农村地区，因为经济不发达，各家各户只能采取煤炭炉子或者锅炉来取暖，即使个别家庭安装了空调，在冬季也很少被使用。

首先，对于传统的煤炭炉子，采用无烟蜂窝煤，它很简单，成本也比较低，并且操作起来方便。然而，燃烧会产生二氧化硫与一氧化碳，污染空气，如果空气不流通，也可能会造成煤气中毒，对人类的健康来说，是一大威胁，存在的安全隐患比较大。

其次，锅炉连接暖气片取暖（也叫做土暖气），是沙口村目前最为主要的取暖方式，它是采用水暖方式，先把采暖炉与膨胀水箱连接，管道和管件和暖气片（散热器）的连接，形成循环系统，加热炉，热水通过管道，然后流入散热器，散热器的散热，可以达到取暖的效果。这种取暖方式的效果要比煤炭炉子好很多，而且锅炉可安装在室外，不容易引起一氧化碳中毒。但是，花费会比较高，还要不停的续加煤块，显得比较麻烦。

最后，空调取暖，它的工作原理是给密闭的空间，利用自身的机组，为房间内空气的湿度和温度，包括洁净度，利用空气流来对平衡值进行调节，人们可以设定自己想要的状态，来满足自己的需求。它使用起来方便，并且污染较小，安全性高。但是，猛烈的空气对流，能够水分蒸发，使空气变得干燥，对流散热的时候热空气向上，人容易头晕疲倦，而且，巨大的电费开销也让农户吃不消。深层次想，电力的来源也是发电机，发电机运转仍然需要煤炭的燃烧，污染是进一步加大的。

通过分析，我们可以看到，沙口村的取暖方式单一，并且，取暖效果并不理想，环境污染问题亦没有被关注。那么，应该选择怎样的取暖方式，来解决这些问题呢？通过查阅资料，发现农村的取暖方式还有以下多种。

三、优化方案比较

（一）吊炕

中国古代的取暖设施主要有火塘，火墙，火炉还有火炕等，其中火炕的发展历史最为久远，至今，依然被作为中国北方农村主要的取暖设施。

"吊炕"在乡下是一种可再生能源的应用技术。也被叫做高效率预先控制架空炕（俗称的"吊炕"），它是利用多种学科，通过反复的研究，不断实践后研制成功的取暖方式。这类的节能取暖吊炕的特点是炕体为吊起来的，炕的内部比较宽敞，排烟无阻，而且结构合理，烧的容易、节约燃料，炕温也能做到按所需进行调解，供热匀称，温度又适宜，热效率高。

它转变了旧时土炕炕尾凉的时候炕头热，炕底凉的时候炕梢热，阴雨天时候冒烟燃烧不畅的弊端，并能充实燃烧大批农业废弃物，高效而节能、环保又实用，适应广泛，并且宜于推行，希望广大农民踊跃尝试。

"一铺吊炕大约为 6 平方米，建筑成本 700 元左右，饭做好后吊炕也热了，屋内也变得暖和了，经济又实用"。对于北方农村用户，可以减少煤炭消耗，节约资金，目前，这种加热方法有很多在河北省部分地区的农民尝试使用。

（二）沼气取暖

沼气是各类的有机物质在无空气的条件下，有适合的温度和湿度，再经由微生物发酵功能，产生出来一种气体，它可以燃烧。其主要的成分是甲烷，在产生的所有气体中，它大约占 60% 到 80%。甲烷可谓一种比较好的气体燃料，它没有颜色没有气味，和适量的空气混合就可以进行燃烧。"每立方米纯甲烷的发热量为 34 000 焦耳，每立方米沼气的发热量约为 20 800～23 600 焦耳，即 1 立方米沼气完全燃烧后，能产生相当于 0.7 千克无烟煤提供的热量"。

在我国农村，最成功被推广的新能源并不是风能、太阳能这几个能源，而就是带有土气息的沼气取暖池，它是通过收集家畜的粪便发酵之后形成的。经过有关部门的努力，农村现在普遍都在使用，它在环境保护中发挥作用，专家和农村基层工作者表示，作为一种新型清洁能源，沼气开启了农村能源的变化和生活方式的改变大门。目前，这种方式主要在河北省张家口被使用。

（三）太阳能取暖

古代人是柴火，动物或风和水作为能量的主要来源，"在 19 世纪产业革命后 200 年中，煤炭将柴草取而代之，成为了全世界的主要能源；20 世纪 60 年代开始，石油超过了煤炭，成为主要能源"。随着社会经济和科技高速发展，世界对能源的需求量越来越大，煤炭以及石油等化石燃料，它具有不可再生性以及高污染性，随着人类环境保护意识的逐渐提升，现有的能源结构已经渐渐开始退出人们的需求圈，人们开始追求新的可再生的能源，以替代现有的能源结构。

太阳能，它有丰富的资源，现在被广泛认为是取之不尽用之不竭的资源，因为它不污染环境，不破坏我们的生态平衡，更重要的是，它不需要开采和运输，节省了物力，人力，以及财力。"太阳能采暖，是将分散的太阳能通过一个集热器（如真空太阳能管、平板太阳能集热板、太阳能热管等可以吸收太阳能的收集设备）把太阳能转换成能方便使用的热水，通过热水把热量输送到末端（例如：散热系统、地板采暖系统等）"。这样，能为我们提供采暖的一个系统，我们把它叫做太阳能采系统，简称为太阳能采暖。

太阳能采暖包括三个部分：太阳能的加热系统和循环系统以及散热系统。起先，太阳能集热器把水温加热到 50~60℃，然后，再靠着循环系统把热水输送到室内的散热系统（通常是暖气片）来散热。热水散热后变凉，又沿着原路循环到太阳能集热器底部，如此，一轮轮的周而复始，源源不断的热水，就能一直为我们的房间散热，达到了取暖目的。这在唐山和河北秦皇岛地区广泛应用。

（四）生物质燃料（秸秆）取暖

传统的煤炭，秸秆燃烧会产生大量的二氧化碳，对空气造成严重的污染，有数据显示。"在山西省阳泉市盂县非取暖季使用一台清洁生物质炊事炉具及玉米芯燃料，每年可以代替 1.84 吨煤并减排 4.81 吨二氧化碳；在湖北省恩施市与贵州省安顺市取暖季使用一台清洁生物质烤火炊事炉具及木柴燃料，每年可以分别代替 1.99 吨煤与 1.79 吨煤，分别减排 5.21 吨二氧化碳与 4.68 吨二氧化碳"，由此可见，使用新型采暖，既可以降低成本，又能减少二氧化碳的排放，建设新农村，这可是不可忽视的一个重大方向。

"秸秆燃气炉，是利用植物燃料通过制气炉，在密闭缺氧条件下，采用干馏热解及热化学氧化法后产生的一种可燃性气体"，它是由多种气体组成，主要的成分是一氧化碳，甲烷，乙烷，丙烷和氢气，也被称为沼气，秸秆气化炉，是农户不费财力的"液化气"，它可以造气，净化，自动分离，将可燃物投入反应炉中，出来大批的一氧化碳和丙烷，在净化分离器开始脱焦油，脱尘土、脱水分的净化流程，然后产生优良的燃气，和液化气一样，该炉工作时，可燃的物品：废木材，树枝，树叶，稻草，秸秆，谷壳，玉米，棉籽壳，木屑等，都可以，能够达到保暖的目的。其优点是：它的使用成本低，对一些秸秆资源多的农村好一些。在河北衡水的冀州，就是用的这种取暖方式。

（五）地暖

我国的地暖从韩国传入，最早起兴于我国东北部，在北欧以及北美的国家早就开始广泛使用。"2000 年止，韩国约有 85% 的住宅建筑安装了地暖系统，加拿大为 65%、瑞士为 48%、德国为 51%。目前，我国的推广普及日益加快，仅东北、华北、华东地区地暖工程每年就以平均 2 000 平方米的速度递增"。

简单的地暖，它只需要在一个几平方米的房间里挖一个洞，然后一个烟囱，利用玉米秸秆或玉米或棉花秸秆，木屑等易燃材料。压实后并点燃，在最上压一块留一个进气孔的石板，这样，就建了一个简单的地暖。不过，污染较为严重。目前，在衡水冀州、邯郸的大名等地区，这种简易地暖被使用的较广泛。现在，地暖也逐渐发展，有了技术的提升，如今，它的散热器是整个地面，地板辐射层中为固体燃料，受热均匀后，整个地面都热起来，积蓄了足够的热量，就能向屋内辐射，热量由下方辐射到上方，周而复始的进行传导，继而，整个房间就温暖起来，达到了取暖的目的，一般这种取暖方式适合在经济比较发达的农村。

（六）太阳能地暖

"太阳能地板的辐射采暖简称为太阳能地暖，它是一种以采集太阳能作为热源，通过敷设于地板之中的盘管加热地面而进行供暖的系统，它是太阳能作为热源与地暖末端的结合体"。家喻户晓，太阳能取之不尽，用之不竭。国家倡导节约型社会，节约能源是当今最为流行的话题。所以，太阳能地板辐射采暖将会越来越受到人们的青睐。

辐射加热，这是依赖于辐射传热，传热对人体和物体的表面，如果供暖系统正常运行，有相同的室内室外温度，达到舒适程度相同很容易，环境空气温度应是低于3摄氏度的对流加热条件，按照人体舒服感生理条件需要，地面温度是24到28摄氏度。地板辐射采暖，热介质温度40到60摄氏度，因此，利用太阳能集热器作为一种可能。这一项技术的发展，会逐步解决日益紧缺的能源问题。因此，这也将是未来人们喜爱的宠儿。但是，河北目前没有广泛使用。

（七）电暖气采暖

电暖气，是能将电能变为热能的加热器，随着人民生活水平的提高，出现了更多的取暖方式，其中，电采暖逐渐成为了新宠，而当前的电暖气有三种方式，分别是对流式，蓄能式和微循环式。"对流式的电暖气，它是以电发热管为发热元件，然后通过对空气的加热对流来采暖，这种系统的体积小、启动迅速、升温快并且控制精确、安装维修也很简便；蓄能式电暖气采用蓄能材料，能利用夜间电价较低时蓄能，白天释放热量，但它体积较大，采暖的舒适性较差；微循环电暖气，它是利用在散热器中充注导热介质，利用介质在散热器中的循环来提高室内温度的新型电暖气，它运行可靠，采暖效率比较高，其独特优点是：能方便地通过公开停止供电，方便控制电加热管的温度，室内没有复杂的设备，精美的包装装潢。但是，供热质量不能保证，发热元件一旦长期高温工作，使用寿命逐渐减少"。家中若有小孩，出现烫伤的可能性比较大。

（八）电地暖系统

电加热是理想的家庭供暖。是世界上公认的加热装置。它是把加热后的电缆按需求铺设在地下，每一个房间安置一个温控器对该房间来把持的一种采暖方法。

目前，我国的主要电地采暖系统有发热电缆地板辐射采暖，电热膜地暖系统暖等，电暖气的发展势头一旦占得头筹，那将代表中国采暖市场发展的高峰。如此高的评价，当然有它独特的优点。

第一，采暖舒适，均匀的加热，其热量是从底部到顶部，均匀流，不像空调，对人体的舒适度是比较高的，符合人体生理需求。第二，有保健的作用，现在是一个保健的年代，各种保健食品，保健药物，保健器械，但是，从身边的取暖系统来保健，这应该是头一个。第三，它是由远红外辐射模型的原理，通过微米红外产生，对人体产生影响。医学临床试验已经证明，它对多种疾病都有显著的缓解疗效。第四，它能够双项节能，有很小的热惯性，能够迅速发热，节约电力资源，在封闭的环境下，保暖效果将更佳。第五，安全可靠，它具有绝缘性、阻燃性以及防水性，因此，不会发生意外漏电或者漏水漏气，烫伤的危险。第六，使用更方便，不同年龄的人可根据需要调节自己的温度是不同的，也可以设置为家庭分户使用。第七，使用寿命超长，无须更换维修，一次性安装成型。第八，安装更加简单，提前设计好排面，专业人士能在短时间内安装完成。第九，性价比高，热稳定性好，关闭后缓冷，保温，使用成本经济实惠，合理的使用将降低。第十，绿色环保，没有有害气体，也没有噪音粉尘污染，给我们带来清洁又舒适的居住环境，符合现代科技理念，也符合人们在新世纪对于低碳生活的追求。由于此种取暖方式造价较高，目前，河北农村地区也少有使用。

四、最优方案

综上所述，通过以上的各种优势取暖方式的了解，我们发现，如果想要对现有方式作出一个进一步的改善，使其能更好地服务于生活，我们无非需要从两个方面去着手进行改良。第一个是能源．第二个是设备。最重要的，还是要结合实际情况考虑。

（一）从能源角度来看

目前，各部门在政府大力推动能源结构优化农村能源的背景下，优化加热是一种趋势。从这个方面考虑选择，我们可以利用的优化能源有：太阳能、生物质能、浅层地温能、地热能等。

（二）从设备角度考虑

农村地区不像城市那么发达，设备应以清洁经济为主，这样我们可以选择的有吊炕，简单的地暖或者电暖，电地暖，或者将燃煤炉子加以改造，变成以生物质燃料为原料的取暖设备，另外比较合适的还有太阳能取暖设备。

综合前两种因素加以考虑，比较优化的方案应该是以上两方面的结合点。太阳能加热应该是最好的选择，虽然已经使用，但未普及。

（三）综合考虑

邯郸市沙口村是一个典型的以小麦，玉米为主要农作物的种植地，往年的小麦，玉米秸秆都是直接收割之后就地焚烧，这使得整个村子都笼罩在浓浓的烟雾之中，成为环境治理的大难题。如今，收割逐渐机械化，玉米秸秆直接被遗弃在耕地中，虽然可以充当肥料，但据农户反映，来年还是要购买化肥来对耕地进行施肥。与其被遗弃在耕地中，还不如将之废物利用，使它发挥更大的效应。

笔者认为，这些秸秆完全可以用来制作生物燃料，加上现如今，家家户户冬季取暖靠锅炉，煤炭的消费既昂贵又污染环境，如果能利用秸秆来供燃气炉燃烧，势必是一个一举多得的选择。其可行性有以下几点。

首先，有活生生的实例典范。衡水的冀州农村就是采用的此种方式，他们以秸秆制成的生物燃料，来充当炉子的燃烧物，这种方式取暖，不用多久，房间就会暖和起来，并且，还能烧水做饭，最关键的是不污染空气。

其次，原料充足。沙口村有足够的生物质燃料来源，像小麦的秸秆、玉米的秸秆或者是棉花秸秆，这些均可以作为免费的原料。

再者，这是一个节约成本的机会。沙口村现有的取暖方式多为锅炉暖气片，煤炭既昂贵又污染，有了废物利用的原料，势必会省一大笔开支。

国家倡导优化能源结构，清洁高效无污染，势必是将来取暖的趋势。

（四）回访结果

调查中，笔者也对改换新型取暖方式做了调查，对于吊炕，电暖以及电地暖，很多家庭表示没有听过的新型采暖方式，另外，也不愿意尝试。太阳能相关取暖设备，大多表示冬季取暖效率会很低，夏季用来取用热水洗澡还好。而沼气取暖，虽然实用，但是很多农户都不再豢养家畜，取暖原料无法保障。最后，对于生物质燃料取暖，很多家庭愿意接受此种新型采暖方式，但是由于保守思想，以及更换新型锅炉，谈及购买设备资金问题，都不愿意第一个去尝试（结果如图9-3及图9-4所示）。

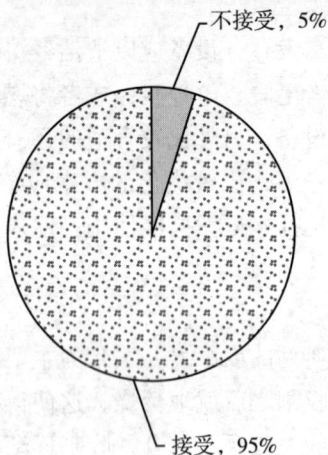

图9-3 新型采暖系统农民接受意愿调查结果

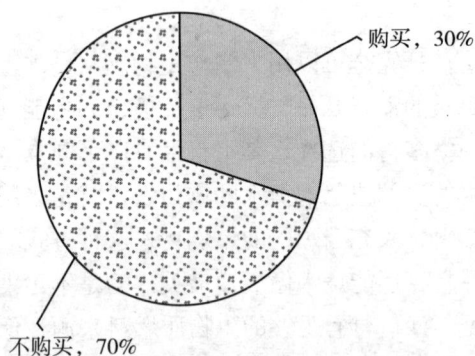

图9-4 新型采暖系统购买意愿调查结果

（五）对回访结果的建议

既然农户表示可以接受新型的采暖方式，笔者认为，有成功改换的可能性，需要各方面的努力，在这里给出自己的建议。

首先，我们可以让农民的子女，具有新世纪现代化思想意识的大学生回家向父母推荐，做一下家长的思想工作，与他们多沟通，多推荐新型取暖方式的优点。或者可以利用如今的媒体信息优势，在短信，微博以及微信中创建聊天群，向各个农户宣传新型取暖方式的优点，也可以通过匿名方式让大家发表自己的观点，在思想上保障农民有着一致接受的意愿。在最根本上做好农村家庭的思想工作，让他们接受和使用新的加热方法。

其次，解决资金问题。政府应该提高对农村冬季取暖的关注，小康生活不只是对物质的追求和改进，更应该是对农民生活上的关心，我认为，政府对于新型采暖系统的推广可以仿照家电下乡的例子，实行优惠政策，鼓励农民购买。政府还可以实行奖励制度，给予购买的农民一定的奖励，比如免费提供技术方面的帮助或者是现金回补。例如：在冀州，政府会给予购买新型暖炉的农户700元补助。或者，可以帮助农民实行贷款等。

最后，从现有调查结果显示，有30%的农户愿意购买新型设备，政府可以先从这部分人下手，鼓励他们购买新型设备，通过带动作用，来逐渐实现新型取暖方式的普及。

对于农村取暖的问题，已经有很多社会人士在关注，也有相当多的学者做过了相关研究。他们提出了各种设想，论证以及实践。可以说，一直以来，问题的关键是政府的作用和政府的支持，只有大力推进新型采暖方式的普及，农村家庭才能实现新的加热方式，接受并使用新型取暖方式，笔者认为，像沙口村这样不发达的地区，将会大大提高农村家庭的积极性，为我们农村新型取暖方式的普及铺平一个平坦的道路。

参考文献

[1] 张海东. 气候变化对我国取暖和降温耗能的影响及优化研究 [D]. 2007 年 12 月.

[2] 朱凤艳. 吊炕——农民心中的席梦思 [J]. 农民致富之友，2006，5（12）：14~16.

[3] 李胜贤. 北方冬季采暖能源使用现状及节能对策 [D]. 2008 年 6 月.

[4] 张伟豪. 中国农村户用生物质炉具碳交易方法研究及节能减排效果分析 [D]. 2012 年 5 月.

[5] 胡莉莉. 农村节能吊炕的热效益分析与应用研究 [D]. 2012 年 5 月.

[6] 张春玲. 浅析太阳能在暖通空调中的应用 [J]. 硅谷，2008，(316)：21~22.

[7] 刘志平. 冬季采暖方式多样化对比研究 [J]. 中国房地产业，2011，12（12）：17.

[8] 孙恩慧，李岩，赖小垚，王璐琪. 关于我国北方农村地区开展集中供暖的调查研究 [J]. 科技创新与应用，2013，(9)：22~23.

[9] 常缨. 住宅建筑各种类型采暖供热方式的综合比较及节能研究 [D]. 2006 年.

[10] 冯小鹿. 严寒冬日话电暖气的安全选用 [J]. 农村青年, 2011 (12).

[11] 顾海兵, 李文辉. 南方地区实行冬季取暖补贴政策：必要与可行之分析 [J]. Finance & Trade Economics No 12. 2009, 82~87.

[12] 何雪峰. 皖北农村如何温暖渡严冬 [J]. 安徽农业, 2011 (10)：1~2.

[13] 邵帅, 杨淑月, 李妮. 以青县农村乡镇为例分析利用太阳能供暖的可行性 [J]. 产业与科技论坛, 2011 (20)：115~116.

教师讲评

在我国北方地区, 农村冬季取暖已经成为关系农村民生问题的一件大事。作者以邯郸市沙口村为例, 通过对该村 20 户家庭的实地调查, 对取暖方式、取暖材料和取暖预算等问题进行了分析。对吊炕、太阳能、生物质燃料、沼气、地暖等取暖方案进行了比较。从能源和设备两个方面综合考虑, 提出了吊炕、地暖、电暖、电地暖等适合当地实际情况的取暖方式, 并认为太阳能加热应该是最好的选择。文章以实地调研为基础, 立足农民生活, 确能体现农林经济管理专业学生的专业素养。但文章结尾对农村取暖方式革新的对策建议部分论述较少, 应进一步加强。

农村节水二元共治政策实验研究

——衡水桃城区"一提一补"水价调研报告

农林经济管理1101班　贾苗苗／指导教师：王　军

摘　要： 为加快发展农业节水和旱作农业，提高农业用水效率，促进农业可持续发展，适应地下水综合治理要求，对衡水市桃城区"一提一补"水价进行了入户调研。调研过程中采用政策实验基本方法，数据来源主要为实地前后测实验方法问卷调查，运用 EpiDadta 软件对数据进行统计和分析。首先，从提高水资源管理水平和促进水资源优化配置的角度，对衡水桃城区"一提一补"政策进行评析，发现现行政策执行力度不强，农民节水意识较低，政府与农户间缺乏沟通的问题导致政策效能衰减；其次通过运用政策实验研究方法，总结出农村水资源与水环境政策的制定应该由政府主导和农户参与的双方共同合作，只有双方共同参与到政策的制定环节当中，才能使得政策的效力更高，最后提出由"二元共治"向"多元善治"的方向发展，并对桃城区"一提一补"政策提出改进的建议。

关键词： 农业水资源；一提一补；二元共治；政策实验

引　言

农村管理节水是农业节水的三大途径之一，研究农村的水管理方式对节水有很大现实意义，衡水市桃城区在全国率先创立实施的"一提一补"政策，政策实施取得了很大效果。但从 2008 年最开始的 40 个村参与该制度执行到现在只有 4 个村在继续执行。其根本原因是政府的节水目标与农户的增收目标背离，各自独立决策和行动，政府的单独治理逐步失效。

为了响应河北省衡水地区旱区农村水资源和地下水超采综合治理工程，基于生态补偿和衡水的提补水价的已有经验，构建政府单独治理向二元共治的转型模式，体现民生用水，民主治水的科学发展理念，为旱作农业区节水和完善生态补偿政策，创新制定节水用水政策提供决策参考，进行此次调研活动。

一、桃城区农村水资源概况

（一）桃城区自然地理状况

河北省衡水市有巨大的地下漏斗区，一直延伸到衡水城市，并与漏斗的外围区域形成了一个面积大概为 44 000 平方公里，中心为 112 米的水深复合漏斗。20 世纪 80 年代后，衡水境内就已经没有了地表水，所有使用的水资源都来源于开采地下水。地下水是不能够恢复的，使用一点就会减少一点。因此，就会导致地面沉降和裂缝、盐水入侵到浅层的地下水，加速了深水油井的报废速度，从而也引发了一系列环境和地质灾害，严重威胁着当地人民的生活。地下水超采不仅造成了区域性地下水位的下降，同样引发了区域生态危机，当地最大的湿地衡水湖一直靠人工调水维持一定的水面。

（二）桃城区农业用水概况

河北省衡水市是粮食主产区，农业用水占 70% 以上，但是真正的有效的利用率只能占到灌溉用水的 40% 左右，可见农村用水的利用率是很低，所以农业节水隐藏着巨大的节水潜力。但是为保障粮食增产和农民增收，不得已大量超采地下水来进行农业灌溉，农田灌溉全市 80% 以上都是井灌区。

河北衡水市有一个巨大的地下水漏斗区，目前已扩展到衡水全市，并与周边漏斗区相连，形成了一个面积约 4.4 万平方公里、中心水位埋深 112 米的复合型漏斗。20 世纪 80 年代以后，衡水境内就没有地表水，所用的所有水资源都是超采地下水。地下水不可恢复，用一方就少一方。由此，引发地面沉降裂缝、咸水界面下移入侵深层淡水、机井报废加快等一系列环境问题和地质灾害。

衡水市桃城区"一提一补"水价从 2004 年开始探索水价机制，到 2008 年国家庄、水口村、曹庄、种高村、北苏闸和彭庄等近 40 个村实施这一政策，而到 2013 年年底仅有速流村、东庄等四个村实行。实行这一政策村庄的急剧减少说明提补水价制度在执行过程中存在不适应实际的情况，因此急需探究减少的原因。

（三）衡水新"一提一补"政策实施的必要性

1. 压采

解决地下水超采问题，应该走"政府市场协同发力、治理监管同步推进"的路线，将发展模式进行创新，将推广经验进行总结，探索出一种有利于水资源可持续利用的体制和机制。首先要探索创新水价的形成机制。推动农业综合水价改革，完善农业阶梯水价制度，有效发挥市场调控在资源配置中起到的决定性作用，建立符合市场导向的水价形成机制。其次要探索创新管护管理机制。使得工程运行机制更加健全和规范，使得工程管理机制更加明晰和明确，使得经费保障机制更可靠和高效，使得基层服务机制更完备，确保治理工程项目"建得起、管得好、保安全、长受益"。再次是探索建立考核评价机制。使得生态文明考核指标的权重加大，党政领导班子和领导干部的政绩考核体系中要加入节水工作的完成情况这一项。

2. 地下水超采综合治理

实施地下水超采综合治理，要把重点放在"节、引、蓄、调、管"五个方面，即节水灌溉需大力发展，节水优先战略需坚定不移的实施，节水新技术需及时推广，加强节水灌溉中科技的投入；尽可能的引用外地水，在南水北调工程建设的基础上，逐步用外调水灌溉替代地下水；实施蓄水工程，结合引调水工程，构建布局合理、蓄泄兼备、引排得当、丰枯调剂、循环通畅的水网体系；调整种植结构，坚持因地制宜、因水制宜，宜林则林、宜果则果、宜粮则粮，走节水压采稳粮的农业种植结构调整的道路；从严管控取用地下水，在地下水禁采区，除应急供水外一律不得新打机井，在地下水限采区，除更新生活用水机井外不得新打机井，对非法取用地下水的行为要严厉打击。

二、桃城区农业水资源"一提一补"水价政策调研

(一) 桃城区"一提一补"水价政策发展脉络

2004年4月，桃城区被河北省水利厅确定为省级节水型社会建设试点，水利局领导班子成立了工作小组对甘肃省张掖市进行了考察和学习，并且探索出了一条适合桃城区实际情况的新的节水思路。

1. 简化作物定额制定，实行浮动定额控制

2004年10月1日纯井灌的种高村作为第一个试点正式启动，种高村的节水制度有总量和定额两套控制制度。总量控制制度主要是确定亩均定额，发放《水权使用证》。超过定额每吨加价20%；每年4月25日由用水协会依据降雨量调整用水额度；节省下来的水可以转让，价格自行商议。实践中发现总量控制周期长较难提高节水意识，为此探索出浮动定额控制。浮动定额控制节省了大量的工作量，符合实际并且奖罚金额基本相同更能够让群众接受。这第一次创新为以后的工作奠定了坚实的基础。

2. 解决总量控制分配，实行浮动总量控制

2005 年的再次实践中发现，降雨对水权的分配产生巨大的影响，使得节水者的收益不能体现，于是又提出浮动总量控制办法，即将浮动定额管理的方法转移到总量管理之中。此次水源有地下水和地表水的北苏闸村，制度定为以全村单位亩数的平均用水量为基数，超过的罚 0.1 元/吨，节省的奖 0.1 元/吨。这样，有效地解决了总量的问题，操作也相对简单，我们称之为浮动总量控制。

3. 解难题，发现"一提一补"

定额控制制度在种高村进行兑现的过程中，发现节奖超罚在兑现中比较难操作。所以在北苏闸村领导组提出新方法：提高水价收取罚款预备金。在原水价 0.35 元/吨提高到 0.45 元/吨，提高部分作为罚款的预备金，等奖罚结束之后再返还。实践中发现总量控制周期长较难提高节水意识，为此探索出浮动定额控制。

制度在北苏闸村实施后发现用水多的提的准备金多，罚款也多，而用水少的，罚款准备金提的也少，最后分钱的时候单位耕地得到的资金几乎相等。后来提出，把水价提高后，多收的资金按耕地面积平均补贴。这样既不用定额、总量，也不用实施节奖超罚，极大减少了工作量。由此发现了"一提一补"这样的节水方法。

（二）桃城区"一提一补"水价政策现状调研

1. 调研目的

本调查在地下水综合治理和"引黄入冀"开工建设，"南水北调"即将通水政策背景下，从农户参与政府新时期的"一提一补"实施"压采"管理节水途径下，运用政策实验调查与研究方法，在衡水市桃城区基地完成，初步构架了"二元共治"政府与农户共同协商的民主决策"提补水价"的节水机制。

2. 调研过程

课题组在衡水桃城区水务局领导陪同下，对衡水市桃城区"一提一补"实施的肖家村、速流村、国家庄等村庄做了预调查。分别在取水、用水、储水、排水、水政策、水保护等方面进行调查。从而调查出"一提一补"在实施过程中为什么越来越少的村子在施行以及采取补救措施的努力方向。

（1）前后侧阶段

2014 年 8 月份，课题组的 3 名老师和 10 名学生在衡水市桃城区进行了为期 4 天的实地调研，走访了 6 个村，采访了 120 位农户。问卷总数 120 份；回收数 110 份；回收率：91%。根据政策实验要求，团队成员运用调查问卷和一

对一采访方式，进行了前测和后测。前测结束后随即展开对农民的培训，在培训后再对同一位农民进行后测，培训人由课题团队的问卷人进行一对一地完成。培训采用明白纸方式。通过我们的培训让农户了解到现今水资源紧缺的具体问题，以及传统上政府怎样去治理，也了解到农户担忧的问题和实际想法。培训结束后展开后测，在调研的最后一天我们开展了政策实验现场会。

（2）政策实验阶段

培训结束后展开后测，在调研的最后一天我们开展了政策实验大会。该实验由课题组承办，地点选择在持续实施"一提一补"的示范村速流村委会，我们请到了各村的村代表和水利局的常局长等处室领导，总共 30 余人。

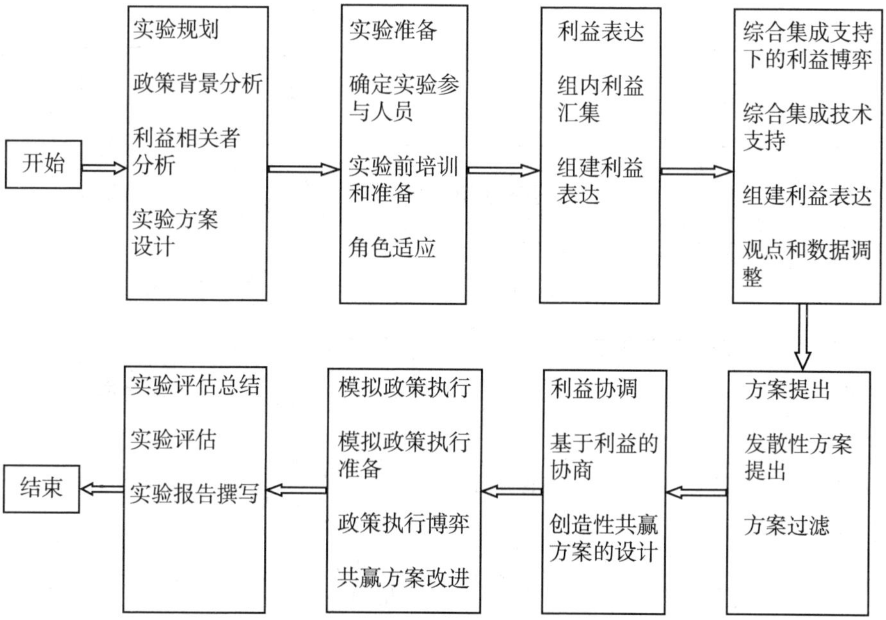

图 10 - 1　政策实验步骤

资料来源：李亚《利益博弈政策实验方法—理论与应用》，北京大学出版社。

第一步，水务局领导介绍了在地下水超采综合治理的政策下，桃城区将继续探索实施"一提一补"的管理节水政策，征求农民用水户的意见，然后，在课题组专业团队成员引领下，各村民分别到不同的房间，独立的背靠背地进行小组讨论，共商对策；第三步，小组讨论结束后，由水利局的常局长等领导分别逐个单独会见各村代表进行面谈协商有关"一提一补"水价新政策实施的具体细节意见和建议；第四步，汇集了各组意见后的各村代表集体与水务局领导们共同讨论"一提一补"水价新政策实施的难点和重点，本环节的时间最长，协商之前常局长等人对于原有政策的提补的态度比较坚持，在分批会见各村代表之后态度有所转变，愿意考虑接受村民提出的适当提高补贴标准，并增加工程节水补贴项目的意见；第五步，水务局领导和农户代表，在专业团队和其他村民的共同见证下，最终达成合作并签订了一份合作节水协议。

调研结束后，我们及时对问卷进行了电子录入，整理和筛选了数据，并用 EpiDate 软件对数据进行了分析，得出相应参考结果。

（三）农业用水基本情况

通过对调查问卷的整理分析，得到了农业用水基本情况，详见表 10 – 1。

表 10 – 1   农业用水政策实施基本情况

地 点	时 间	内 容	目 标	"一提一补"水政策现状
速流村	8 月 20 日	前后测问卷调研	了解情况，农民培训，政策执行	持续实施
肖家村	8 月 21 日上午	问卷调研	了解情况，农民培训，政策执行	实施后被迫终止
曹家村	8.21 下午	问卷调研	了解情况，农民培训，政策执行	实施后被迫终止
国家庄	8.22 上午	问卷调研	了解情况，农民培训，政策执行	实施后自动终止
水口村	8.22 下午	问卷调研	了解情况，农民培训，政策执行	一直没有实施
东庄村	8.22 晚	问卷调研	了解情况，农民培训，政策执行	持续实施
速流村	8.23	政策试验	协调政府与农户水政策矛盾	持续实施示范村

1. 多数农民对当地水资源情况不了解

在调查问卷设计中，有很多关于对当地水资源状况的问题，在向当地村民询问之后，统计结果显示，多数的村民对于当地水资源处于一个什么样的状态并不了解也不关心，对于当地地下水的严重缺失也不知情。这就体现出，当地有些基层干部对于当地水资源情况不能及时、清楚地与村民进行交流，也没有有效地宣传这方面的知识，所以导致了农民对于水资源匮乏这一情况不了解，节约用水意识较差。

在关于"你认为我国农业水资源现处于何种状态？"的问题统计中，得出统计结果，详见表10-2。

表10-2   统计结果

统计结果	良好	轻度危机	严重危机	不知道
前测	40%	15%	3%	42%
后测	25%	38%	35%	2%

2. 大多数农民对节水政策不了解

在培训之前，农民更倾向于行政命令和利益引导，一共有70人选择这两项，说明农民愿意政府出台利民的优惠政策，认为对当期政府的政策的优惠力度有所欠缺；在培训之后，民主协商有了显著变化，由开始的30人变成了43人，表明农民愿意和政府合作，共同完成节水的目标，但是与此同时农民对于利益引导这种方法并没有太大变化，农民还是非常在意节水政策为自身带来的切实利益，因此政府要想推行好"一提一补"政策需要更加重视农民的利益，在民主协商的平台上，实现二元共治。只有得到农民的认可和支持，我们的"一提一补"政策才能实施下去，完成节水目标，缓和当前水短缺的严峻形势。

"在水资源管理方面，您认为那种手段更好？"的统计结果，详见图10-2。

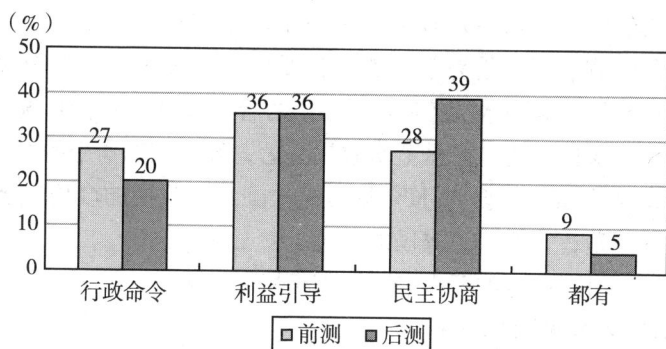

图10-2 农业节水政策认识程度的比较

3. 部分人对"一提一补"认识不足

"您对衡水市桃城区独具特色的一提一补政策的态度是____"的统计结果详见图 10-3。

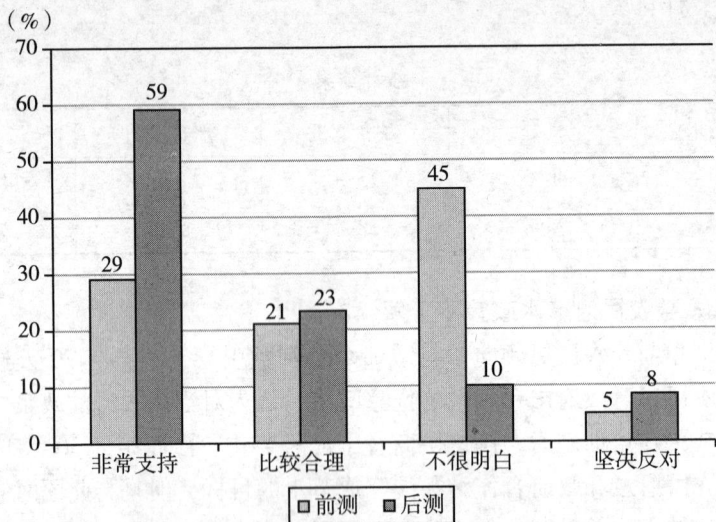

图 10-3   农民对"一提一补"政策的认识程度

根据图 10-3 可以看出,在培训之前,农民对"一提一补"政策的态度是不很明白的占大多数,坚决反对的也有很多;在培训之后非常支持的人数明显增多,达到 65 人,不很明白人数下降 39 人,坚决反对的人数下降 16 人。说明,经过培训,农民对"一提一补"政策有了全面的了解,一提一补政策解决了农业用水提价引起的负面影响,它并不是一般的为节水而提高水价,而是将水价多收的资金作为节水补贴,经公示后全部返还给农户,这种取之于民,用之于民的节水制度是易于被农民接受的,发挥了水价对节水的调节作用;实现了从水量控制到水价控制的转变,在不同水源,不同情况的村都能实施,公平公正,操作透明,并且节水效果显著,经过初期实施的试点论证,节水效果达到 20%,实现了多种水资源的优化配置。我们的政府需要将这些优点向农民解释清楚,才能得到农民的认可。

"您在压采、限采、禁采和南水北调通水的背景下,对一提一补政策的看法?"的调查结果详见图 10-4。

农民在进行培训前,对政府的"一提一补"和"压采"政策不是很了解,选择改进后不接受的有 37 人,完全反对的有 33,选择完全接受的人只有 9人。通过我们的培训,农民在节水政策方面的态度有了很大的转变,选择改进后接受的人数最多有 55 人,与前面 31 人相比,前后差别显著。说明大多数农

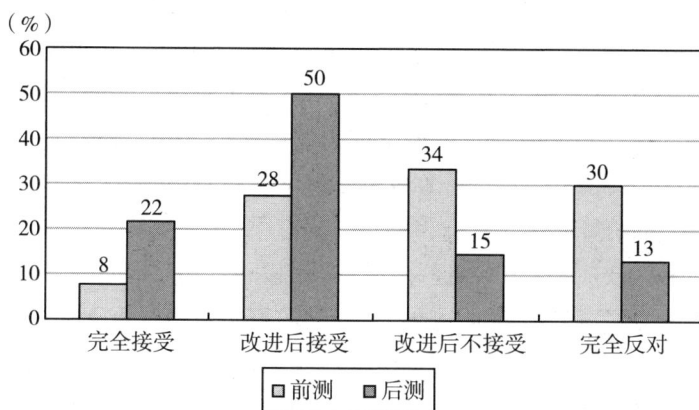

图 10 - 4　农业节水技术接受程度

民愿意接受改进后的节水政策。政府需要建立良好的沟通共同机制，将"一
提一补"政策的特点向农民解释清楚。"一提一补"政策内含节水机制的长效
节水制度。实际上是按照平均量作为奖惩的基本数据，基准数据随着实际灌溉
需水而相应作出调整，更客观，更符合实际情况，克服了管理成本高，实施困
难的问题。最后是体现了公平用水的原则，"一提一补"政策以平均量作为衡
量节水与否的标准，体现了对水资源公平占用的理念。在水资源短缺的情况
下，这种理念更符合用水者心理。

4. 对于"二元共治"理论的赞同度

"如果现在由政府与农民在节水方面形成三种合作状态，你认为最好的
是：____"调查结果详见图 10 - 5。

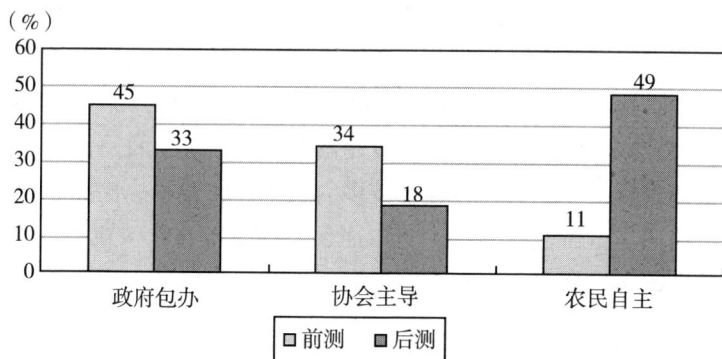

图 10 - 5　对三种合作状态的态度

现在随着社会科学的发展，农户追求民主的意识越来越高，对自身利益诉求的呼声也越来越高。广大农户希望能参与政策的制定、执行和监督的全过程。以一种协商合作的方式来制定一种充分体现民主、和谐的制度。"二元共治"充分体现这一点，农户与政府共同参与政策的制定，通过协商找出利益共同点，以此来解决现实问题。在这种背景下政府制定政策时应逐渐由二元分离的博弈方式向二元共治一体化发展。

衡水桃城区政府实施"一提一补"政策以来取得了良好的效果，但现在已不能适应农业经济发展需求。通过我们的政策实验，对统计的前后测数据进行对比分析，证实如果政府继续单独治理而不让农户参与进来，倾听农户意见，该政策只会渐渐走向破产。只有在二元共治下，该政策才可继续执行下去。

三、关于"一提一补"政策实施的讨论

（一）"一提一补"实施的效果评价

仅根据此次调研结果对"一提一补"政策进行效果评价。

"一提一补"的水价改革，既充分利用价格杠杆实现了节奖超罚，又没有增加农民负担。看似简单的提补水价在实质上却是发挥了市场资源的基础性作用，带来了好的利益调整，提高了用水效率和效益。

第一，在一定程度上激发了村民自愿节约用水的积极性。因为从政策实施的效果上可以看出，村民要是不能够节约用水，既不可以获得政府直接补贴的节水专用资金，又要将自己已经支付的节约用水资金重新补给到其他的村民手上。因为节约水就可以有利益得到，所以也激发出村民节约用水的积极性。第二，对于农业水价的改革来说，这是一条新的思路和方法。第三，对于种植结构具有优化和调整的作用。在水利局良好政策的鼓励下，农民们为了能够节约用水，就会减少收益比较低并且耗水较多的农作物的种植。比如原来耗水量较大的经济作物的比重占得越来越少，取而代之的是耗水量少的棉花等农作物，不仅极大地节约了水资源，也在一定程度上提高了农民的经济收益。

（二）"一提一补"节水效应减弱原因分析

实行"一提一补"村的减少。衡水市桃城区"一提一补"水价从 2004 年开始探索水价机制，到 2008 年国家庄、水口村、曹庄、种高村、北苏闸和彭庄等近 40 个村实施这一政策，而到 2013 年年底仅有速流村、东庄等四个村实行。实行这一政策村庄的急剧减少说明提补水价制度在执行过程中存在不适应实际的情况。因此急需探究减少的原因。

1. 政府停止持续补偿，执行力度下降

一提一补政策由最开始的 40 个村实行，变成 4 个村实行，这个制度面临失败危机。在以往的过程中都是政府独自制定政策，执行和监督。该政策从 2004 年探索 2008 年开始普及实行，在这过程中政府并未让农户参与进来，农户被动接受，遇到的问题不能及时反映。久而久之问题越积越深，政策渐渐不适合社会发展，有的直接被农户施种植耗水的蔬菜和水果而自行停止，有的因为 2004 年政府启动的构建节水型社会的项目资金在财政资金链不足而叫停。

政府因为资金链断裂，不能提供资金补贴支持，节水政策无法继续推行。一提一补政策需要政府拿出一部分资金作为补贴资金，政府的财政支出有很多方面，数额巨大。而庞大资金补贴数额在激励农户节水的同时也会损害政府的利益，在政府无力拿出补贴资金时政策就无法继续实施。需动用专项资金，河北省 2004 年衡水创建节水型社会水利专项资金。

"一提一补"能够推广的重要因素是财政供给一定补贴，而现在来看财政部门还没有列支这一项项科目，所以在这里建议可以参考粮食生产直补的相关政策，出台对应的节水水价补贴政策，从而有利于节水机制有效的推广实施。

2. 村民节水意识低，偏好产值高农作物

农民节水意识比较低，不认为节水重要，对于当地水资源状况不了解，偏向种耗水量大的经济作物，重视经济利益。在农民眼里节水是国家和政府的事情，不是自己的事情。农民收入普遍低下，极力寻求致富渠道，在这种情况下农民偏向种植耗水经济作物，如蔬菜，果蔬类。而较高的水价损害了农户的利益，政府的补贴又不足以弥补这部分被损害的利益，所以该政策实施中遇到了巨大阻碍。

3. 缺乏沟通致使农民对政策不了解

缺乏沟通，农户不积极。在实际调研中，农户对于国家相关的节水政策以及"一提一补"水价并不了解，甚至从未听说，这说明政府及村委会对政策宣传不到位，讲解不明确。由于农民的知识水平相对较低，对于政策的理解能力不是很强，这就更需要我们的基层工作人员将政策解读为通俗易懂的说明。并且，政府也不能及时听到大多数农民的意见和建议，政策的制定缺乏相关的农民代表出席听证，虽然政策的出发点是好的，但是每个村的实际情况又是有较大的差异，以至于让好的政策在实际的执行过程当中走了样，从而得出沟通的不及时性致使政策实行情况十分不乐观。

由此可见，"一提一补"水价政策失败的本质为政府单独治理，与农民缺乏有效沟通，农民与政府二元分离。现在随着社会科学的不断发展，农民们追求民主的意识变得越来越高，对自身利益诉求的呼声也越来越高。广大农户迫切的希望能参与到政策的制定、执行和监督的全过程中来，以一种协商合作的方式制定一种充分体现民主、和谐的制度。"二元共治"充分体现这一点，农户与政府共同参与政策的制定，通过协商找出双方的利益共同点，以此来解决现实问题。在这种背景下政府制定政策时应逐渐由二元分离的博弈方式向二元共治一体化发展。

四、二元共治机制的理论方法

（一）二元共治含义

二元共治中的二元即政府和集体或者农户个体，双方在一个合理民主的平台上进行友好对话，充分表达各方观点和利益诉求。本着互利共赢的态度寻求利益共同点，在充分交流协商的基础上达成合作共识，互利共赢。在"二元共治"理念下制定的政策能够充分兼顾双方利益，切实符合各方的实际利益需求。打破传统制定政策时双方利益分离博弈或者政府单独治理的局面，形成一种友好合作、共同治理的局面。在这种局面下既能维护农户重视短期增收兼顾长期节水的利益，也能保障了政府方面宏观长期节水的利益。由于政策是双方共同制定的，所以在很大程度上减少政策推行的阻力，提高政策执行效率。二元共治图见图 10 - 6。

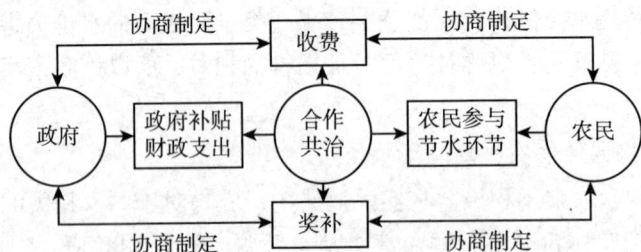

图 10 - 6　在二元共治下节水政策的运行机制

（二）"二元共治"农业节水政府与农户职能

通过统计调查，在农业节水中，政府与农户各自的职能详见表 10 - 3。

表 10 - 3 农业节水政府与农户的职能

方 面	政 府	农 户
农业节水政策调研	转达解读政策给农户，到群众中调研，发现农民的利益需求和诉求	保持农业增收的同时积极响应政府政策，逐步提高节水意识
农业节水政策制定	采取听证、一事一议方式、会商、讨论等方式给农民参与制定政策的平台	农户积极参加政策制定，和政府协商，达成一致意见
农业节水政策执行	政府实施奖惩政策	农户实行政策要求
农业节水政策监督	监督政策执行	农户对政府实施的节水政策监督
农业节水政策评价	政府组织调研，评价节水效果	农户在通过实际收益，评价节水政策
农业节水政策终结	政府及时总结经验	农户从中得到利益

五、对桃城区"一提一补"政策改进的建议

水是生命之源、生产之要、生态之基。兴水利、除水害，事关人类生存、经济发展、社会进步，历来是治国安邦的大事。促进经济长期平稳较快发展和社会和谐稳定，夺取全面建设小康社会新胜利，必须下决心加快水利发展，切实增强水利支撑保障能力，实现水资源可持续利用。所以在此对于"一提一补"政策的改进提出以下建议。

（一）加快为"一提一补"新政策出台立法

国家相继出台了《中华人民共和国水法》、《国务院办公厅关于推进水价改革促进节约用水保护水资源的通知》、《国家农业节水纲要 2012—2020》政策法规。早在 2000 年河北省就出台了《河北省人民代表大会常务委员会关于加快发展节水和旱作农业的决议》，以及 2013 年出台的《河北省人民政府办公厅关于印发河北省实行最严格水资源管理制度考核办法的通知》这些政策对于现实水资源的治理都有很好的指导意义，但是由于缺乏强制性和不能因地制宜的灵活性，现实来看没有起到预计的实施效果。

立法是政策实施的基础和前提，压采政策与"一提一补"政策需要法律法规的支持，确立其法律地位，成为正式的政府规章制度才能更好地进行政策的实施，进而能够缓解地下水超采问题。只有相关法律法规完善了，不再是地

方性的政策，而是具有了很强的法律效率，对于执法部门和农户都是很好的约束和促进，有效的为农业节水保驾护航。

（二）提高水价补贴，促进水价新政策实施

"一提一补"之所以能够激励农户节约用水，是因为它"提价＋补贴"的原理，所谓"提价"就是提高农业灌溉用水的单位收费，所谓"补贴"就是让相关政府部门给予相应的补贴，然后再按照耕地面积跟农户进行相应核算，如果农户超过了平均的用水标准就会被惩罚，没有超过平均的用水标准的农户将会受到奖励。

现在执行的是按照电费标准收取水费，只是考虑到了用电量的成本，并没有考虑到水资源自身的成本价值，所以建议采用按吨来计算水费，并且地下水、地表水以及南水北调的水的水价要由高到低制定。

政府的补贴需要进一步完善，相关问题也有待进一步考证。补多少？补的钱由谁来承担？是国家、社会还是农民？应该做到补贴款项的公开透明，每半年或者一年进行一次公布，并且要有专人来保管，专门的账户来存储。对于村民有异议或者不明白的地方基层干部领导要及时予以解决。坚决杜绝任何贪污、挪用、扣押"一提一补"补偿款的现象发生，一旦发生此类现象一定要严查严打，切实的保护农民的利益，不能让农民用了高价水，节约了水资源之后得不到相应的补偿。从执行末端保证政策的顺利实施，不能让好政策在历经众多环节在实施的时候打折扣。

"一提一补"节水制度计算公式：

"一提一补"制度的概念可得出水费计算公式（一种水源）：

$$F = j_2 \times X - (j_2 - j_1) \times X \text{平均}$$

F：某用水户用水费用；j_2：提价后的水价；j_1：提价前水价；

X：某用水户用水量；

X平均——区域内平均用水量；

$j_2 \times X$——用水户预先付出的用水费用；

$(j_2 - j_1) \times X$平均——用水户得到的用水补贴；

从公式中可看出：用水户得到的用水补贴与其用水量没有关系，补贴是固定值；用水户的水费主要取决于用水量及水价，因此，一提一补制度可以促使用水户减少用水量，同时尽可能使用价格低的水资源。

（三）发挥政府、水协会和农户对水的监督

"一提一补"节水激励机制准备实行的时候，需要提前成立民用水者协

会，乡级或者是村级的用水协会，必须要遵从区水务局相关的技术人员的详细指导，由基层的这两个级别用水者协会成员来负责，统计示范区的机井水电计量安装数量、各户的井灌面积、各机井水表及配套设备、电表及配套设备，将基本情况造册存档。在水务局的监督下，由乡、村用水者协会负责对试点村电表或水表的表底进行影像记录并存档，以便节水基金发放时，对基本数据实施监督，确保准确无误，而后按此数据返还节水基金。

（四）政府加强对"二元共治"政策的宣传

在河北省的 11 个地区中，衡水市是人均水资源每亩最低的城市，衡水市的缺水状况我们有目共睹。因此，有极大地必要通过多种多样的方式，来积极促进和提高人们的节水意识。让节水在人们的心中根深蒂固，时刻牢记，从而转化为村民们的自觉行动和自发的一种行为。同时各级政协组织需要充分发挥自己的优势，在广大的农村当中大力宣传节约用水的重要性，宣传水资源缺乏带来的严重影响，激发人们的危机意识，使每个人都能够成为节水的先进典型。除了一些宣传标语、条幅、科普栏等传统的宣传方式外，我们也应该用一些更加生动活泼，更加让农民能够容易接受的有效的方式。如大学生志愿者入户宣传讲解节水用水知识和国家节水政策。

参考文献

［1］河北省衡水水文水资源勘测局．衡水市水资源评价报告［R］．衡水：衡水市桃城区水务局，2006.

［2］李海涛．衡水市水资源形式及开发利用分析［J］．水科学与工程技术，2014，(06)：25－29.

［3］衡水市桃城区水务局．桃城区节水型社会建设成果集［R］．衡水：衡水市桃城区水务局，2008.

［4］谭秋成．农村政策为什么在执行中容易走样［J］．中国农村观察，2008，(04)：2－17.

［5］李娜．提补水价：制度节水新篇章［J］．中国水利报，2009，(05)：2－10.

［6］邢荣利．抢抓机遇　扎实工作　努力开创衡水水务发展新局面［J］．水利纵横，2014，(12)：12－14.

［7］李庆林．桃城区"提补水价"新机制为农业节水增添活力［J］．水利指南，2009，(05)：30－33.

［8］孙梅英．桃城区"一提一补"节水激励机制及其应用［J］．水利经济，2009，27(04)：40－77.

［9］常宝军．"一提一补"调控机制及其应用研究［J］．河北水利，2010，(07)：

41 – 44.

[10] 汪国平. 农业水价改革的利益相关者博弈分析 [J]. 科技通报, 2011, (07): 622 – 624.

[11] 姜文来. 农业水价合理分担研究 [J]. 中国市场, 2011, (07): 45 – 51.

[12] 李亚. 利益博弈政策实验方法: 理论与应用 [M]. 北京大学出版社, 2012, 74 – 112.

[13] 杨斌. 农业水价改革与农民承受能力研究 [J]. 价格刊, 2007, (12): 21 – 24.

[14] 张然. 构建生态农业制度保障体系 [J]. 人民日报, 2014, (03): 25 – 38.

[15] 耿荣海. 促进坝上地区水资源的可持续利用措施浅析 [J]. 可持续发展之路, 2010, (65): 12 – 14.

教师讲评

衡水市桃城区从 2004 年开始探索水价机制"一提一补", 虽然取得了一定成效, 但在实施过程中也存在很多问题。作者参与了衡水桃城区水务局"一提一补"课题组, 对该问题进行了实地调研。并运用 EpiDadta 软件对数据进行统计和分析, 提出现行政策存在执行力度不强、农民节水意识较低、政府与农户间缺乏沟通的问题导致政策效能衰减等现实问题。在此基础上, 提出由"二元共治"向"多元善治"的方向发展, 并对桃城区"一提一补"政策提出改进的建议。文章立足实地调研, 问卷设计比较合理, 充分参与实地调研, 能够提出相应的对策建议。

河北省滦县于家河村新农村建设
过程中水污染治理问题分析

农林经济管理 1002 班　刘欢／指导教师：刘宇鹏

摘　要： 随着我国经济的快速发展，城镇化和乡镇企业的发展，人们的生活水平有了明显的提高，农村的建设取得了显著的效果，社会主义新农村建设取得了有目共睹的成就。但是由于农村居民的环境保护意识差、环保基础设施不完善等原因使得水污染也日益严重，制约了农村经济的发展，降低了农民的生产和生活质量。针对这一突出的环境问题，本文分析了原因，并结合于家河村的实际情况，提出了几点对策，期待农村的水污染得到治理和改善，实现经济发展和保护环境双赢的局面，全面推进社会主义新农村建设。

关键词： 于家河村；社会主义新农村建设；水污染；原因；对策

一、于家河村概况和水污染现状

（一）于家河村概况

于家河村位于唐山市滦县的东北部，属于山区，全村共计约 750 人。属于半湿润的暖温带大陆性气候，四季分明，春季多风干燥，夏季炎热多雨，秋季凉爽，冬季严寒多雪。常年日照平均 2 651.5 小时，常年降水平均714.5 毫米左右。而且，矿产资源十分丰富，尤其以铁矿为主，还有少量的长石和云母。

地理位置优越，交通特别便利。位于京津唐金三角经济圈地带，临近102、205 国道以及京哈和京沈高速公路，东面临近北戴河机场，西面毗邻唐山三女河机场，一个半小时左右即可到达唐山、秦皇岛等地，交通特别方便，而且，村子内部、与邻村之间的道路也四通八达，出行便利。

农牧经济发达。于家河村耕地面积约 1 300 亩左右，种植的农作物主要有小麦、玉米、花生、高粱等，由于于家河村适宜的气候，农业产量比较高，农业发展得一直都不错。水果主要有苹果、梨、核桃、桃、板栗和杏等，品种多种多样，而且味道极佳，果农将大部分果品集中卖给到村中收购的收购商，还有一部分拿到集市上自己销售，拓宽了家庭的收入渠道，增加村民收入。村里的畜牧产品主要有猪肉、肉鸡、肉牛或者奶牛，满足了村民日益提高的生活质量的要求，也增加了养殖户村民的家庭收入。

工业行业主要有铁厂、食品加工厂、造纸、电镀等，建筑材料主要有水泥、墙地砖等，食品有啤酒、白酒、花生食品，还有面粉加工厂，花生榨油作坊等。

（二）于家河村水污染现状

虽然说于家河村的新农村建设取得了一定成效，但是也存在着一些不容忽视的问题，主要是环境污染和生态破坏，其中最重要的还是水污染的问题，表现在以下几个方面：一是大量排放的农业废弃物造成了水等重要生产资源的严重污染，例如，在现代的农业生产过程中，有的农民会使用塑料薄膜，而作物生长出来以后，塑料薄膜也不接去，直接被埋在土里，造成土壤污染，也间接地造成了地下水的污染，还有农药化肥逐渐取代农家肥，它们的过量使用也会对水资源造成一定程度上的污染；二是农村处理垃圾的基础设施不够完善，垃圾堆放、随意丢弃等导致农村存在突出的脏乱差问题；三是工业企业向农村转移，虽然带动了当地农村的发展，但随之转移而来的还有严重的环境污染，尤其是水污染，在制约农村经济发展的同时，也降低了农民的生活、生活环境的质量。

二、于家河村新农村建设中存在水污染的原因分析

虽然在省、县各级政府的领导带动和监督以及广大村民的不懈努力之下，于家河村的环境治理取得了一定的成效，但是在多方面因素的综合作用下，于家河村的水污染问题依然很严重，形势不容乐观。原因主要有以下几个方面：

（一）不科学的发展观和政绩观

在改革开放和建设社会主义新农村的大背景下，于家河村的一些领导班子成员片面追求本村的经济发展，扭曲了对"发展才是硬道理"的正确认识和深刻理解，在发展经济的过程中忽略了对生态环境的保护。在这种不全面发展观的影响下，村委会往往对企业的污染"睁一只眼闭一只眼"，甚至是充当一些企业的保护伞，亦或是在明知会造成污染结果的情况下引进利于经济发展的

污染企业，导致污染日益加重。而在这种发展观下形成的政绩观也不尽正确，单纯追求 GDP 的增长，为了作出好的政绩就不管会不会导致环境的污染。这也是水污染的一大重要因素。

（二）村民制造大量的生活垃圾

通过分析可知，生活垃圾的排放量与农民的收入和人口数量是呈正相关关系的。自从改革开放以来，我国的城市化进程明显的加快，尤其是自从十六大提出建设社会主义新农村以来，于家河村的农民的收入水平和生活水平都明显提高，与此同时，也制造了大量的各类生活垃圾，主要有：废弃的日常用品、厨余垃圾、建筑废料和废旧电池等。由于村子的基础设施不完善，垃圾不进行分类处理，村民们处理垃圾的方式也不尽合理，对环境也造成了严重的污染。

图 11-1 显示，于家河村村民只有一小部分焚烧和卖掉回收再利用，大部分都是直接将生活垃圾丢弃或填埋，这都会造成地表水和地下水的污染。而在于家河村，村民的日常用水都是直接抽取的地下水，这种不合理的垃圾处理方式严重威胁了村民的身体健康。

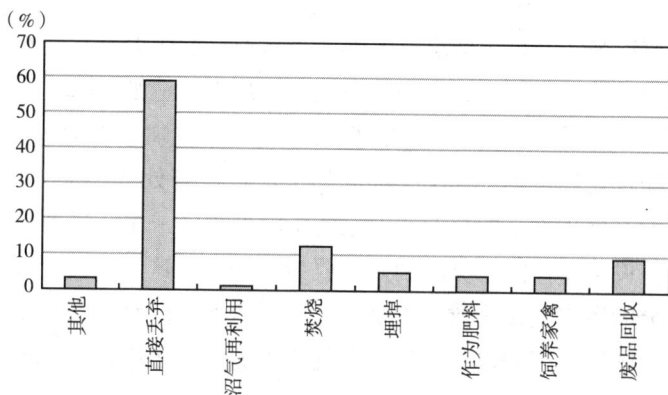

图 11-1   于家河村村民处理生活垃圾的方式

（三）生活污水造成的污染

村民的日常生活会制造大量的生活污水，主要包括：洗衣服的污水、洗浴污水和厨余污水等，在这几类污水中，洗衣污水量是最大的。而且这几类污水中含有大量的化学物质，污染浓度很高。

表 11 - 1   各种生活污水的浓度指标

污水类别	各项指标（mg/L）			
	总氮	总磷	化学需氧量	悬浮物
厨余污水	30.27 ~ 43.24	4.07 ~ 7.18	360.15 ~ 637.75	458.00 ~ 1 662.00
洗衣用水	20.29 ~ 47.61	2.12 ~ 7.64	199.50 ~ 519.65	652.00 ~ 2 520.00
洗浴用水	23.78 ~ 48.13	3.12 ~ 6.32	134.61 ~ 496.10	510.00 ~ 1 108.00
总体	20.29 ~ 48.13	2.12 ~ 7.64	134.61 ~ 627.75	458.00 ~ 2 520.00

资料来源：冯庆《农村生活污染特征与公众环境意识调查》。

从表 11 - 1 中可以看出，厨余污水的化学需氧量浓度远远高于其他污水，洗衣污水中的悬浮物浓度远高于其他类污水，总氮和总磷的浓度相差不大，可以预见，生活污水对水资源污染程度的影响，而且，于家河村也没有完善的排污管道，村民们处理生活污水的方法就是直接把污水倾倒在地上，污染了地表水，而随着污水的下渗，也间接地污染了地下水。

（四）乡镇企业排放工业废水

改革开放以来，乡镇企业迅速发展。于家河村的企业有着技术水平低、经营粗放、规模小等基本特点，主要集中在食品加工、造纸、电镀、选铁厂等行业，不仅经济效益低、能量消耗大，废水排放量大，加之工业布局的不合理，对环境的污染也比较严重。其中大部分的工厂都没有处理污水的系统和设施，而小部分有污水处理设施的企业或者是为了降低生产成本，或者是由于自身能力的不足，使设备得不到充分的利用，成为了摆设。这样，大量未经处理的或者处理不充分的废水直接排放，以至于造成当地严重的水污染。而且，企业乱堆乱放的大量固体废弃物也对水资源有着严重的二次污染，进一步加剧了村子的水污染。

（五）农村畜禽养殖业快速发展带来的影响

目前，农民对于肉类的消费需求随着生活水平的提高而大大增加，致使农村的畜禽养殖业迅猛发展，养殖规模也在不断扩大。于家河村有的农户也顺应了市场需求的变化，建立起了养猪、养鸡、养牛等专业的养殖场，在改善了农民的生活水平和生活质量的同时，也产生了大量的畜禽粪便，据统计，2006年河北省农村的畜禽粪便总量达到了 1.6 亿吨，但是，粪便的还田率却只有 30% ~ 50%，利用率很低。而且，调查结果显示，养殖一头猪所产生的污水就相当于七个人产生的生活污水，养殖一头牛产生的废水就相当于 22 个人产生的生活污水，可见，养殖畜禽产生的废水量是惊人的。更重要的是，于家河村的这些个养殖场没有必要的污水和粪便的处理设施，污水和未利用的大量粪便直接被排放到附近的河流中，不仅危害了农民的身体健康，而且造成了严重的污染。

（六）农业污染

农药、化肥的不合理使用。随着近几年农业科学技术的发展，农业的生产方式也发生了重大的转变，农药、化肥的使用越来越普遍，并逐渐取代了农家肥等有机肥料，但随之而来的也有农药和化肥不科学的过度使用等问题。据调查统计，河北省的农药和化肥的年施用量还高出全国平均水平的 2 倍多，不仅如此，河北省的化肥年施用量远远超过一些发达国家为了防治化肥对土壤、水造成污染设定的安全标准。于家河村的情况也不是很乐观，村民的施肥量不是依靠科学依据，而是凭借以往的生产经验，用量都很随意，而且，于家河村的大部分耕地是在山区，就使得农药和化肥等更不容易被作物吸收利用。一般情况下，农作物能吸收利用的化肥只有 30% ～ 40%，农药约 10% ～ 20%，而大部分残余的农药、化肥则通过灌溉水等进入地表水体，进而渗透到地下，对地下水也造成了污染。于家河村水污染的重要来源之一就是化肥和农药等非点源污染物。

（七）人口因素

1. 村民数量多，排放污染物量多

村民的数量与污染物的排放量是呈正相关关系的。近年来，虽然于家河村一直在严格的执行计划生育政策，控制人口，鼓励晚婚晚育，少生优生，但是人口数量的增长还是不可避免的，加之现代的医疗科技水平的不断进步，老年人的健康有了进一步的保障，寿命越来越长。所以，基于于家河村人口数量的庞大，污染物的排放量也随之增长。

2. 村民文化素质低，环保意识差

环境意识的强弱对环境受污染的程度有着较大的影响。于家河村村民们大都是小学或初中的学历，由于文化水平和整体素质有限，导致村民对危害环境的源头以及危害程度的认识不清，而且村民们比较看重当前的有形的经济利益，往往忽略了对环境的潜在危害，从而引发污染；其次，企业的粗放经营、只考虑企业自身的经济利益，加之能力有限，就不顾及对环境的污染，还有些企业利用农村发展经济的机会把污染严重的企业建厂农村，造成农村的污染。

最后，由于经济能力有限，滦县的环保部门也不能够对于家河村环境污染的治理进行有效的监督和管理。

（八）农村的环保法律法规不完善

近些年，虽然我们在农村的环保立法方面做了大量的工作，但是与农村保护环境的现实相比还是远远不够的，存在着体系不完善、执行力度不够等问题，原因是：首先，农村保护环境的立法不太完善。不健全的农村环境保护的法律法规，表现在某些环境领域存在着立法空白的现象，立法与城市有明显的差别，甚至是矛盾。其次，村干部和村民的环境法律意识不够。最后，就是农村的环保执法存在一定缺陷，力度不到位。

三、治理于家河村新农村建设过程中水污染的对策

在我们国家重点强调要用科学发展观念统领我国经济社会发展全局以及构建社会主义和谐社会的大背景下，强调加大农村防控和治理水污染的力度，具有特别重要的现实意义。面对于家河村日益严重的水污染问题，如何贯彻落实科学发展观，建设环境友好型社会，建设社会主义新农村成为村委会和全体广大村民必须思考的一个问题。在这里，本文结合于家河村的实际情况，就如何解决于家河村的水污染问题提出以下几点对策：

（一）科学合理规划生态村建设

于家河村要在科学发展观的指导下，改善本村的生态环境。地方政府和村委会对环境保护负有主要责任，因此在规划新农村建设的过程中要做到科学规划、合理用地、生态优先。确立以村委会为主导、以农民为主体、村干部服务和全体村民共同参与的长期有效工作机制，在实际工作中坚持防治污染和生态保护并重，预防为主，统一规划。

（二）树立正确的发展观和政绩观

要解决于家河村的水污染问题，最重要的就是要转变村领导的发展观念和树立正确的政绩观。要坚持以科学发展观为指导，避免盲目不科学的发展观和存在误区的政绩观，树立"既要金山银山，更要青山绿水"的科学发展观念，坚持环境保护与经济发展并重。提高村干部的文化水平以及综合素质，从根本上转变村干部的发展观和政绩观。

（三）加强对生活垃圾的整治

当前，于家河村的生活垃圾主要可以分为固体垃圾和生活污水两大类。对于整治固体垃圾，可以坚持"资源化、无害化、减量化"的原则，合理规划，建立垃圾池，实现户收集、村清运、镇处理，由村内各户将垃圾统一扔到垃圾池内，村委会负责将垃圾运到乡镇的垃圾处理中心，进行集中处理、回收。对于生活污水，可以加强村内污水处理的配套设施建设，同时把"谁污染、谁治理、谁补偿"和"谁投资、谁治理、谁获益"相结合，创新体制建设，全方位整治农村环境。

（四）提高处理生活污水的技术

表 11-2 是农村比较常见的几种处理技术的比较：

表 11-2　　　　　　　农村生活污水处理技术的比较

处理方式	处理设施	特　点	适用范围
生活污水净化池技术	沼气池	投资省，无运行费用，管理方便	土地较少，经济条件较差，有畜禽养殖的农村
土壤渗透生态处理系统	化粪池	不影响地面景观、运行操作管理简单、建设费低、出水水质好	土地较少，但土壤条件适宜的农村
无动力多级厌氧复合生态处理系统	厌氧发酵池	工艺流程简单，出水水质好，抗冲击能力强	有地势差异，土地较少，经济较好，农户分散的地方
厌氧—人工湿地组合处理技术	厌氧池人工湿地	处理效果好，不产生臭味，占地面积较大	土地较多，经济条件一般的农村

资料来源：张鑫，付永胜等. 农村生活污水排放规律及处理方法分析. 广东农业科学. 2008（10）.

于家河村在当前的经济水平条件下，比较适宜选择投资少、管理方便的污水处理方式，通过表 11-2 比较分析可知，生活污水净化池技术是最合适的，而且，目前村里也有在家里建立沼气池的农户，推广起来也比较容易，处理效果也不错。

（五）加强对污染企业的管制

在新农村建设过程中，要做到统筹规划和合理布局乡镇企业，同时建立完善的污水集中处理体系，实现污水的规模化处理。大力推广清洁生产工艺，加快技术更新的步伐，加强对企业的监管力度。对于铁厂，要做好节能减排工作，控制能源消耗，提高资源的利用效率，建设环境友好型和资源节约型企业。其次，对于污染特别严重的企业，该取缔的就取缔，该迁址的就迁址，严格控制污染源，并且企业都要建立配套的污水处理装置，并保证设备可以正常运行，以减轻污染。

大力倡导和发展节水型产业，并且对企业水资源的使用加以限定，这是一方面，更重要的是要提高企业的利用率，改革企业的生产用水工艺，提高水资源的循环利用率。可以资助企业铺设专门供用水单位循环用水的管道，促进水资源的循环利用。这样，既合理利用了相对短缺的水资源，又减少了工业废水的排放量，也减轻了需要处理的废水量和对水环境的污染。

（六）加强对畜禽养殖业的监管

加强对畜禽养殖业的整治力度，争取从源头根本上解决畜禽粪便和废水污染的问题。于家河村要做到合理布局畜禽养殖场，建立生态型的养殖场，并且控制其发展的速度和规模，促进畜牧业家禽业发展向规模化和产业化发展；建立且严格执行养殖场对环境的评价制度，严格控制养殖场对废物的处理，例如，限定养殖场的排污总量，还可以按照不同的排污量等级制定不同的排污收费标准。养殖户还可以建立畜禽粪便—肥料—果蔬、农作物的模式，合理利用废弃物，同时发展沼气，提高粪便和污水的利用效率，进行再利用的同时也减轻了对水资源和环境的污染，强化发展生态养殖，要从根源上解决污染源。

（七）发展生态农业

于家河村经济的发展坚决不能再走过去那种以牺牲环境为代价、单纯追求经济增长的路子，要坚持生态环境优先的原则，发展生态农业，走循环经济的道路。发展生态农业是农村发展循环经济的重要内容，在于家河村资源、能源和环境问题日益突出的形势下，发展生态农业和循环经济，一定可以收到良好的成效。发展生态农业，大力加强对农药和化肥的安全管理，减少污染，同时加快产量高、抵抗力高的农作物的研发进度，大力推广效果好、无污染、低残留的农药化肥，积极鼓励农民使用天然肥料，秸秆还田。在粮食产量有所增加的前提下，减少农药和化肥的施用量，提高其利用效率，减轻农业对环境的污染。

同时，在于家河村的新农村建设中，要坚持以农民为中心，通过培训、开展专业讲座等方式培养懂技术、会经营的现代化新型农民，改变农业粗放的发展方式，走科学发展的道路，不断提高科技含量，提高农业的精细化水平；鼓励农村社会各类资金帮助农民建立新型的农业专业合作社，集中力量处理非点污染源，走科学发展之路，使农业生产体现出经济与生态环境的双重效益，并使整体效益达到最大化。

（八）加大环保宣传力度，提高农民的环保意识

农村居民是防治农村水污染的主体力量，因此，要提高村民的环境保护意识，真正的发挥其主体的作用。首先，可以利用各种舆论媒体进行宣传。现在的于家河村，接触到的宣传方式有多种，例如互联网、电视、报刊、杂志等，它们有宣传范围大、辐射范围广和能接触到各年龄阶层的人的特点和优势，我们可以加以充分利用，通过制作和播放纪录片、公益广告，设立环保网站等激发全村人们的责任感，积极参与到环保的队伍中，并逐渐将保护环境作为一种习惯。

其次，通过加强法律的约束力，来规范人们的行为。虽然增强人们保护环境的意识可以通过宣传教育，但是法律的强制约束力更有利于人们规范自己在日常生活中的行为。于家河村可以在不违背国家和河北省法律规定的前提下，制定实行自己的相关规定，二者结合，互相补充，制定一系列的奖惩措施，对于在日常生活中做出破坏环境行为的个人或集体做出严厉的处罚。通过奖惩措施和强制规定规范人们日常行为，形成人人都保护环境的良好的社会风气。

最后，扩展社会环境权益也是提高人们环保意识的一种重要手段。通过扩展社会环境权益提高人们环保意识就是将人们提高环境意识的过程与保护人们自身利益结合在一起，让人们得到更多的环境权益，获得充分的、落到实处的环境监督权和环境知情权，以此提高全体村民对保护环境的关注程度。

（九）完善相关法律

制定农村环境保护的基本法——《农村环境保护法》，包括生态补偿制度，环境监管制度和污染防治制度等，健全于家河村的环保法律体系以及相关制度，发展经济的时候，尽力避免重复先污染后治理的路子，坚持环境保护优先。同时，要成立农村环保组织机构，并确保其法律地位，以保障环保法律政策的顺利实施，并制定一套与之相配套的管理制度，保证机构对于解决环境问题的绝对处理权，全面发挥其职能。

四、结　语

建设社会主义新农村，具有划时代的重大意义，其独特的意义、基本思路和根本途径为社会主义和谐社会的构建以及统筹城乡发展提供了参考，但是目前新农村的建设过程中还存在着不少问题，而于家河村日益严重的水污染严重阻碍了本村新农村建设的脚步，而且农村的水环境也很复杂，因此，需要对症下药，采取的措施要极具针对性和可行性，实施多方面、综合性的对策来遏制这种局面的进一步恶化。不同的污染来源就决定了防治污染不是某一个主体的事情，它需要村干部和全体村民的共同参与，一起努力，预防和治理并重，改善于家河村的水环境，提高村民的物质文化生活水平和生活质量，实现人与资源和环境的和谐发展，加快本村社会主义新农村的建设进程。

参考文献

［1］石国强，郭建，孙惠莲. 当前河北新农村建设中水污染的现状、成因及对策研究［J］. 河北北方学院学报（社会科学版），2009，（06）：63－67.

［2］贺志丽，张建强，王庆安等. 新农村建设中的水污染问题研究［J］. 广东农业科学，2008，（04）：77－80.

［3］孟雪靖，尚杰. 农村水污染防治的制约因素及对策［J］. 环境保护，2007，（01）：61－64.

［4］陈军. 我国农村垃圾污染防治问题研究［D］. 中国海洋大学.2011，（06）：1－54.

［5］王守中，张统. 我国农村的水污染特征及防治对策［J］. 中国给水排水，2008，（18）：1－4.

［6］张雪绸. 我国农村环境污染问题研究［J］. 安徽农业科学，2007，35（2）：519－520.

［7］刘树庆. 农村环境保护［M］. 北京：金盾出版社，2010，156－158.

［8］王旭凤. 禄劝县农村水环境污染问题及治理保护对策探讨［J］. 环境科学导刊.2008，（S1）：23－25.

［9］席北斗，魏自民. 农村生态环境保护与综合治理［M］. 北京：新时代出版社，2008，98－98.

［10］余恒，李大彬，孙安民. 论农村水污染现状及解决对策［J］. 才智，2010，（19）：224.

［11］谢霞. 农村水环境污染产生原因及防治对策［J］. 江西化工，2008，（04）：227－229.

［12］封燕. 农村水污染防治与新农村建设［J］. 青海环境，2008，（01）：32－33.

[13] 马彬. 农村水污染状况及对策 [J]. 北方环境, 2012, 25 (03): 205 - 206.

[14] 贺志丽, 张建强, 曾华丽. 新农村建设中的水污染问题研究 [J]. 广东农业科学, 2008 (04): 80 - 81.

[15] 朱保建, 许迎春, 田义文. 社会主义新农村建设中的水污染防治探析 [J]. 安徽农业科学, 2006, (16): 51 - 52.

[16] 白洋, 刘变叶. 简析农村水污染问题及其对策 [J]. 安徽农业科学, 2006, (11): 2496 - 2497.

[17] 于春山, 李传哲. 新农村建设背景下的农村水生态环境问题的思考 [J]. 水利发展研究, 2011, (11): 11 - 17.

[18] 张宝垒. 新农村建设中农村环境保护问题研究 [J]. 安徽农业大学学报 (社会科学版), 2011, 20 (3): 23 - 25.

[19] Goerdon C CYang, HL Lee. Chemical reduction of nitrate by nanosized iron: kinetics and passways. Water Research, 2005, 39: 884 - 894.

[20] HAN WL, GAO M, LIU J, et al. A novel integrated step - feed biofilm process for the treatment of decentralized do - mestic wastewater in rural areas of China [J]. Journal of Environmental Sciences, 2010, 22: 321 - 327.

教师讲评

近年来, 随着新农村建设的蓬勃开展, 农村水污染治理问题日益受到各地农村地区的关注。作者以滦县于家河村为例, 对该村水污染问题的现状进行了分析, 并探究了造成该村水污染问题日益严重的主要原因, 提出了治理水污染的对策建议。文章结构安排合理, 论述逻辑性较强。但问卷设计有些单薄, 导致数据支撑略显不足, 有待进一步丰富。

农民环境意识的现状与提升对策研究

——以河北省唐山市大杨官营村为例

农林经济管理 1102 班　田丽／指导教师：董海荣

摘　要： 近些年来，大量的污染型企业不断转向农村，农村的环境质量严重下降。改善农村环境质量，提高村民的环境意识是重要一步。本文在大量的实践调研的数据上，利用第一手资料，相对全面地了解村民环境意识现状，并据此制定相应的措施来提高农民的环保意识，以利于促进农村经济的健康稳定发展。

关键词： 农民；环境意识；对策建议

引　言

目前，环境问题已经成为各个国家需要共同面临的问题。农村经济太过于脆弱，无法抵挡工矿业的侵袭，所以环境问题愈发严峻。尽管党的十八大以来，我国全面开展生态农村建设，有力地促进了农村经济社会与人口资源环境的协调发展，为推进生态文明建设奠定了良好的基础，但是在此过程中仍然有很多环境问题暴露出来，而农民环境意识比较低是其中一个非常重要的原因。本文通过实地调研的方式，对唐山市大杨官营村的农村环境及农民环保意识现状及可能存在的问题进行了调研，并提出了相应的对策。

一、唐山市大杨官营村环境概况

大杨官营村位于唐山市东北方向，富产板钛矿、云英长石、铁矿。拥有的企业主要为岚山顺发采石厂，岚山建材厂，燕山钢铁集团分公司。由于长期不合理的开发和利用，导致该村环境质量严重下降，地下水污染严重。昔日松柏成林的山峰如今已伤痕累累，堆满了废料废渣，严重威胁了村民的身心健康。

二、唐山市大杨官营村农村居民环境意识现状调查

（一）调查样本基本特征分析

本次调查的对象是大杨官营村的常住农民。实际调查本户数 200 户，发放调查问卷 200 份。受访者性别、年龄、教育情况、工作性质和政治面貌等基本特征如表 12 – 1 所示。通过表 12 – 1 可以看出，在 200 名被调查者中，以中青年居多，人数男性略多于女性，大部分的被访者文化程度为小学或初中；其政治面貌以群众占有绝大多数，党员干部约占 3%，其他情况约占 2%。这一比例基本符合农村整体情况。表 12 – 2 所示，受调查地点的影响，大部分被访者都是以务农为生，少部分的村民从政从商或者外出务工。

表 12 – 1 调查样本的基本信息

类型	样本数（人）		比例（%）
性别	男	110	55
	女	90	45
年龄	16 ~ 30 岁	22	11
	31 ~ 45 岁	66	33
	45 ~ 60 岁	76	38
	60 岁以上	36	18
文化程度	小学及文盲	98	49
	初中	70	35
	高中及以上	32	16
政治面貌	党员	3	3
	群众	95	95
	其他	2	2

表 12 – 2 受访者工作情况统计

工作类型	务农	政府工作	民营企业	外资企业	外出务工	自主创业	其他	合计
比例（%）	86	1.5	2	0.5	4	3	2	100

（二）农民对当地环境情况的认知

根据笔者走访调查及村民反映，当地存在的较为严重的环境问题：干旱缺水；农药化肥污染；土地不能耕作；树木减少；废旧电池等固体物污染；空气污染；道路太差；出行不方便等环境问题。而据村民反映，由于附近钢铁厂的存在，使得空气污染现象更加突出，此外，由于农药，化肥的不合理使用，不但使得土地的肥力不断下降，地下水的质量也严重下降。具体情况如图 12－1 所示。

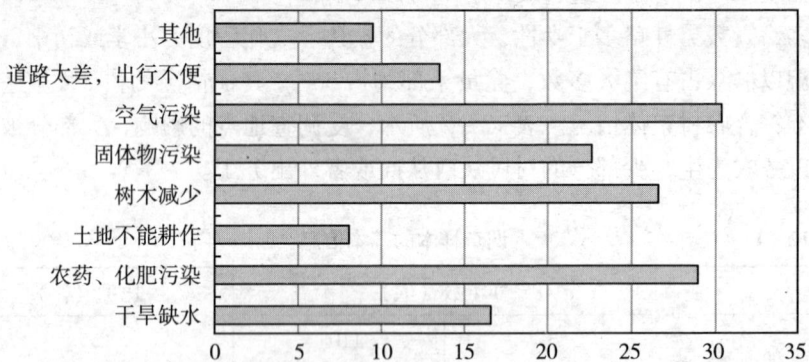

图 12－1　村民对当地环境污染情况的认知

（三）农民的环保意识

意识对实践具有指导作用，因此，只有让人们全面的了解如今农村环境的现状，才能使农民对环保知识了解的更加深刻，增强环境保护的意识也更加强烈。为此，笔者设计了有关农民日常生活中的环保问题，来更好地了解村民的环保观念。具体情况见表 12－3。

表 12－3　　　　　　　　　农民日常生活中的环保行为

问　题	选　项	比重（％）
节日里燃放烟花的态度	传统习俗应该尊重	60
	污染环境应该禁止	4.7
	可以但应该限时限点	32.1
	由政府组织机构燃放	3.2
超薄塑料袋使用	使用频繁	13.5
	偶尔使用	61.5
	从不认为用一次很浪费	21
	从不认为它会带来白色污染	4

续表

问　　题	选　　项	比重（%）
洗菜之后的水用来干什么	直接倒了	80
	浇花、冲厕等	15
	其他用途	5
人畜粪便的利用与处理	用作肥料	79.2
	投入沼气池	15.3
	直接排入湖海等	0
	其他	5.5
购物时会在意商标上是否有环保标志	会，因为平时关注环保	35.5
	会，环保是时尚潮流的象征	3.5
	不会，不相信厂商的宣传	10
	不会，因为我的选择不足以会改变世界的环境状况	3
	不会	48
废电池处理	扔进回收箱	15
	扔进垃圾箱	26.3
	随手扔掉	45.7
	其他	13

　　从表 12 - 3 中，我们一方面可以看出，农村居民对日常生活中的环境问题重视程度并不高，很多农民环保意识都带有农村落后的风俗特色。例如，对节日期间燃放烟花爆竹的问题，绝大多数的人都认为这种行为合情合理。再如，对于人畜粪便处理的问题，80% 的村民会用作肥料，用来种植庄稼，体现了浓厚的中国农耕特色。此外，由调查可知，尽管国家一直再强调不支持使用一次性用品，但仍有大部分村民为了贪图一时的方便，而仍然使用它们。只有一小部分的农民意识到这是不环保的行为，使用其他环保的替代品。通过以上调查的结果，说明农民的环保意识及环保知识都亟待提高。

　　另一方面，我们也不能抹杀农民的环保意识有进步和加强的趋势。例如，一部分村民愿意配合政府安排，在固定地点和时间燃放烟花，虽然只是一小部分，但却让我们看到了整治农村环境问题的希望；同时，对于购买有环保标志的商品的问题，也有不少的村民会注意并选择购买，说明村民也在不断关注环保知识，渴望获得相关方面的知识。综合来看，军民的环保观念虽然不如城市居民的环境意识高，但也在与时俱进。

　　为了进一步掌握农村居民的环境意识情况，笔者同时对该村的不同年龄段的环境意识进行了分析，结果如图 12 - 2。图中显示，村民的环境意识与年龄有着很大的关系。其中，年龄段在 28～40 岁的人群中，环保意识非常高，得分达到 80 分以上。此外，大部分老年人也有很强的环保观念。然而相较于这两个年龄群，一些中年人的环保意识显然不足，仅仅为 40 分，因此，在以后的宣传教育中，应该重点提高这个年龄层次的人群环保意识。

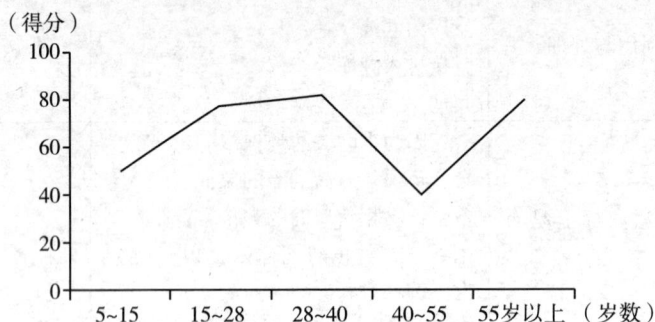

图 12－2　各年龄阶段的环保意识平均得分

（四）农民获取环保知识途径

众所周知，农民对环保的知识了解的并不是很全面，很多都是道听途说的。那么，他们通常都会通过哪些途径获得这些知识呢，这些途径是否也存在问题，能否进一步完善呢？带着这些问题，笔者对相关方面做了调查及研究。具体情况如图 12－3 所示。

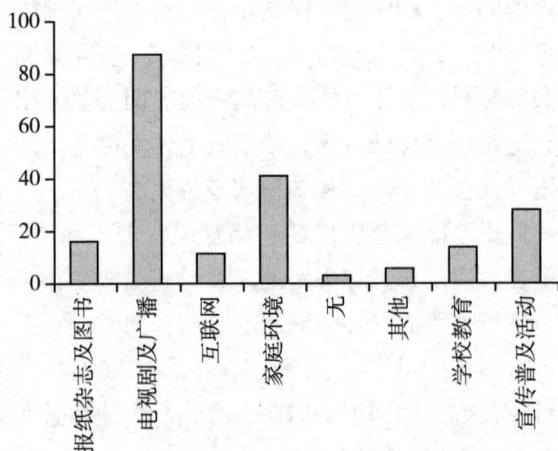

图 12－3　村民获取环境知识的主要手段

由图12-3可知，电视及广播渠道占据了大半壁江山，此外，不少的村民表示，家庭环境也是不可小觑的因素。试想，如果一个家庭的所有成员都很注重环保，那么势必会对自己的后代及亲朋好友等周围的人产生积极的影响。同时，不可否认，随着农村生活条件的改善，生活质量的提高，通过互联网获取环保知识这一途径也占有不小的比重。

此外，大部分家长表示，他们很看好教育这一途径，虽然他们对具体教育内容不是很了解，但是认为对学生进行环保方面的知识教育，可以让他们养成爱好干净、懂得整洁的好习惯。对于宣传普及活动的途径，大部分村民表示该方法虽简便易施，但收效甚微，根本达不到宣传教育的目的。另外，一些地区的地理位置由于比较偏僻，有些地区连图书报纸杂志都接触不到，要依赖于电视、广播这种媒介，导致村民获得环保知识的途径比较单一，环境意识非常淡薄。

（五）农民对政府部门在环境保护中的作用认知

在走访过程中，笔者发现大多数村民（76.2%，如图12-4所示）认为在农村环境改善方面，政府扮演着不可替代的角色，尤其是在环境监督和惩罚机制方面，有必要加大执法力度。比如，对于村子里的污染大户，政府应该加大监管，对于未达标排放废水、废气等行为进行严厉处罚。同时，对于一些政府官员唯GDP至上，忽视村民的生存健康的现象，必须严厉惩处。在经济建设的同时，政府更应该注重发展生态农业，追求绿色GDP、实现可持续发展。

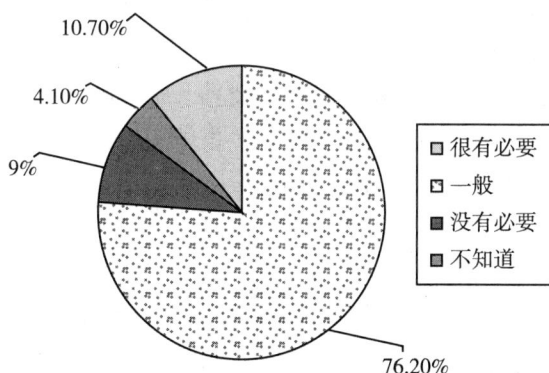

图12-4　农民对政府在环境保护中的作用认知

三、影响农村居民环境意识淡薄的因素

（一）个人因素

1. 以自我为中心的狭隘价值观

农民出于生存的需要，在采取行动时往往是不理性的。他们往往以自己的利益为中心，眼光狭小，当个人利益与集体国家利益发生时，为了维护自身利益，他们不惜损害集体国家的利益。例如，当有人乱砍滥伐获得眼前利益时，部分人就会纷纷效仿。这就是典型的消极从众心理。笔者在走访中发现，公共领域是全村破坏、污染最严重的地方，因为，大部分村民都抱着事不关己，高高挂起的旁观者心理，对其他人的破坏行为有视无睹，久而久之，使得农村的生态环境越来越差。

2. 农民文化程度普遍不高

和欧美等地区相比，我国的农村居民科学文化知识普遍偏低，大部分农民的学历水平仅限于小学、初中。受文化程度的影响，他们对于环境知识的认识和了解非常有限，这是导致农民环保意识低下的重要原因。同时，由于科学文化素质较低，所以对环境破坏后所带来的后果也不甚了解，对国家有关环境方面的法律文件也是漠不关心，缺乏环境方面的法律常识。

3. 农民物质生活水平不高

与城市相比，农村的生产力远远落后。为了提高生活质量，农民不惜以破坏环境为代价，盲目的追求经济效益，破坏植被，围湖造田、过度开垦和放牧，使得生物物种急剧下降，给自然环境带来了不可修复的灾难。在本村中，村民为了提高自身的物质生活水平，不惜毁林开荒，破坏山上的森林；矿山厂无节制的开山，使得该村的生态环境遭到严重破坏，生物物种不断减少；引进污染严重的企业，损害了本村人的身体健康。近些年来，该村患癌症等各种疾病的群体数量明显上升。

4. 利益因素的驱动

受利益因素的驱动，人们消极对待环境问题，甚至破坏加剧这种行为。例如，农民为了提高粮食产量，不合理使用农药化肥；乡镇企业为了追求自身利润，排放不达标的污水，造成环境污染；政府部门人员同样受到利益因素的影响，个别地方政府片面的政绩观，追逐眼前经济利益，对农村环保的问题视而不见，为了一己私利，利用手中的职权之便，批准一些不合理的规划方案等，环境意识极其薄弱

（二）环境因素

1. 农村的生产生活方式落后

农村粗放、落后的生产生活方式、迫使他们不得不贪婪的从自然界中掠夺资源来维持基本的生存需要。所以为了保护农村生态环境，必须改掉农村落后的生产生活方式，建设社会主义新农村。

2. 农村环保教育缺乏、宣传环保知识力度不够

目前，我国的环境教育方式主要采用死板生硬的说教式方式，缺乏生动性，很难打动村民对环保知识的兴趣。此外，由于农村条件的落后导致高素质的环保教育人员严重缺乏，环保教育内容安排上存在着许多的矛盾和问题。

通过调查我们可以得知，宣传教育是一个重要途径，然而由于长期以来有关部门的重视度不够，宣传经费的有限，导致宣传工作作得很不到位，尤其是在农村，很多地方都是敷衍了事，再加上村民的被动接受，对环保工作的不理解、不配合，导致提高农民的环保意识成了一句空话。

3. 缺乏有力的监督机制

由于农村的民主政治建设不完善，乡村间的人际关系复杂，农民很少会主动提醒或监督他人不合理的经济行为。同时，又由于农村法制建设不健全，缺乏环境监督机制。造成农村的环境状况越来越差。在这种情况下，就需要政府等有关部门积极完善监督处罚条例，否则，由于没有制定相应的处罚措施，那么对于一些村民的恶劣行径，就无法进行有效的遏制，进而变相的助长整个社会的环境破坏、生态污染的风气。例如，一些地方官员为了增加政府财政收入，制定不合理的经济措施，搞"一刀切"，忽视经济发展的客观规律和环境的承载力等问题，结果让当地村民苦不堪言。

4. 环境问题的滞后性

由于环境问题具有积累性、滞后性，所以，短期内，村民造成的生态破坏、资源浪费等不良行为带来的后果，并不能立刻就被发现。生态系统的差异性又会造成显现的时间长短不一，甚至受到突发事件的影响，造成这些问题需要更长的时间。所以，不少人就会产生错觉，认为自己的行为并不会对自然环境造成破坏，或者认为现在的后果并不是自己造成的来推卸责任。

四、结论和对策建议

（一）结论

综合分析以上因素，可以看出农村的生态环境遭到了严重破坏，农民的环

保意识急需加强。虽然农村居民对环境保护有一定程度的重视，对环境保护的知识能有基本的了解，但是农民的环保意识与环境保护的主观能动实践性并不高。因此在提高和巩固农民环境意识的内在和外在驱动力等方面，还需要政府、社会等外界因素的不断促进和监督。具体结论如下：

第一，农民对环保的问题重视程度并不够深刻，对生态破坏行为也不能做到及时制止，对于环境污染所带来的危害认识不够全面。甚至一些人为了追求经济利益，不惜让有污染的企业来村里建厂。

第二，村民环保意识行为能力需要加强。他们虽然能够认识到环保的意义和重要性，却因为嫌麻烦等理由拒绝改变。一些村民认为，即使自己将其付诸实际，但仅凭自己的力量，也改变不了现状，所以他们也只好选择随波逐流。所以在以后的宣传活动中，我们不仅要让人们意识到环保的迫切性，更要鼓励所有农民积极参与环境保护实践，完善监督和惩罚机制，让建设资源节约型、环境友好型社会理念深入人心，真正实现"村容整洁"。

第三，受年龄因素的影响，农民的环境意识存在较大差异。经过调查分析，村民的环保观念呈现两头高，中间低的走向。其中，年轻人的环保意识最强烈。老年人排其次。而 40～55 岁的中年人的环保意识调查情况却不理想。可见在以后的宣传教育中，我们应该根据不同的年龄层次的人，采取不同的方式手段，以实现最好的效果。

第四，环保实践，教育为本。笔者在走访中发现，科学文化素质越高的人，其环保观念越深刻，日常生活中对环保知识也更关注，农村中的党员团员以及高中、大学生都能够该把环保理念贯彻到日常生活中，因此，提高农民的科学文化素质和道德素质将是一条重要举措。

第五，政府的行为对提高农民的环保理念有着很大的带动作用。农村基层组织能否有效的组织开展环保工作、制定完善的服务监管体系，与村民提高环保理念、并把它付诸实践息息相关。发挥党员干部的模范表率作用，将是带动农民开展环保活动的重要驱动力。

（二）增强农民环保意识的对策建议

环保问题，需要每个人的支持与参与；农村问题，更需要农民的配合。面对农村恶劣的环境状况，提高农民的环保观念是每个人的责任。需要政府的监督和指导、媒体大众的宣传教育、企业团体的支持。为此，笔者总结如下几点措施，希望能唤醒社会群体的意识。

1. 加强农村环境教育建设，完善环保宣传体系

百年大业，教育为本。环境教育也一样。提高农民的环境意识，必须完善

农民的环境教育制度。扩大村民对生态环境方面的知识范围，甚至可以通过先进的科学技术，让农民亲身体验环境破坏所带来的严重后果，帮助村民改善生产生活各个过程对环境所带来的影响，鼓励村民勇于改变和创新。

多样化宣传手段，根据不同的群体制定不同的策略，采用不同的方法。例如，可以通过发放宣讲资料、组织青年志愿者活动、开展节能减排工作；或者设置宣传栏、画墙报等方式，来提高和带动村民的环保意识和环保实践行为。

2. 加强环境保护法律体系，健全环保监督制度

制定或调整有关生态保护方面的法律条文，通过执法手段来禁止人们生产生活中的违法行为；完善农村生态系统的检测与监管机制，让法律条文更具有可操作性。比如，可以设置环保意见箱，让广大村民能更便捷的提出自己的意见和建议，而且这一举措，也有利于乡村的民主政治建设。遇到严重破坏农村生态平衡的行为，要严厉执法，做到执法必严，违法必究。

3. 加大农业科技投入，发展高产高效优质绿色的现代农业

由于土地资源的稀缺性，所以我们必须既能合理又能最大化的使用农村资源。采用现代管理方法，科学规划，合理布局，有效的保护自然资源和生态环境。

分散落后的小农经营，它分散了农村的劳动力资源，也不利于生产技术的大规模使用和推广，在生态环境保护、农业生产成本控制等方面都有一定的限制。这就要求我们要适时地完善农业生产制度，完善土地流转机制，调整生产关系，使之更适应农村的生产力，适量的推广农村合作社等符合生产力发展要求的新型合作方式，发展生态农业。

总之，关注三农，努力提高农民收入，完善农村教育体系，培养现代农民，使环保观念深入人心，社会各个阶层的共同努力，从自身做起，从根本上改善农村的生态环境。

参考文献

［1］李亚军，李海燕，杨仕杰，刘延英．参与式环保调查——对都匀市坝固镇苗族风情寨村民环保意识的调查［C］．贵州师范大学学报，2003，31．

［2］冯超．个体型环境行为影响因素探究［D］．研究生学位论文，2012 - 06．

［3］人民网 - 人民论坛．中国的/青春期烦恼：焦虑背后的中国社会变局，2010. 3. 16.

［4］陈丽，丁爱芳，刘存丽，孙菁，雍晓慧．公众的环保意识和行为调查及分析［J］．江苏南京 210000．

［5］王峰．关于农村居民环境意识的研究综述［A］．南京农业大学，江苏南京，2010 01 - 0116 - 05．

［6］宋倩．加强农村生态环境保护推进社会主义新农村建设［J］．中国人民大学环境

学院，2006 – 08.

[7] 高庆标，黄力华. 临沂市农村环境污染现状及综合整治 [D]. 005 – 4944（2009）03 – 0046 – 06.

[8] 严向远. 农村环境保护及村民环境意识现状调查——以湖南省平江县南江镇显高村为例 [A]. 长沙环境保护职业技术学院.

[9] 陈占峰，王春年. 农村环境保护中的政府行为分析 [A]. 三门峡职业技术学院学报，2007 – 09.

[10] 田利明. 农村媒介发展现状调查——以洛阳市伊川县白沙镇长寿村为例. http://www. docin. com/p – 705380527. html.

[11] 谭千保，钟毅平. 农民的非理性环境行为及其归因 [A]. 佛山科学技术学院学报（社会科学版），2006，05.4.

[12] 曹利军. 可持续发展评价理论与方法 [M]. 北京：科学出版社，1999.

[13] 张琦. 如何正确引导农民的环保意识 [J]. 农业经济.

[14] 徐文军. 生态治理中的农民环境行为研究 [C]. 西北农林科技大学，2012 – 05.

[15] 蔡守秋. 环境资源法学教程 [M]. 武汉：武汉大学出版社，2000.

[16] 康贝贝，李桂红，胡晓旗. 强化农民环境意识促进解决三农问题 [J]. 农业经济，2005，（11）1.

[17] Redman, Mark；Graham Merrington, Merrington；L. Winder Agricultural Pollution Environmental Problems and Practical Solution [M]. Spons Architecture Price Book. 2002.

[18] Al – Ahab, M；El – Shorbagy, W；Al – Ghai, S. Oil Pollution and Environmental impact in the Arabian Gulf Region [M]. Elsevier Science & Technology. 2005.

教师讲评

近年来，随着农村经济的快速发展，农村环境问题越来越成为制约农村经济进一步建康持续发展的瓶颈，而农民环境意识偏低是造成这种现实情况的重要原因。作者深入河北省唐山市大杨官营村，对 200 户当地农户进行了走访调查，对当地农民的环境意识现状进行了较为深入的实地调查，并从个人和环境两方面分析了农村居民环境意识淡薄的主要原因，最后提出了增强农民环境意识的相关对策建议。文章结构安排合理，调研比较充分，基本涵盖了农民环境意识的主要方面。但在对策建议方面内容有些单薄，应该进一步加强，使其具有一定的可操作性。

第四部分 农产品营销篇

13

迁安市乐丫农产品品牌营销策略研究

农林经济管理 1001 班　马秋颖／指导教师：葛文光

摘　要： 在农产品竞争日趋激烈的背景下，如何高效地进行农产品营销成为一个越来越主要的问题。农产品品牌化经营作为一种营销理念和营销方式，已成为了一种解决农产品"买卖难"以及提高农民收入、提高农产品市场占有率的重要营销策略。本文对于河北省迁安市乐丫农产品开发公司（以下简称乐丫）农产品品牌经营作了比较系统的探究，探讨了农产品品牌经营的概念、价值，揭示了品牌经营的在提高农产品竞争力、提高农民收入等方面的战略意义，并对乐丫的经营进行了 SWOT 分析，分析了其农产品营销的现状、面临的机遇和挑战，探讨了农产品进行品牌化经营的有效途径。

关键词： 农产品品牌化；竞争力；SWOT 分析；农业产业化

引　言

探索有效的农产品经营方式已成为我国农业发展必然选择。农业的品牌化经营作为一种新的经营理念和经营方式，是提升农产品品质和市场占有率的一个重要手段，加强农产品品牌建设将极大提升农产品的市场竞争力和附加值，有利于开拓国内外农产品市场，有利于提高农产品附加值，从而增加农民的收入，并且对于推进农业产业结构调整，加快农业产业化、现代化和社会主义新农村建设具有重要意义。河北省迁安市乐丫农产品开发有限公司自成立以来，在特色农产品营销方面取得了巨大成就，不仅将乐丫品牌打造成河北省优秀农产品品牌，同时也创造了可观的社会效益和经济效益。但是，通过对乐丫发展现状的分析，其在品牌建设方面还存在一些不容忽视的问题，为了推动乐丫品牌建设，使其成为知名度更高、质量安全可靠、更具有强市场竞争力的农产品品牌，本文将针对其发展现状给出相关对策和建议。

一、农产品品牌经营的意义

（一）农产品品牌化经营有利于现代农业的发展

1. 有利于提高企业产业化水平

一个农产品加工产业要想成为一个龙头产业，品牌化经营则是必不可少。通过品牌化经营、企业化的管理和市场运作，整合当地的农业区域资源优势，才能形成一个为大家所熟知的农产品品牌。然而，当这种品牌以其标准化、组织化的生产，有效的质量保证，独特的品牌文化，别具风格的包装占领更大的市场份额，为消费者所信任和熟知时，则会反过来更加吸引单独农户的加入，建立与当地农户相关联的利益分配机制，从而扩大企业的产业化规模，提高产业化水平。

2. 有利于推动企业不断进行创新

无论是从产品良种选择、加工技术，还是产品的包装风格和销售策略，抑或是产品的市场定位，都会促进企业整合当地各方面的资源和因素，通过不断的制定、创新、更改、再制定，使自己的品牌形象和优势得到更大程度的彰显。由此，企业的产业结构也会随之变得更加成熟和先进，更加适应市场的需求。

3. 有利于促进现代农业的发展

当一个企业产业化水平提升时，会更加注重的是与当地资源的融合、与其他相关产业的结合，则会促进品牌理念层次的上升，会更加着眼于与周围环境相结合、与现代农业相联系、与整个农业经济相关联，从而促进现代农业的发展。

（二）农产品品牌化经营有利于农民增收

在这个农产品大市场中，众多的农产品生产者"卖难"以及如何提高农民的收入成为了一大难题。究其原因，有很多，例如产业结构不尽合理，以种植业为例，粮食作物占很大比例，而经济作物则占很少比例，然而，众所周知，粮食作物的需求价格弹性往往是小于1的，即当农产品的价格发生变化时，农产品的需求往往是缺乏弹性的，因此在纷繁复杂的大市场中，单个的农民没有太多的话语权，如果再不拥有自身的产品优势，则更是缺乏竞争力。另外，近些年来，消费者在购买农产品时更注重品质、口感、营养等价格之外的因素，而普通的农产品产品质量并没有很好的保证，在品质、口感、营养成分、生产标准乃至农药残留并不能很好的迎合大市场的需求，导致滞销。除此之外，农民在销售农产品的时候，缺乏先进的营销理念和营销方式，很少能够获得自己产品辨识度，很难在市场上树立知名度，这也是导致农民收入不稳定的原因之一。农产品品牌化经营则是提高农民收入的一大解决途径。

品牌化经营更多的是企业化经营，规模化和标准化生产，通过农户＋协会＋公司等生产营销模式形成贸工农相衔接、种养加一体化、产加销一条龙的经济管理体制和运销模式，最后能够形成与大市场最新需求相匹配、与现代流通、大产业相关联的现代农业生产布局。这大大解决了农民缺乏市场信息、生产不标准以及销路难觅的问题，能够大大的保证农产品的销售，增加农民收入。

另外，通过创立农产品品牌，使得农产品赋有自己的市场理念、销售模式及产品特色，能够在市场中提高信誉度，大大树立品牌形象，建立稳定的客户群，扩大市场份额，提高农民收入。

（三）品牌化经营有利于提高农产品市场竞争力

随着农产品贸易自由化的推进，中国农产品国际贸易快速发展，但同时也给广大农产品生产者带来了除国内的竞争压力以外的来自全球的市场竞争压力。然而，当面对更大市场时，要想在竞争中保持优势，则农产品品牌化经营至关重要。

1. 有利于根据国际需求结构定位产品优势

要想提高农产品国际市场竞争力，则必须不断的根据市场需求信息调整生产布局，同时也要以品牌形象积极参与国际竞争，减少同类产品的替代程度，找到自己商品的优势和特性，从而产生产品本身的差异性，提高市场竞争力。

2. 有利于提高农产品整体素质

自世贸组织成立以后，虽然农产品的关税有了大幅度的下降，但是非关税技术性壁垒却显著提高。很多发展中国家所生产的农产品难以满足发达国家安全卫生质量要求，然而通过品牌化经营，可以通过广泛实施农产品名牌战略，规范生产线，不断推荐生产技术和设施的创新，加大对农产品质量和品质的监督和管控力度，从而提升农产品整体素质，提高农产品市场竞争力。

二、迁安市乐丫农产品有限公司概况

（一）公司规模

迁安市乐丫农产品开发有限公司始建于 2005 年 5 月，总部位于迁安市扣

庄乡刘家村村西。下设占地 500 亩的凤凰山庄生态科技示范园、占地 30 亩的
农产品加工厂、农产品专卖店（两家）、商贸公司、农家饭庄、迁安乐丫生态
文化产业园、唐山南湖乐丫开心农场（筹建中）等，总资产达亿元，拥有员
工 300 多人，2006 年被评为唐山市级农业龙头企业，2009 年乐丫商标被评为
河北省著名商标。迁安乐丫生态文化产业园包括露天采摘区和核心景区两部
分，其中核心景区占地 112 亩，位于迁安市杨店子镇。园内设有：生态文化主
题餐厅、露天果树采摘区、温室果蔬采摘大棚、生态停车场、生态垂钓池、啤
酒花园、婚礼草坪、创意农业生态会所接待中心、智能型花卉手工艺展示大棚
和路网附属工程等。乐丫生态文化园把历史文化、农耕文化、绿色健康饮食有
机地结合在一起，形成了一个集采摘农业、观光农业为一体的具有区域标志性
的生态园林。

（二）公司发展历程

2000 年，现任乐丫董事长许晓冰还是迁安市委组织部为乡镇企业委培的
大专生，在科技局从事农业推广工作四年，当各种荣誉纷至沓来的时候，2000
年 12 月 8 日她离开了城市，回到家乡扣庄乡西晒甲山村，承包了村北的凤凰
山，开始了充满坎坷的创业历程。

承包初期，在用仅有一点积蓄和东挪西凑借来的钱交完承包费后，荒山开
发启动需要的一大笔资金却令她一筹莫展。后来，依靠信用社注入的启动资
金，请施工队打井上电，引水上山，在山腰修建近 1 000 多米长的水囤，没日
没夜的拉砖备料，请工匠，搞设计，建简易房，栽树育苗，栽蘑菇育种……经
过将近一年的时间，黄山染绿，事业发展露出曙光。昔日的荒山坡变成了林—
牧—能一体的生态园，并被国家科协和财政部命名为科普示范基地。它不仅成
为科技"聚宝盆"，还成了乡亲们开阔视野、增长见识的活课堂。

2007 年，在原有建成的林—牧—能一体化的生态链条基础上，引进以
"林菌结合"、"昆虫养殖"与"柴鸡散养"等为核心的生态循环农业生产模
式。目前水电齐全，拥有核桃、板栗、大枣等优质树种 1 万余株。散养柴鸡
7 000 只；散养蝇蛆立体养殖 400 立方米；空间林菌结合示范场 20 亩；优质苗
林 40 亩；杂粮种植 20 亩；沼气池 200 立方米；生物灯 6 盏。园区已形成了一
个高效推广、培训、经营、示范机制，成为农民学习技术、开阔视野的"活
课堂"。

2008 年以来，乐丫公司不断延伸产业链条，始终坚持"绿色产业、健康
人生"的经营理念，坚持"扎根于农村、服务于农民、发展农业、打造精品"
的服务宗旨，坚持走"公司＋协会＋基地＋农户"的产业化模式，不但成立

了"迁安乐丫产品加工协会"、"迁安女能手协会",而且以协会为纽带带动农民发展订单生产基地 20 000 亩,带动农民近万户。2012 年为女能手会员订购图书《农家女》600 册,并为扣庄乡任庄村组织果树剪枝技术培训。2013 年面对国家经济宏观调控的乐丫公司也积极谋划企业转型,特色农产品由原来的礼品农业转变为大众产品,如花生油、石磨面粉,通过超市走进千家万户;特色餐饮在原有的优美环境基础上推出大众菜肴,让更多的人走进乐丫。

(三)公司经营理念

俗话说:"五谷为养,五果为助,五畜为益,五菜为充,气味合而服之,以补养精气","粗茶淡饭能延年益寿"。随着社会经济发展和人们生活水平的提高,大家对健康的、绿色食品的呼声越来越高。为此,公司立足农村,放眼市场,经常去北京、山东、山西等地考察,积极探索农副产品的生产、加工与销售方向。在充分调研的基础上,形成了低温石碾杂粮、石磨面粉、核桃深加工等三条特色生产线。加工厂主要生产石碾小米、秫米、玉米面,石磨面粉、黏面、豆面,精品核桃油、各种风味休闲核桃仁等系列产品,均是精选优质新鲜粮食做原料,用古老的石碾、石磨经过传统的加工工艺所精制而成。不含任何添加剂、增白剂、原色原味,常年食用有降血脂、血糖、生津养颜的保健功效,有回归自然之功效。是一种理想的纯天然无公害食品。

三、乐丫农产品品牌化经营的现状

(一)营销网点分布

乐丫特色农产品超市是集全国各地特色名优特农产品、散粮、杂粮、食用油类、有机蔬菜、熟食、蛋奶类、烟酒、日化系列等产品为一体的营销中心,营养搭配,健康生活,这里将是家庭健康餐桌的首选之地。公司利用自己所拥有的石碾杂粮、石磨面粉、食用植物油三条生产线,提供石碾杂粮、有机石磨面粉、核桃油、板栗仁等 20 多种特色农产品。目前,乐丫农产品产品不仅在迁安市家乐、东购等各大超市有多家直销店,还已成功进驻唐山八方购物、秦皇岛金源等,销售网点已达 120 多个。

2014 年,迁安市乐丫农产品有限公司成立了新的分公司,分公司是集特色农产品营销中心和营养快餐配送中心为一体的营销配送公司。全场营业面积 500 平方米,地理位置优越,交通便利。

（二）主打特色产品

"乐丫"牌核桃。该产品已通过国家绿色食品认证机构认证。公司与北京营养研究所合作，完成了核桃的营养全面开发。其系列产品包括：精品核桃油、琥珀核桃仁、美味椒盐核桃仁。核桃油是国际上公认的健康木本植物油，精品核桃油采用独特的常温物理压榨工艺，不添加任何化学溶剂，完全保留了核桃的纯天然品质。核桃油既富含丰富的维生素 E，又富含不饱和脂肪酸，不饱和脂肪酸含量高达 90%，主要是亚油酸、油酸、亚麻酸，其中亚油酸和亚麻酸是人体必需且身体不能合成的必需脂肪酸，必须从食物中获取。核桃仁按照科学的配方，经过先进的生产工艺加工而成，品味鲜美、营养丰富。

"乐丫"牌板栗。该产品也已通过国家绿色食品认证机构认证。其系列产品包括："乐丫"牌栗子仁。它味道甘甜芳香，营养丰富，含有人体所必需的蛋白质、脂肪、淀粉、胡萝卜素以及微量元素。有"益气、厚肠胃；补肾气、令人耐饥渴"之功效，是食药两用食品，老少皆宜。

"乐丫"牌石磨石碾传统加工系列产品。主要包括：石磨面粉、石磨黏面、石磨豆面、石磨甘薯面；石碾小米、石碾秫米、石碾玉米、杂粮等。原料均产自燕山半山区无公害生产基地。新鲜粮食，再经传统石磨石碾低温加工而成，保持了粮食原有的营养成分和风味。产品富含优质蛋白、膳食维生素和人体必需的氨基酸以及丰富的微量元素。

（三）品牌营销效益

1. 社会效益

截至 2012 年，乐丫公司共收购、加工、销售板栗 125 吨，核桃 360 吨，各种杂粮 600 吨，干菜和水果共 80 吨，而且收购价比市场价还高（就有机花生来讲，收购价格比市场价格高出 20%），很好地解决了农民产品销售难题，成为农民与公司、农民与市场之间的桥梁，农业产业化的有效载体，为农民增收 300 万元，在推动农业和农村经济的发展中发挥了重要的作用。

2. 公司经营收益

自 2005 年乐丫农产品开发有限公司成立以来，经营品种不断增多，陆续推出乐丫牌的鸡蛋、杂粮、粉条等产品，开店第三个月的营业收入达到 30 多万元，相对于品牌创立之初，利润额整整翻了两番。另外，品牌化的经营使得乐丫农产品在注重生产数量的同时更加注重质量的提高，通过科学、规范化的经营管理，该基地的板栗、核桃、大枣、鸡蛋都已通过国家绿色食品认证，使基地的农业生产获得了较好的经济效益，年销售额达 120 万元，可获纯利 30 万元，不仅提高了销售收益，同时也扩大了市场份额。（如图 13 - 1 所示）

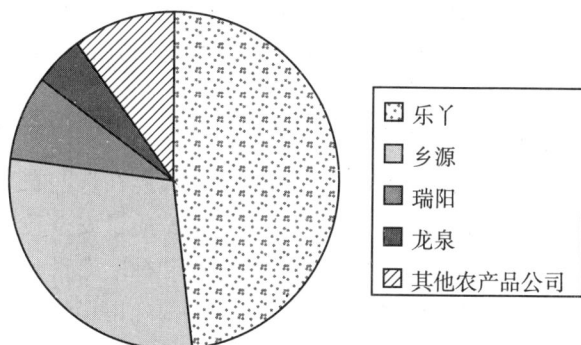

图 13 - 1 迁安市农产品销售公司市场份额图

（四）乐丫农产品品牌营销 SWOT 分析

1. 乐丫农产品所有的优势

农产品资源丰富，区位品牌化基础较好。迁安市具有大量特色农产品，诸如核桃、板栗以及各种新鲜果品和杂粮等，这是创造品牌化差异和形成核心竞争力的天赋资源。再加上有多种具有区域生态型和传统文化特色，为发展区位品牌提供了基础资源。

产业链优势。近年来，迁安市大力进行农业产业结构调整，通过区域化布局和专业化生产，形成了较完整的产业链，为当地农业经济品牌化运作，提升其市场竞争力奠定了基础。商贸公司、农家饭庄、迁安乐丫生态文化产业园、唐山南湖乐丫开心农场（筹建中）等乐丫公司其他相关产业也能很好的为品牌建设提供渠道。

2. 乐丫农产品所面临的劣势

农产品生产经营者观念滞后，品牌意识淡薄。品牌经营手段单一，品牌组合、品牌延伸等策略应用较少。市场经济观念还比较落后，对于品牌的保护意识更是淡薄，很多农产品生产组织缺乏品牌管理经验，没有对自创品牌实施有效的法律保护，造成竞争对手合理盗用品牌的现象。各种假冒伪劣产品充斥着广大的城市和农村市场，各种侵权现象也屡见不鲜，导致合法的品牌产品权益得不到有效的保障。

农产品品牌缺乏整合和规划。没有全面系统的品牌规划，渠道单一。品牌知名度和美誉度的提高是品牌价值得以实现的必要前提，这一切都离不开各种形式的宣传。由于农产品属性，单位价值较低，需求价格弹性较低，品牌效益短期内难以显现，品牌认知和识别困难，品牌建设费用投入大，见效慢，这也是制约农产品品牌快速成长的重要原因之一。另外品牌战略未进入农业企业和企业家的核心理念，同时他们也缺乏成熟的品牌运作方式，忽视对优质品牌产品的策划和宣传。

农产品生产缺乏标准化和系统化。一个农产品，要实现品牌化，必须要有优秀的质量保证。在当今时代，营养和健康成为人们在选购农产品时考虑的重要因素。虽然乐丫农产品有些产品已经得到了国家质量安全验证，但是制定和实施农业产前、产中、产后各个环节的工艺流程和标准衡量，生产过程中的系统化和标准化还有待加强，使其更加符合国家和国际市场的标准，更能满足农产品对消费者需求的满足程度。

科技含量偏低，缺乏深加工。大多数农产品虽然注重了其生产的工艺、程序等方面的问题，但是总体来看农产品加工还基本停留在粗加工上，精深加工产品以及二次增值产品很少，一些高科技产品、名牌农产品更少，并没有形成很大的生产规模，也没有形成能产生更多附加产值的生产线，从而使得农产品品牌建设并没有得到很好的实施。

3. 乐丫农产品所面临的机会

新型农业的发展为农产品品牌建立提供更多机会。随着科技的发展和居民生活水平的提高，农业生产出现了越来越多的形式，如观光农业、生态农业、绿色农业等。并且乐丫生态文化产业园、唐山南湖乐丫开心农场（筹建中）等乐丫公司其他相关产业的带动也能帮助品牌打造。

农产品零售交易的场所的变化。以前，市民购买农产品主要集中在农贸市场，从一些零散的商贩手里购买，但是随着现在超市功能的日益齐全，市民们更多采用超市一站式购物，即从超市里边一次性购买所需产品。而这种农超对接、超市销售的方式能够为农产品占据更大的市场份额，提高市场占有率，更有利于通过超市打广告的方式进行农产品品牌建设。

电子商务的迅猛发展为农产品品牌建立提供了更便捷的途径。互联网的应用，为农产品的流通和品牌建设注入了新鲜的血液。这使得公司在传统模式下的农产品对手交易到通过互联网对周围各种资源的整合和利用、利用先进的技术搭建农产品销售信息平台，进行网上交易有了更为得力的帮助。

4. 乐丫农产品所面临的挑战

通过市场调查，在迁安市还存在一些其他小型品牌的农产品，例如乡源农产品等。通过乐丫农产品与其他的农产品对比，发现各品牌农产品在销售农产品种类、主打特色农产品、农产品生产标准等方面，乐丫并没有形成鲜明的特点和独特的产品优势，分散了消费者很多的注意力，因此所面临被模仿和被替代的风险还是很大的。另外，来自国外进口农产品的压力也不容小觑，加入WTO后，外国农产品以其高质、低廉的优势更多入侵中国，构成了本土农产品品牌不小的竞争压力。

四、乐丫农产品品牌营销的建议

（一）从政府的角度来看

1. 大力推荐产业化

政府加强土地产权制度改革和土地流转制度，是土地项生产经营大户集中，推动农业生产规模化从市场需求和当地优势出发制定和实施积极有效的农业产业化政策，建立起能够适应市场需求的、较为完善的市场体系，从而积极引导农民走产业化发展道路，正确引导农业生产经营者自觉按照市场需求组织生产，整理和利用当地的资源优势、区位优势、产品优势和技术优势等，推动农产品的生产规模化、区域化和专业化的发展。

2. 通过资金和技术创新经营运作形式

以壮大农产品企业实力为着力点，加大对农产品生产经营的资金和技术支持，引导企业树立品牌意识，强化企业经营者生产和销售过程中的监控和技术辅导，推进农产品企业质量标准生产、科学管理体系，创新经营管理机制，帮助企业拓宽销售渠道，丰富经营运作形式，辅助企业参与国内国际竞争，从而提高农产品竞争力。

3. 依法制规范农产品市场

在农产品品牌创建过程中，有很多打着品牌旗号的伪劣农产品，这对农产品的品牌塑造存在极其恶劣的干扰。这就要求政府加大监督检查力度，对一些冒用品牌的生产者依法惩处，净化品牌生长环境。同时定期对农产品生产经营主体进行法律方面的培训，强化主体自律意识，加强品牌质量保证和诚信体系建设，从而保障品牌安全的成长环境。

（二）从生产经营者角度来看

1. 树立品牌意识

在当前的现实情况下，农业企业和生产者要树立品牌意识，充分认识到品牌在市场竞争和企业发展中的巨大作用。树立强烈的品牌意识是实施品牌战略的基础，尤其是企业家和企业管理者的品牌意识如何，决定了品牌战略的制定与实施，关系到品牌建设的力度和深度。还要注册电子域名，抢先获得品牌发展的电子空间。

2. 拓宽销售渠道

农产品品牌缺乏整合和规划制定有效合理的营销组合，完善产品营销网络和物流配送体系。在传统的产品直销店的销售主体上，利用先进的、便捷的网络技术搭建网络销售平台，运行电子商务，在网络上实施农产品的交易，打破因地域、时间的因素而导致的农产品销售难。在农产品供应链的管理中，也要考虑食品安全的需要，做到从生产基地、加工、包装、检验、运输五大环节着手确保绿色经营。在政府部门支持下，开辟高效、环保、节约的运输绿色通道。

3. 产品研发上

（1）大力实施农产品生产标准化

大力推进农产品生产标准化，广泛采用国际标准和国内生产标准，严格制定和实施农产品在产前、产中、产后的各环节的技术准则和操作规范，从而实施农产品标准化生产。着力加强生产基地建设，把创立农业生产标准化示范区、生态农业示范区、高校科技示范区和优秀农产品生产营销基地和农产品品牌建设有机结合起来，争取做到质量标准、过程规范、市场监测完备，从而夯实农产品品牌建设基础。

（2）依靠科技创新提高农产品的科技含量及质量

一个农产品品牌的创建，需要在生产技工的各个环节加大科技投入，不断提高农产品的科技含量，不断根据市场需求，引进新品种、新工艺，在产品的加工、包装、运销等环节，多多开展技术公关，完善冷藏保鲜及包装技术，延长产品的消费时效。

参考文献

［1］魏文川．方姗．基于生命周期理论的农产品品牌塑造理论．《农业经济》，2011（03）18.

［2］赵晓玲．农产品品牌化经营．黑龙江大学出版社，2009（9），13～14.

［3］张蓓．齐文娥．从经济学视角看农产品品牌营销．《商业研究》，2006（18）43.

［4］赵峻樱，赵柄灵．农产品品牌营销与农业可持续发．《艺术文化交流》，2013（2），221－222.

［5］邹涤．发展农产品品牌的若干思考［J］．品牌与营销．2006（3）.

［6］肖双喜．徐玲．农产品品牌建设探索［J］．乡镇经济．2003（6）.

［7］柯炳生．提高农产品竞争力：理论、现状与政策建议［J］．农业经济问题，2003（2）.

［8］迁安年鉴．迁安主要农产品成本效益分析，2013，56.

［9］河北农村统计年鉴，2012，135.

［10］徐敬俊.基于完全竞争市场特征和需求弹性缺乏的农产品品牌营销分析.《中国海洋大学学报》，2011（06）67.

［11］晋雪梅.我国农产品品牌成长环境的 SWOT 分析.《生态经济》，2010（3）：85～87，92.

［12］杨映辉.论中国农业品牌化问题［J］.《农产品加工》，2005，（6）：7–9.

［13］王新新.新竞争力：品牌产权及品牌成长方式.长春出版社，2000，56～57.

［14］王宇波.马士华.我国农业产业化进程中农产品供应链管理的几点思考.《物流技术》，2004（11）.

［15］张志鹏.马永青.河北省实施绿色农产品名牌战略的对策措施.《广东农业科学》，2011（18）33.

教师讲评

　　文章通过对迁安市乐丫农产品开发公司的调查，分析了乐丫的营销理念，并通过 SWOT 分析法，对其农产品营销的优势、劣势、机遇和挑战进行了一定的分析，提出了该公司进行农产品品牌化建设的对策建议。文章结构清晰，逻辑严谨，资料翔实，所提建议对于乐丫提升农产品营销理念，进行营销策略创新具有一定的指导意义。

沙河市生鲜农产品营销渠道优化研究

农林经济管理 1001 班　姚红召／指导教师：葛文光

摘　要：随着经济发展和人民生活水平提高，人们对生鲜农产品的需求量越来越大，要求越来越高，传统的农产品营销渠道已经不能适应农产品营销发展的需要。本文运用文献研究法、实地调查法，对沙河市生鲜农产品的营销渠道进行了系统的研究，发现其存在营销渠道过长、渠道参与主体竞争力较弱、渠道技术落后等问题，针对这些问题分别提出了建设公益性批发市场、提高农户生产的组织化程度、提高物流和保鲜技术水平等对策，并对沙河市生鲜农产品营销渠道模式的构建提出了建议，希望能对沙河市生鲜农产品营销起到指导作用。

关键词：生鲜农产品；营销渠道；优化；沙河市

引　言

20 世纪 90 年代以来，经济体制的转轨使我国农业走上了市场化的道路，农业发展已从单纯的受自然资源的约束向受自然资源与市场需求的双重约束转移，而且市场的约束越来越成为其中的主要矛盾。以市场为导向的流通体制活跃了农产品交易市场，促进了现代农业的发展，提升了农产品的附加价值，提高了农民的收入水平。但是，中国农产品特别是生鲜农产品的交易市场频频发生"买难"、"卖难"交替出现，甚至"买难"、"卖难"同时出现的尴尬现象。

生鲜农产品不像其他产品，从生产到消费有一定的间隔期，且由于自身存在易变质等先天性缺陷，促使生产出来的生鲜农产品需要及时被消费掉；但最主要的问题是，生鲜农产品的流通渠道一直遭受城乡不对接、产销不衔接、运输贮存不到位的矛盾困扰，造成生鲜农产品在"最后一公里"不断被加价，严重扰乱了生鲜农产品的市场秩序，损害了城乡双向利益，阻碍了国民经济健康稳定的发展。

究其根源，有农产品营销体系不完善，农产品营销模式与农业市场化进程不适应等诸多原因，但毫无疑问，农产品营销渠道是农民实现农产品货币价值"惊险跳跃"的关键一环，农产品营销渠道体系是否完善，对于满足城乡居民的农产品消费需求、提高农户的经济收入和生产积极性，促进农产品生产持续发展、繁荣农产品市场有着重要的作用和意义。

一、现有生鲜农产品营销渠道模式与评价

（一）农户自主直接营销渠道

农户自主直接营销渠道是农户将所收获的农产品自己拿到集贸市场上直接销售到消费者手中。

农户自主直接营销渠道没有任何中间环节，成本相对较低，而且产品流通时间短，品质新鲜。但此模式中农产品市场供给较小，市场需求也较小，农产品的销量不大，这种营销渠道模式难以给农户带来很大实惠。

（二）以中间商为主的营销渠道

中间商为主的营销渠道模式是"农户＋批发商"，农产品从生产者到消费者通过多级批发商、零售商，最后流通到消费者手中。

这种模式是目前我国最主要的农产品营销模式，借助于批发市场将大量的农产品推向市场，农户是农产品的最初供应者，供应链模式中间流通环节多，从生产地至消费地，农产品质量处于阻断和不透明的状态，农产品在中间环节流转过程中层层加价，过多的中间环节导致一大部分利润在流通过程中被中间商瓜分，农户供应价格很低，最后到消费者的采购价格过高，而农产品作为生活中的必需品，消费者也不得不接受较高的农产品销售价格。因此，以中间商为主的传统营销渠道，既不利于农户市场地位的提高，更没有保护消费者的利益。此外，在食品安全呼声日益高涨的今天，中间商为主的营销渠道无法保障和跟踪追究食品的安全问题。

（三）合作性的营销渠道模式

合作性的营销渠道模式表现为"农户＋龙头企业"、"农户＋合作社＋龙头企业"、"农户＋供应商＋超市"、"农户＋合作社＋社区"等形式。

在这种模式下，农户与龙头企业或者超市、社区之间形成合作，通过签订订单式采购，可以形成长期稳定的农产品供应，企业和超市利用自身的生产销

售条件对农产品进行加工包装，形成农产品"产—加—销"的一体化销售模式，在提高农产品的附加价值的同时，也实现了农产品产业链的延伸，农户通过与企业、超市、社区的合作，可以针对性地进行农产品生产，避免农户自主生产下的盲目性。

二、沙河市农产品营销渠道现状和问题

（一）沙河市农产品营销渠道现状

通过实地走访和调查，发现沙河市当前的生鲜农产品营销渠道比较复杂，可谓"麻雀虽小，五脏俱全"。现以生鲜农产品市场上各参与主体的行为及其关系为根据，对沙河市几种营销渠道进行理论上的分类和评价。

1. 农户自产自销

农户自己生产和运输，主要通过农贸市场、直接摆摊设点与消费者面对面交易。在沙河市，最常见的是城郊、乡镇农户自行摆设小摊点或者直接到小区、街道进行叫卖，出售生鲜农产品。

在这种营销模式中，农户自产自销，不经过任何中间商，交易费用低，而且品质新鲜、交易地点灵活；但是这种模式的弊端如下：渠道辐射面小、半径小，农户难以准确把握市场整体的交易信息；因为其自身实力有限，提供的农产品季节性较强，无法实现充分调节供求的功能，来自于市场的不确定性给其带来的风险也很大。尽管如此，农户直销这种渠道在沙河这个县级市的生鲜农产品交易中仍是不可忽略的一个组成部分，有超过50%的受访者表示更青睐于选择这种方式购买日常生活所需的生鲜农产品，它也承担了沙河市15%以上的生鲜农产品分销量。

2. 多层中间商参与分销

收购商从农户手中收购生鲜农产品，并将收购的农产品倒卖给一级批发市场，再由一级批发市场销售给二级及以下批发市场，最后由零售商从批发市场采购农产品销售到消费者手中。

这种模式具有强大的农产品集散能力，通过各级中间商能及时把农产品推向市场，完成农产品在流通领域中所有权的转移。但是这种模式也存在不少弊端：单个农产品生产者所提供的产品数量占总供给的比重微乎其微，农户在近似完全竞争的市场中，只能是市场价格被动的接受者；中间商主要以农户产品贩卖为主，未经加工、包装的农产品从生产者经众多中间环节到消费者，社会交易成本高，农产品价格被反复提高；市场参与主体众多，成分复杂，易造成市场秩序混乱，哄抬物价、短斤少两、掺假卖假等行为的出现，严重损害消费者利益。虽然多层中间商参与的分销渠道存在诸多弊端，但因其强大的市场集散能力，该模式仍然是沙河市生鲜农产品营销渠道最主要的形式，承担了沙河市65%以上的生鲜农产品销量。

3. 零售商为主的生鲜农产品分销渠道

生产基地直接向农贸市场或者连锁便利店销售，销售商与生产基地建立长期的产销联盟。在这种模式中，生产基地和零售商是合作关系，一方面生产方根据零售方需求生产对应农产品，具有了生产指导性，保证了产品销路；另一方面零售方有了可靠的货源，并且能够保证农产品的质量。

在沙河市常见的是商贩从生产基地进货之后到农贸市场批发出售；此外还有沙河市玉龙土特农产品公司直接与部分农户签订购销协议，农户生产的土特农产品都会经由该公司包装之后在其下属的专卖店向消费者直接出售。随着超市行业近几年的迅猛发展，生鲜农产品也开始进军超市，消费者亦因为超市的标准化、规模化和舒适的购物环境，而越来越多的去超市选购生鲜食品。但是目前沙河市并没有出现生产基地直接与超市签订购销协议的案例，究其原因就是生产基地规模化和组织化程度低，市场化意识不强。生产基地＋超市的分销模式下一步可以在沙河市创造条件进行推广。

（二）沙河市农产品营销渠道问题

1. 营销渠道过长、渠道成本过高

多层中间商参与的分销渠道在沙河市承担了65%以上的农产品分销任务。但是这种营销渠道是从生产者开始，经过产地、中转、销地多级批发商，再到零售商，最后才到了消费者手中，渠道长度通常为4到5级。渠道层级多、长度长，带来了一系列问题：第一，农产品从生产者到消费者，由于营销渠道过长，价格差非常大。第二，多级渠道导致流通时间长，造成了农产品的变质和损耗。

根据实地调查发现，在沙河市市区各零售店的蔬菜零售价格较沙河市菜市场批发价格平均高出20%，农村蔬菜零售价格较批发价格更是高出35%。由于沙河市地形东西狭长，市区在沙河市东部，从市区批发市场运输来的农产品到达西部农村价格上升的更加离谱，举例说明：同季节西瓜在东部等平原地形价格只有2元/公斤，而在西部丘陵地形的农村，价格就至少要在3元/公斤以上，中间除了因为交通成本上升，还有一层重要原因就是从市区东部批发市场到西部农村零售商多了一层处于垄断地位的批发商。

生鲜农产品本身就具有易腐蚀变质的特点，从生产者到消费者手中经历越

长的时间和过程，产品流通中损失的价值就越大，但是这一切损失最终还是会通过各级分销商以提高价格的形式转移给消费者。从贯穿沙河市东西部的省道324由西向东进入市区，马路边的土沟里经常会有各村零售商倾倒的腐烂的农产品，为了维护稳定较高的产品价格他们宁肯抛弃这些快要变质蔬菜水果也不会降价处理，这一切损失无疑还是通过提高农产品价格再次转移给消费者。

2. 渠道参与主体竞争力较弱

在沙河市，农产品的渠道参与主体全部是个体和私人，人数过多，较为分散，限制了农产品规模经济的发展。这些都导致了营销渠道参与主体的竞争力比较弱，具体表现在两个方面：一方面是生产者文化素质偏低，往往依据以往的经验来判断，缺乏科学生产和经营的理念；根据对沙河市果蔬种植户和畜禽养殖户的抽样调查显示，30%以上的被调查者是根据往年的生产经验来安排新一年的生产经营，50%的被调查者则表示自己是跟风生产，别人种（养）什么自己就跟着做，只有剩余不到20%的人表示会经常关注一下新闻报道或者从收购商等渠道了解一下市场信息；另一方面则是多层中间商为了维持各自利益最大化，压低农产品收购价格，抬高农产品销售价格，因此造成"产地过剩、销地短缺"的怪现象。

3. 营销渠道技术落后

"新鲜"是农产品的生命和价值所在，运用保鲜技术是农产品渠道中十分重要的技术。农产品含水量高、保质期短、极易腐烂变质的特性对渠道的交易时间和保鲜条件提出了很高的要求。环节较多、保鲜手段不健全是造成质量问题的主要原因。

目前沙河市农产品营销渠道技术含量仍处于低级的阶段，从储藏技术上来讲在沙河市一级批发市场上冷藏保鲜规模相对较小，保藏技术仅仅限于生鲜肉类食品上，对蔬菜水果等农产品缺乏重视，没有大规模储藏蔬菜水果类农产品的冷库。这一方面导致了水果蔬菜等农产品腐烂变质造成的直接经济损失，另一方面在个别农产品供大于求，销路无法保障的情况下不能以低价大量储藏农产品等到行情好转时高价售出以挽回部分损失。

三、生鲜农产品营销渠道优化对策与模式建议

（一）针对渠道问题，优化处理

沙河市生鲜农产品营销存在渠道过长、渠道参与主体竞争能力弱和渠道技术落后等主要问题，只有抓住这些问题的关键，从根本上予以解决才能达到优

化生鲜农产品营销渠道的目的。

1. 建设现代化、公益性的农产品批发市场

渠道过长、成本过高从根本上来说是因为各级批发市场基础设施建设不完善，市场信息不流通导致的。据沙河农业信息网显示，沙河市生鲜农产品有65%左右是通过批发市场进行集散，其重要性不言而喻。在沙河市只有一个正规的大型农产品批发市场，而且是通过招商引资建成，市政将其作为普通商业设施来经营，以盈利为目的。在这样的管理体制下，收费成为这唯一的批发市场赖以生存的手段。在沙河市农产品批发市场，摊位费最低每年8千元，还有进场费、管理费等一些杂乱收费，这些费用最终都会转嫁到消费者身上。过度的市场化导致批发市场在发展中出现许多问题，如恶性竞争、基础设施差、集散能力弱等。新型农产品市场的建立迫在眉睫。

批发市场的建立首先要以公益性为前提，对各农产品批发商准入资格进行设定，服从统一管理、资历深、有良好从业素质的人优先进入。公益性批发市场取消了批发商的摊位费，一定程度上降低了批发商这一环节的渠道成本；其次各批发商必须服从批发市场的管理规定，禁止盲目抬价、恶性竞争，维护良好的交易秩序。

批发市场基础设施要实现现代化。首先要有适度规模的冷库供各批发商存储生鲜农产品，一方面保证产品品质新鲜，降低生鲜农产品的自然损耗，另一方面是规模化的冷库较之分散的小冷库消耗的成本更低。其次，批发市场要真正成为集散生鲜农产品的核心枢纽，配备物流调度中心，提高物流效率。最后，批发市场要有信息采集和发布中心，对农产品市场行情和农产品价格波动进行及时发布，对所有参与到生鲜农产品营销渠道中的成员起到指导性作用。

2. 提高生产的组织化程度

无论是农户自产自销还是多层中间商参与分销的营销渠道，一家一户分散经营的农户在市场中始终处于被动接受价格的不平等地位。为了提高农户作为生产者在市场中的议价能力，提高生产目的性，必须组织农户加入农业专业合作社或者地区行业协会，以达到提高生产组织性的目的。

截至2013年年底，全市农民专业合作社达到12家，统计入社农户约1.5万户，占全市农户总数的20%。但是这些合作社基本上没有达到提高农民生产组织化的标准。沙河市接下来除了要鼓励农户创办和加入合作社组织之外，更重要的是要培养一批有文化、有领导组织能力的新型合作社经纪人，市农业局要提高市场行情的分析和预测能力，组织农户进行有目的、有组织性的进行生产安排。

3. 提升物流技术和保鲜技术水平

大部分的生鲜农产品都是属于保鲜期相对较短，容易腐烂和变质的产品。提升农产品的保鲜度水平和物流配送过程中的保鲜技术都对保证农产品的竞争度有重要的作用。

首先必须配备农产品保鲜的基础设施如冷库，尽量通过先进的科学技术延长农产品的保质期和保鲜期。其次，对农产品进行安全适量包装，避免在运输过程因为天气或路况的原因造成损坏。必须简化过去错综复杂的物流系统，提高渠道的效率。以现代化的农产品批发市场为主体，大型超市和连锁店为终端的农产品配送体系，来取代现在落后的农产品批发市场体系，建立先进的物流配套系统，可以实现本地区的农产品营销渠道向扁平化，集约化，效益化的方向迈进，可以让沙河农产品在未来市场中占据有利位置。

（二）营销渠道模式建议

1. 农超对接模式

所谓"农超对接"，就是农民与超市直接对接，进行农产品的买卖。前文中已经提到消费者因为超市的标准化、规模化和舒适的购物环境，而越来越多的去超市选购生鲜食品，加上沙河市目前拥有华联、大东方、家乐园等多家大型超市，因此农超对接模式同样可以在沙河市实行。

合作社作为农民利益的代表者与超市签订协议组织生产，为超市提供稳定可靠的生鲜农产品供给，这种模式能实现生产者、超市、消费者的三方共赢。首先，它能够为生产者有效地规避市场风险并使其获得稳定的收入。因为，超市具有较强的信息优势，比较容易及时、准确地获得市场需求信息，生产者与其合作，可以按照订单进行标准化作业，避免盲目生产。其次，它为超市提供稳定的供货渠道，并通过缩短中间环节，可以使超市获得较低价格的农产品。最后，该模式为消费者带来的效益更为直接可观。它不仅可以降低消费者对农产品的采购成本，更重要的是，它能够满足消费者对农产品质量安全的需求，保护消费者健康，提高消费者生活质量。

2. 农校对接模式

2009 年，国家教育部、农业部和商务部联合发出通知，决定在七个省市开展鲜活农产品基地直供高等学校食堂第一批试点工作，简称"农校对接"。"农校对接"是国家继"农超对接"之后推出的又一项鼓励农产品产销一体化的直销型流通模式。沙河市教育产业相对发达，每年仅在校食宿的高中生就有约 1.2 万人，加上其他职业技术学校、中小学、幼儿园等，可以看出沙河市各学校也是生鲜农产品的庞大消费群体，为生鲜农产品提供了又一片广阔的市场。

在农校对接模式中，合作社同样作为农民利益的代表者，政府要发挥主导作用，积极推进农校对接的建立。农校对接模式建立后，高校食堂和合作社或农户建立合作关系，有效解决生鲜活农产品的销售难、储存难的瓶颈，减少流通环节、缩短流通时间，有利于降低新鲜食品的腐烂量，减少农产品储运及销售过程中的损耗和代理中介费用，提高农产品流通的效率，规避农产品滞销和贱卖的风险。同时可以降低学生食堂的采购成本，保障食品安全。

3. 农企对接

沙河市目前已有多家农产品销售公司建立了自己的产品直销店，其中尤以沙河市玉龙生态农产品开发有限公司规模最大、实力最强，目前已在沙河市区及邢台市其他各县建立了农产品专营店。

农户通过与企业建立稳定的供销关系，为企业提供符合标准的农产品，一方面保证了农产品顺利销售，另一方面也有利于农产品生产向标准化发展。企业制定产品收购标准，接收农户的农产品供给，可以保证产品的质量达标，再通过对农产品的适当包装，提升农产品交易价值。

4. 生鲜农产品物流配送服务

前文提到沙河市东西部生鲜农产品价格差异较大的问题，究其根源在于各分散零售运输成本较高、零售商中间赚取高额价格差利润。农产品价格高必然影响需求量，也难以满足消费者的消费需求。因此有必要为西部地区提供专门的生鲜农产品配送服务。

由政府、合作社或者实力较强的蔬菜批发商购置生鲜农产品配送专用车，安排固定的配送路线和配送时间，对沙河市西部经济不发达和交通不便利地区进行专门的配送服务。开展生鲜农产品配送服务，除了能降低西部地区生鲜农产品价格使当地人民享受与市场平等或者更低的价格之外，也能保证产品的多样性和新鲜度，最大化地满足当地人对生鲜农产品的消费需求。

四、结　　语

通过调查总结发现，沙河市生鲜农产品营销渠道存在诸多的问题，这些问题主要表现为营销渠道过长、渠道成本过高、渠道参与主体竞争能力弱、渠道技术落后。针对这些问题，提出了相关的解决对策，分别是建设现代化的公益性批发市场，提高生鲜农产品生产的组织化程度，提升物流技术和保鲜技术水平；并且从沙河市实际情况出发，提出了适合沙河市生鲜农产品营销的渠道模式。通过以上措施来改善沙河市农产品营销渠道的问题，从而提升农产品营销渠道的效率，带动农村经济的发展，全面推进沙河市的新农村的建设。

参考文献

[1][美]菲利普科特勒（Philip Kotler）. 营销管理（新千年版第十版）[M]，北京：中国人民大学出版社，2001，538－548.

[2]陈坚志. 我国农产品营销渠道优化研究 [J]. 武汉生物工程学院学报，2013，9（2）：123－124.

[2]刘平平. 长沙市生鲜农产品营销渠道优化研究 [D]. 中南林业科技大学，2013.

[3]蔡文. 我国农产品营销渠道建设存在的问题与对策 [J]. 湖北农业科学. 2010.49（2）：496：508.

[4]孙剑. 论农产品营销渠道的历史变迁及发展趋势 [J]. 北京工商大学学报（社会科学版），2003年，2（18）：18－20.

[5]王茵. 黑龙江省蔬菜分销渠道优化研究 [D]. 东北农业大学，2011.

[6]杜岩. 我国农产品营销渠道优化研究 [D]. 山东农业大学，2009.

[7]李春成. 农产品营销渠道绩效评价与比较研究 [D]. 华中农业大学，2007.

[8]2013年中国农产品市场研究报告 [R]. 2013年. 11－18.

[9]郭保兰. 张家口特色农产品营销渠道的研究 [D]. 中南林业科技大学，2011.

[10]邹晓卓. 完善我国农产品营销渠道的研究 [D]. 湖南农业大学，2007.

[11]张伟，索志林. 我国农产品营销渠道优化研究 [J]. 商业经济，2009，（2）：54－57.

[12]张均涛. 生鲜农产品营销中渠道关系质量研究 [D]. 华中农业大学，2011.

[13]黄卫静. 家电制造业销售物流服务模式研究 [D]. 东南大学，2009.

[14]于仁. 山东蔬菜产业的组织研究 [D]. 山东农业大学，2005.

[15]张文基. 关于农校对接的思考 [N]. 经济人，2012，11：78－79.

[16]孟志兴，王广斌. 我国农产品物流渠道分析及对策建议 [J]. 中国流通经济，2012，（4）：30－33.

[17]杨宣，杨炜. 河北省蔬菜合作社发展的问题、潜力及对策 [J]. 中国农业资源与区划，2010，（5）：77－78.

教师讲评

文章通过对邢台地区沙河市生鲜农产品营销渠道的调查，找出了其中存在的突出问题，并应用所学农产品营销理论提出了解决问题的对策，设计了适合沙河市生鲜农产品营销的渠道模式，对推动沙河市生鲜农产品营销具有一定的借鉴价值。

15

魏县张固村鸭梨销售现状与对策研究

农林经济管理 1003 班　赵鹏伟/指导教师：贾俊民

摘　要： 张固村的鸭梨销售面临着诸多问题，主要表现为：生产经营规模小，农产品不能达到绿色产品标准；鸭梨的存储成本高，存储技术差；鸭梨销售场所不完善，价格不稳定；农民品牌意识不强。而且由于政府支持力度不够，土地流转制度不完善，农业科技水平不发达，农民自身素质不高，使这些销售问题难以解决。政府必须加大对农业的支持力度，提高农民科技和文化水平，完善农业合作社的规章制度及管理，实行品牌营销策略，解决鸭梨销售难题。

关键词： 张固村；鸭梨销售；现状；问题；措施

引　言

我国自改革开放以来，国民经济迅速发展，农村经济水平迅速提高，农业改革不断推行，农民收入显著提高，与此同时，农产品消费的水平也越来越高。但由于农业科技推广不够，农民素质普遍不高，农产品质量存在一定的问题，导致农产品滞销。如何解决农产品销售难题，是发展现代农业，建设社会主义新农村，提高农民收入的关键。为此，必须加强农业科技推广，提高农民素质，进而提高农产品质量，建立完善的农产品销售体系。本文以魏县张固村鸭梨销售的现状为研究对象，对其进行系统分析，找出存在的问题，并提出解决问题的对策建议。

一、张固村鸭梨销售现状

（一）魏县张固村概况

魏县地处河北省东南部，冀鲁豫三省交界处，张固村位于县城东部，距县城 2.5 千米，面积 2 平方千米，人口约 2 000 人，温带大陆季风气候，农作物两年三熟，灌溉方式依旧是大水漫灌，一年四季分明，降雨集中在 6~9 月份。该县属平原地带，有兴源河流过，经过近几年的治理，水质得到了明显改善，利于农业生产。该县主要农作物为鸭梨，此外还有一个成规模的葡萄示范基地。

（二）魏县张固村鸭梨销售现状

张固村所产鸭梨果实较大，一般单果重 175 克，最大的能达 400 克，皮薄核小，汁多无渣，酸甜适中，清香绵长，脆而不腻，内含丰富的维生素 C 和钙、磷、铁等矿物质，在维生素 B 家族中堪称佼佼者，可贮藏保鲜 5~6 个月。

张固村鸭梨采用个体户种植，经营面积小，虽然单产较高，但由于受到种植面积制约，产量较小。经过多年的发展，张固村鸭梨销售已经基本形成自己的销售模式。一部分农户在鸭梨刚熟时卖给本地或外地的经销商，这种方式价格虽低，但省去了存放和物流费用；一部分把鸭梨存放起来，等淡季时去外地销售，这种方式虽然价格高，但是要花费大量时间，人力和物力。张固村采用的种植技术，大部分还是传承的经验，由于科技推广力度低，在鸭梨品种上并没有突破，农药使用频繁，种植方式采用个体户种植，经营面积小，虽然单产较高，但由于受到种植面积制约，产量较小。严重阻碍了张固村鸭梨产业的进一步发展。

二、张固村鸭梨销售存在的问题

（一）鸭梨生产方面

在现代农业快速发展的背景下，大规模集体种植和农产品绿色安全成为农业的发展方向。现在张固村的种植方式还是中国普遍存在的个体户经营；而且，并没有发展绿色安全农业。

1. 鸭梨生产经营规模小

张固村和中国的基本国情一样，人多地少，每户平均耕地 4~5 亩，而且还分散在二三个不同的地方，增加了生产中的困难。鸭梨的生产规模小，数量少，严重制约着农产品的销售和营销策略的制定。这些年张固村许多年轻劳动力外出，农村农业劳动力老化严重，农村土地流转制度不完善，这也导致许多土地荒废。传统小规模农业生产模式是以农户为基本生产单位的无序经营，在这种模式的主导下，农户势必以自身效益最大化来使用土地资源。这种短期效益的索取导致耕地质量的逐年降低。传统农业生产方式不但极大地破坏了土地生态系统，也造成了土地生产能力的不断降低，同时以农户为单位的耕作方式成为大规模集体化经营的重要障碍，无形中增加了生产成本，不利于集约化、集团化的现代农业经济发展。

2. 鸭梨生产安全问题

张固村现在的鸭梨生产，农药使用频繁，大约半个月一次，农药喷射机器落后，这就导致了鸭梨的农药含量高，而且，梨树用药、用肥没有专家指导，只能凭借以前的经验，许多新推出的农业并不敢使用。村民并没有绿色有机食品观念，所以频繁使用农药。在人们追求绿色安全食品的今天，张固村的鸭梨就不会卖到高价格，由于没有先进的农业科技，如果不打药，那就害虫多，导致减产，如果使用先进的科技，但由于面积小成本高，降低了效益，这就陷入了鸭梨生产的死循环。

（二）鸭梨存储问题

张固村的冷库大多建立年份较早，而且是个体私营，农民存储成本高，多年以来，机器设备已经过时老化，鸭梨存储过程中经常发生问题。

1. 鸭梨存储成本高

随着这几年地价，电费，员工等成本价格增加，设备陈旧，消耗成本大，张固村冷库的存储价格也不断增加，这种情况下，许多农民选择即熟即卖，即在鸭梨成熟时就卖掉，不再经过存储环节，以免增加成本。

2. 鸭梨存储技术差

由于冷库成立多年，设备老化，设备经常故障，冷库技术人员水平不高，库房温度控制不当，地面积水过多。由于冷库都是私人经营，资金不足，老板无力购买最新设备，无法使用最新技术，所以鸭梨在存储过程中容易发生问题，比如鸭梨黑皮，发糠。有的冷库不仅存储鸭梨，还存储蒜苔、洋葱等农产品，由于冷库空间不足，经常把不同农产品放到一个库房，导致库房混乱，农产品易坏。

（三）鸭梨销售组织管理方面

张固村至今未成立管理农业的专业合作社，鸭梨销售并没有组织进行统一管理，每年鸭梨销售都是农民自己进行，张固村还缺少正规、统一的鸭梨销售场所，鸭梨的价格也不稳定。

1. 鸭梨销售场所不完善

张固村的鸭梨销售场所是每年在路边，没有仓库等设施，没有组织管理，交易场所交通比较混乱，交易方式以摊位为主，由于经营管理上各自为战，财力、物力、人力相当分散，组织程度低，市场竞争力薄弱，市场内流通主体分散，流通规模小，经营思想，交易行为不能适应现代经济发展的需求，难以形成规模优势和群体优势，不能吸引周边农民来交易，难以壮大成完善的交易场所。加之，法制不够健全，市场监管力度不够，致使许多实际问题难以解决，造成市场内缺斤短两、秩序混乱等现象时有发生。

2. 鸭梨销售价格不稳定

鸭梨每年的销售价格因时间和地域不同而不同，农产品价格变化本来是正常事情，但张固村并没有建立完善的信息价格体系，农民不能第一时间掌握鸭梨价格变化。由于信息化程度在城市和乡村的差异性，导致市场信息在农产品生产者和购买者之间分布的严重不对称。农村不仅信息化基础设施建设落后，农民对农产品信息的收集和理解能力也均不及发达地区的流通企业，这必然导致农民在与流通企业讨价还价时始终处于不利地位。这样，农业生产者所创造的部分价值就必然会转化为流通领域的利润，从而导致农产品的价值在市场上难以完全实现，出现抑价的现象。鸭梨的价格有时候会过低，这对当地以种植鸭梨为生的农民利益受损严重。

（四）鸭梨销售途径方面

张固村鸭梨的销售途径包括本地种植大户收购，外地经销商前来收购，把鸭梨存到冷库，等淡季时自己去外地卖。销售途径虽然多，但并没有组织机构进行统一管理，前两种销售途径，虽然省时省力，但销售链长，农民不能掌握第一手的价格信息，鸭梨销售价格低。后一种销售方式会消耗大量时间、人力、物力，而且风险高，这种销售方式，通常是几个农户一起去外地销售，每年去的地区不一样，价格高低不一样。

（五）鸭梨的品牌问题

张固村鸭梨品质虽然优秀，但村民品牌意识淡薄甚至没有品牌意识，没有意识到品牌对于提升农产品档次、提高市场竞争力和市场价值的巨大作用，没有把品牌看做是影响自身长期发展的资源，认为品名、商标、标识等品牌要素是外在形式，是无关大局的东西，不懂得品牌是生产者和产品走向广阔市场和获得消费者广泛认知的通行证，更谈不上提升市场竞争和市场价值了。农产品品牌质量和信任度不高，由于张固村现有的经营和生产方式，鸭梨的品质不能达到绿色产品的标准，不能受到消费者的普遍认可。政府对农产品品牌的引导和扶持政策落实不够，虽然制定了一些政策和指导意见，但真正落实的不多，政府在这方面存在缺位现象，引导作用没有发挥好。

三、张固村鸭梨销售存在问题的原因

（一）土地流转制度不完善

我国关于土地流转的法律法规不完善，土地流转问题是我国近几年开始解决的，有很多方面都还考虑不到，比如土地产权不明晰，农民利益得不到切实保障等，农民在进行土地流转时没有明确的法律指导，政府相关部门职责落实不到位。规范的土地流转机制还未建立，农户的土地转让在具体的期限和合同方面非常不规范，在流转手续、流转程序方面存在不少问题，相应的法律法规也未具体规定，致使不少农户采用"口头协议"，私下进行自发性的流转，不遵循一定的程序和履行必要的手续，未通过流转合同规范双方的权利和义务，纠纷隐患较多。加上流转期限较短，且不稳定，大多数转包都可随时终止，农户不敢进行梨树这样生长周期长的农作物种植。土地流转市场还不完善，缺少土地流转服务平台，流转信息不畅，农户对土地流转对象与范围选择余地小，流转形式以出租、转包为主，大部分流转还是在邻里和亲戚之间进行，处于自发、分散、无序状态，土地不能整合到一起，增加了经营困难，难以通过有效的流转实现农地资源的优化配置。

（二）农业专业合作社发展不完善

张固村目前的专业合作社刚刚成立，存在很多问题。合作社在起步阶段，资金少，很难发展壮大，合作社人才缺乏，管理水平低，管理方法落后。张固村的农户普遍都没有参加合作社，对合作社缺乏了解，合作社的制度不能吸引农户，不能有效解决农民最担心的问题，这样村民不能有效的组织起来，进行农业标准化，规模化管理，没有合作社进行组织，小生产与大市场之间的矛盾，农业小规模生产与提高农业劳动生产率之间的矛盾日渐显露，农民已经不能适应现代市场的需求。缺少农业专业合作社，没有组织为农民提高产前、产中、产后服务，农业生产中不利于引进先进的农业科技，提高农业生产效益。合作社不能为农民进行统一的农产品销售，农户依旧在自己寻找销路，鸭梨价格和销售渠道都不稳定。合作社没有明确的品牌策略，没有制定宣传策略，不能帮鸭梨产品创立品牌效应，提升农产品的知名度和产品价值。所以，现在农业合作社显得形同虚设，并没有发挥作用。

（三）政府的支持力度不够

我国自实行家庭联产承包责任制以来，农业生产方式便没有发生重大改革，现有的个体农户经营已经不能适应社会发展的需求，虽然国家近几年出台了一些政策法规，但由于各地实际情况不一样，政策执行起来困难重重。关于土地流转的法律法规还很不完善，土地流转程序和流转合同不明确，在张固村并没有得到较好的执行。县政府在思想上还不够重视农业的发展，对农业资金投入不足，县政府的大部分资金用来发展工业，旅游业和县城公路环境，对于农业的投入所剩不多，影响了农民的积极性，使得一些农民放弃土地，去外地打工。

（四）农村农民素质和受教育水平低

张固村目前劳动力年龄普遍在中年以上，受教育水平大多在初中以下，农民自身素质和受教育水平低。农村教育落后，而且，农村教育的弊端没有充分发挥其提高农村劳动力素质的作用。现在的成人教育和农业职业学校，参加的人数非常少，大多数农民都并不愿参加，导致农民科学文化素质偏低，张固村的村民基本上都缺乏科学生产基本知识，没有一技之长，不能掌握一些新品种和新技术。受文化水平的限制，许多农民缺乏市场经济条件下必备的经营知识、经营意识、经营本领，面对激烈的市场竞争，不能科学、准确地判断市场变化规律。缺乏现代农业、绿色农业、农产品销售策略意识，不能适应现在社会主义市场经济的发展需求。小农意识严重，思想守旧，许多农民耕地变少，但依旧不愿把耕地流转出去，不但经营困难，束缚了劳动力，而且阻碍了农业规模化、集约化经营的发展。

（五）农业科技水平不高

我国的农业科研经费来源渠道单一，主要靠政府划拨，经费不足，严重阻碍了鸭梨种植技术的提升，由于科技推广人员和推广经费匮乏，推广力度不够，张固村很少去农业科技人员，所以张固村的鸭梨种植大多还是靠以前的经验，农民并没有接受过先进的种植技术。而且，由于缺乏农业科技研究，鸭梨的品种始终没有得到太大提升，鸭梨品种提升不明显。

四、张固村鸭梨销售问题的解决措施

（一）政府方面

1. 积极完善土地流转制度

第一，建立健全土地使用权流转的法律体系，及时修订落后的及相互矛盾的条文，并通过立法对参与农村土地流转的市场主体、原则、程序、违约责任等关键问题作出明确规定；要及时调节流转过程中的垄断与不公平现象，建立农地流转监督机制；要实现最严格的耕地保护制度，防止流转过程中变更用途等现象出现；要结合先进政策，制定出具有前瞻性的法律法规，不能总是出问题后再修补，发挥法律的向导功能；另外，必须在相关的土地法规中，建立并强化对土地闲置的惩罚力度，防止土地撂荒、闲置的情况出现。通过这一系列的法律法规，使农民在进行土地流转时，有法可依，有法可循，进行规范的土地流转操作。

第二，建立和完善农村土地使用权流转市场，在农村土地家庭承包制下，农村土地使用权是一种特殊商品，其权属变更，应该是有偿的。农村土地必须实现以农民为主体的市场化流转，必须废除试图利用行政手段强行推动土地集中的思维和做法，建立有管理的承包土地流转市场，通过必要的制度措施，实现农村土地的正常有序流转。同时坚决制止截留、挪用农村土地使用权流转收益和村委会及农户与代耕户签订地价流转合同，损害农民利益的行为。

2. 完善农产品市场交易场所

加强政府对农产品交易市场的扶持力度。张固村及其周边几个村都是鸭梨种植大村，而且都没有固定的农产品交易市场，政府可以对其进行合理规划，建立固定的交易场所，并完善交易市场的配套服务功能，比如商品检测、物流配送、信息服务等功能。安排管理人员，对交易市场进行严格管理，监督交易主体，防止缺斤短两等交易问题，进行车辆疏通，防止交易现场混乱，维护正常交易秩序，进行交易场所设施看管，防止设施损坏、丢失。通过建立完善的鸭梨交易市场，方便农民快捷、安全交易，保证农民利益，同时进行大力宣传，提高当地鸭梨交易市场的知名度、信誉度，使交易市场的覆盖范围向周边扩散。

3. 建立农产品信息平台，稳定价格

在信息化时代的今天，信息传递是否及时、准确，极大影响了农产品销售数量和农产品价格。政府部门必须建立权威性的农产品信息网络，及时向农民和交易者提供准确的价格信息、生产信息、库存信息以及气候信息，提供中长期市场预测分析，帮助农民按市场需求安排生产，决定农产品销售地区，使农产品市场信息网络成为政府引导农民调整结构、保持市场平稳运行的重要手段。完善市场信息的收集、发布制度，通过市场调控，政府监管等手段，稳定鸭梨价格，保障农民利益。

4. 加大对农业科技的投入

第一，政府要加大对农业科技资金的投入，我国对农业科技的投入一直以

来远远低于发达国家，加强财政对农业科技的投入，同时吸取社会资金，注重加大科技推广和开发生产环节中的投资比重，积极开发鸭梨的新品种，提高鸭梨产业的科技效益。

第二，改革农业推广机制，完善农业推广体系。推广最新的农业科技，必须建立基层推广站，使现代农业科技能真正传播到农民手中。加强农技推广体系建设不能单纯以追求经济效益为目的，而应以社会利益最大化为目标，从本地实际出发，深层次发掘地方农业发展潜力，提高农产品科技含量。

第三，加强现代农业科技信息平台建设，建立农业科技"高速公路"，提供一个可以随时查询的信息资源库，实现资源共享，为农民随时随地提供当前最新的农业科技，帮助农民在网络上解决农业种植的难题。

（二）农民方面

1. 提高农民自身素质

加强农村基础教育是提高农村劳动力的基础，因此必须加强农村基础教育，建立健全多元化的基础教育办学模式，多渠道筹措教育基金，不断改善基础教育的办学条件，加强成人教育和职业技术教育。张固村目前的许多劳动力都不注重自我修养，存在很多陋习，为适应时代的发展，现在的农村劳动力必须通过各种方式提高自身素质。首先，参加农业科技教育和成人教育，不能因为年纪大了而放弃再次接受教育的机会，努力学习先进的农业科技，以科技武装自己；其次，坚决改掉农村的各种陋习，如农闲时经常赌博，喝酒，喝醉后容易打架生事，加强自身精神文明建设，更新观念，学习法律法规，成为知法守法、具有开拓创新精神的新农民。

2. 引导农民树立品牌意识

在现代农业快速发展的背景下，农产品品牌战略是农产品生产者的现实选择，农民必须解决封建保守的小农意识，用发展的眼光看世界，现在人们已经逐渐开始青睐品牌农产品，农产品市场将进入真正的"品牌时代"，农业生产者要树立品牌意识，了解到品牌是重要的无形资产，可以展示农产品特色，扩大农产品销量，充分认识到品牌在市场竞争中的巨大作用，可以在竞争激烈的农产品市场中有一个更大的提升空间。农民可以自己联合起来建立品牌，注册商标，也可以在政府的帮助下建立品牌，宣传品牌，参加政府组织的品牌建设培训，积极开展农产品品牌建设。魏县鸭梨历史悠久，经过近几年的发展，有了进一步的提高，张固村村民可以利用这一优势，制定自己的品牌策略，进行大力宣传，可以更快地进入品牌化道路。

（三）合作社方面

1. 规范合作社制度，完善管理

严密的组织机构、健全的规章制度和完善的运行机制，是合作社成功运作的保证。所以必须健全合作社的管理机构和管理制度，合作社的权利机构和日常管理机构应依程序通过民主选举产生，坚决杜绝独断专行；此外，要建立和完善监事会和社员监督结合的监督机制，防止合作社领导贪污腐败。目前，张固村的农民对合作社缺乏了解，大部分农户不愿入社，合作社应加强宣传力度，使农民了解到加入合作社的好处，从内心深处接受合作社是一个有利于农民的组织，是帮助农民提高其收入的一种组织形式，最终使农民自愿入社，以壮大合作社规模。

2. 制定完善的经营、销售策略

现在的小农经济已经不能适应现代农业的需求，合作社应该把农民组织起来，进行集体协作，进行规模化、专业化生产，扩大种植面积，建立严格的产品质量监督检查制度，扩大生产面积的同时努力提高产品质量，为产品销售策略的制定提供良好的支持。

销售策略的制定是影响农产品销售的重要因素。首先，拓宽农产品销售渠道，进行多渠道销售，在完善当前销售渠道的基础上，建立新的销售渠道。对鸭梨的交易场所进行重新规划，销售对象尽力争取大的农贸公司，这样每年的销售价格和销售数量都比较稳定；加强质量监管，努力进军大型超市，在中高端市场占有一席之地；充分利用好现代的网络技术，加强网络销售渠道。其次，销售中制定价格策略，包装策略，宣传策略，尽量把农产品卖出去。

五、结　　语

随着社会经济的发展，我国农产品市场需求也在发生变化，将农产品转换成经济效益是农民进行农业生产的主要目的，是农民提高收入的主要手段，而农产品的销售是实现这一目的的关键。张固村现在的小农经营方式，农业科技落后，农民自身素质等因素，严重阻碍了农产品的销售模式的改进，所以必须进行经营方式的改革，发展农业科技，提高农民素质，加大对合作社的支持，建立自己的品牌，使农产品销售得以顺利进行。

参考文献

[1] 蒲银华，陈晓燕. 农产品市场营销存在的问题与对策 [J]. 绿色科技，2011，

（2）：129 – 131.

　　[2] 王斌．我国土地流转制度存在的问题及对策［J］．湖北经济学院学报，2008，（1）：19 – 20.

　　[3] 王金堂．承包土地转让基本理论问题研究［J］．法学论坛，2010，（2）：25 – 27.

　　[4] 吴波．论我国财政农业科技投入［J］．社会科学家，2013，（2）：60 – 64.

　　[5] 吴兴波．关于农产品营销的思考及对策［J］．大众科技，2005，（12）：216 – 217.

　　[6] 黄维梁．论农产品差异化营销的意义及其策略探讨［J］．中国农业经济，2000，（8）：23 – 89.

　　[7] 李水山．现阶段农村教育存在的主要问题与解决策略［J］．教育与职业，2003，（15）：6 – 9.

　　[8] 王德海，张克百．我国农村人力资源开发的现状及战略选择［J］．农业经济问题，2001，（9）：15 – 19.

　　[9] 李元美．关于大力开展农民教育的思考［J］．中国成人教育，2003，（4）：96.

　　[10] 王周锁．现阶段农产品市场营销环境存在问题及对策研究［J］．陕西农业科学，2006，（3）：122 – 123.

　　[11] 赵春江．农产品物流存在的问题及对策［J］．天津商学院学报，2005，（3）：41 – 42.

　　[12] 蒋和平．推动我国农业科技发展的十项建议［J］．中国发展观察，2010，（2）：23 – 25.

　　[13] 张凯．农民专业合作社发展现状、问题、及解决的对策［J］．学术交流，2011，（11）：12 – 13.

　　[14] 齐波．农民专业合作社发展中的问题［J］．新农业，2008，（10）：25 – 26.

　　[15] 高建中，夏彬．中国农民专业合作社发展的困惑与方向［J］．中国合作经济，2009，（11）：34 – 35.

　　[16] 徐金海．我国农产品市场营销问题探析［J］．经济问题，2001，（2）：17 – 18.

　　[17] 李晓玲．农产品品牌营销策略探析［J］．农村经济，2004，（12）：21 – 22.

　　[18] 朱黎亮．农产品销售渠道分析［J］．中国禽业导刊，2002，（4）：13 – 16.

　　[19] 廖松．我国农产品品牌营销策略探析［J］．现代农业科技，2010，（12）：26 – 27.

　　[20] 陈品芳．西部农产品市场营销现状及发展对策研究［J］．农业展望，2007，（10）：15 – 16.

　　[21] 郭素贞，唐立新．农产品销售渠道模式及其参与成员的分析［J］．长江大学学报，2006，（3）：30 – 32.

　　[22] 张娣杰，安玉发．产品策略及渠道策略在农产品经营中的运用［J］．调研世界，2002，（1）：37 – 39.

教师讲评

　　文章通过对河北省鸭梨大县威县张固村的调查，较为全面地分析了该村鸭梨生产和销售的现状，尤其是提炼了存在的突出问题，并对存在问题的原因进行了一定的分析，进而提出了解决鸭梨销售的对策建议。文章能够围绕一个问题进行较为系统的分析，不足之处是缺乏数据分析。

我国农产品出口情况及其存在的问题分析

农林经济管理 1101 班　吴　叶/指导教师：赵金龙

摘　要: 我国农产品出口贸易近年来总体呈上升趋势，出口去向主要是亚洲和欧洲。从出口产品结构看，劳动密集型产品逐渐成为主体；从出口的地区结构看，中西部在全国农产品出口贸易中所占的份额不断上升；从出口的主体结构看，私营企业已取代国有企业成为农产品出口的主体。我国农产品出口贸易也存在许多障碍性因素，如各类贸易壁垒、质量体系不统一等。应针对不同的问题采取不同的解决方案。

关键词: 农产品出口；出口结构；问题

一、中国农产品出口的基本情况

随着国内外市场环境的复杂化，中国农产品贸易遇到了很多新问题，不管是自身的农产品质量和生产工艺技术，还是进口国为了保护国内产业而绞尽脑汁设置的贸易壁垒，都给我国农产品的正常出口带来一定影响。梳理现阶段我国农产品出口的现状，剖析农产品出口贸易中存在的问题，有助于中国农业及其相关部门的管理者和经营者采取相应的对策措施，使农产品出口贸易顺利发展。

农产品的范围及其种类划分目前还没有形成共识。本文采用了中华人民共和国商务部的农产品分类标准，即将其分为 27 类。分别是活动物；畜肉及杂碎；禽肉及杂碎；水、海产品；乳品、蛋品、蜂蜜及其他食用动物产品；其他动物产品；活植物及花卉；食用蔬菜；食用水果及坚果；咖啡、茶、马黛茶及调味香料；谷物；制粉工业产品；油料工业用或药用植物、稻草、秸秆及饲料；植物液、汁；编结用植物材料；动植物油脂及其分解产品；肉类制品；水产品制品；糖及糖食；可可及其制品；谷物、粮食粉、淀粉制品，糕点；蔬菜、水果、坚果等制品；杂项食品；饮料、酒及醋；食品工业的残渣、废料，配制的动物饲料；烟草及其制品；其他农产品。

改革开放以来，我国农产品进出口总体呈现上升趋势，只有在金融危机期间（2008～2009 年）进出口总额出现了负增长，见图 16－1。2004 年到 2014 年间，中国农产品进口增长速度逐渐高于出口增长速度，且两者差距越来越大，中国农产品贸易逆差不断扩大。单纯从出口方面看，我国农产品的出口贸易有明显的发展。1980 年我国的农产品出口总额是 43.7 亿美元，2004 年出口总额是 230.9 亿美元，到了 2014 年，更增加到了 279 亿美元。根据世界贸易组织的统计，2008 年，我国已成为世界第五大农产品出口国，成为水产品出口第一大国，出口额占世界水产品出口总额的 12%。大蒜、花生、烤鳗、苹果汁、香菇、蜂蜜、肠衣等农产品的出口量均位居世界前茅。可以看出我国在加入 WTO 以后，农产品出口就进入了一个新的发展阶段。

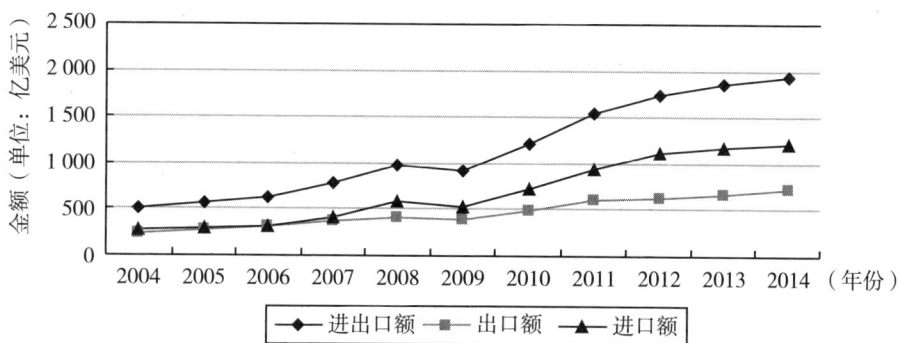

图 16－1 2004～2014 年我国农产品进出口额

（一）农产品出口的商品结构

目前我国农产品的出口主要集中在水、海产品、水果蔬菜、饲料、肉制品等方面，从 2005 年到 2014 年这些产品一直都是我国农业出口的重点商品（见表 16－1）。

从表 16－1 可以看出，我国的农产品出口类型和结构仍然属于以资源型、原材料型、低加工型产品为主，出口产品结构至今没有得到实质性改变。但各类产品在出口中的表现并不相同。

1. 水产品出口保持高增长

水产品出口额从 2005 年的 43.5 亿美元增长到了 2014 年的 140.76 亿美元，在农产品出口中的份额也从 16% 增长到了 19.7%，在出口产品中始终名列前茅。但水产品制品的出口由 2005 年的第 2 位下降到 2014 年的第 4 位。2009 年我国水产品总产量为 5 116 万吨，比上年增长 4.5%；水产品人均占有量为 38.3 公斤，约为世界人均水平的 1.6 倍。渔业增加值在农林牧渔增加值

表 16-1   2005 年和 2014 年我国主要农产品的出口情况比较   单位：百万美元

农产品	2005 年出口额	份额（%）	农产品	2014 年出口额	份额（%）
农产品出口总计	27 184	100.0	农产品出口总计	71 340	100.0
新鲜及冷冻水产品	4 350.2	16.0	水、海产品	14 076.3	19.7
水产品制品	3 184.8	11.7	食用蔬菜	8 229.0	11.5
蔬菜水果制品	3 094.9	11.4	蔬菜、水果、坚果等制品	7 635.6	10.7
食用蔬菜	3 052.2	11.2	水产品制品	6 812.8	9.5
谷物	1 412.5	5.2	食用水果及坚果	4 317.9	6.0
肉制品	1 179.5	4.3	食品工业的残渣、废料，配制的动物饲料等	3 259.2	4.6
水果	1 067.2	3.9	植物稻草、秸秆及饲料	3 116.0	4.3
其他动物产品	1 011.6	3.7	杂项食品	2 709.9	3.7
谷物加工品	759.7	2.8	咖啡、茶、马黛茶及调味香料	2 451.1	3.4
肉及食用杂碎	742.8	2.7	其他动物产品	2 292.9	3.2
饮料、酒及醋	718.6	2.6	肉类制品	2 069.4	2.9

数据来源：中华人民共和国商务部整理所得。

的份额中占 9.7%，水产品出口连续 8 年位居全球水产品出口首位。在水产品出口贸易的强劲带动下，我国水产品加工企业规模不断壮大，加工技术水平不断升级，质量安全意识逐步加强，2009 年我国水产品加工能力和总产量分别达到 2 209.2 万吨/年和 1 477.3 万吨，水产品加工业产值已占到整个渔业经济产值的 39.2%，达 448.43 亿元，一批龙头加工企业与名牌产品相继涌现。

2. 食用蔬菜及蔬菜水果制品增速明显

蔬菜在 2005 年各类出口农产品中排名第四，出口额为 30.52 亿美元，蔬菜水果制品排名第三，出口额为 30.95 亿美元；到了 2014 年蔬菜排名第二，出口额为 82.29 亿美元；蔬菜水果等制品排名第三，出口额为 76.36 亿美元。

3. 饲料产品增速很快

食品工业的残渣、废料，配制的动物饲料和油料工业用或药用植物稻草、秸秆及饲料在 2014 年的出口额总为 63.75 亿美元；而在 2005 年这两项的出口总额为 18. 61 亿美元，九年间增长了 3. 4 倍，已在农产品的出口份额中占据了很大的比例。

4. 谷物出口出现了下滑

在 2005 年，谷物在出口额的统计中排名第五，出口额为 14. 13 亿美元；在 2014 年，根据国家商务部的统计，排名为 25，出口额为 4. 46 亿美元。土地密集型产品所占的份额在不断缩小，这种趋势也将反映在未来的农产品贸易中。

通过以上分析可以看出，由于我国耕地面积有限，种植方式传统，且有着充足而廉价的劳动力，我国农产品出口越来越集中在劳动密集型产品上。适度增加土地密集型农产品进口，增加劳动密集型农产品出口有助于扬长避短，充分发挥我国的比较优势，促进我国农产品国际贸易的正常进行。

（二）农产品出口的地区结构

1. 出口农产品来源的地区结构

东部地区依然是我国农产品出口的核心区域，但西部地区农产品出口增速显著，在我国农产品出口中的地位明显上升。见表 16 - 2。我国农产品出口的主要省份是山东、福建、广东、北京、辽宁、浙江和江苏等地，都在东部地区。2005 年农产品出口额达到 10 亿美元的省份有：山东省、广东省、浙江省等；2014 年出口额达到 10 亿美元的省份有所增多，分别是山东、福建、广东、北京、辽宁、浙江、江苏、上海、河北、北京、天津、安徽、河南、湖北、湖南、吉林、云南、广西，其中增多了一些中西部城市。2014年，上述 18 个省市的农产品出口总额占我国农产品出口总额的 91. 19%。其中，山东省的农产品出口最多，它在 2014 年的出口额达到了 157. 33 亿美元，占我国总出口额的 22. 05%。可见，我国农产品出口主要集中在东部地区。

但中西部地区的农产品出口也在逐渐发展。2005 年我国东部地区的农产品出口份额占全国的 78. 48%，而 2014 年所占份额降为 75. 31%，中西部的比例在逐渐上升。中部地区农产品出口为 87. 55 亿美元，占全国份额的 12. 27%，其中湖北地区出口额为 19. 95 亿美元，在中部地区排名第一；西部地区 12 省市农产品出口跟 2005 年相比，增加了很多，总出口额超过了中部地区。2005年西部地区出口农产品为 26. 08 亿美元，仅占全国农产品出口份额的 9. 48%，而 2014 年西部地区的出口额增加到了 88. 62 亿美元，份额占到全国的 12. 42%。

表 16-2　　　　　　　　　**2014 年我国农产品出口的情况统计**　　　　　　单位：亿美元

地区	出口额	所占份额（%）	地区	出口额	所占份额（%）	地区	出口额	所占份额（%）
东部地区	537.25	75.31	中部地区	87.55	12.27	西部地区	88.62	12.42
山东	157.33	22.05	安徽	12.01	1.68	重庆	3.14	0.44
福建	87.75	12.30	河南	15.16	2.13	云南	28.93	4.05
广东	84.31	11.82	黑龙江	9.59	1.34	新疆	9.02	1.26
北京	10.92	1.53	湖北	19.95	2.8	西藏	0.30	0.04
辽宁	53.38	7.48	湖南	10.94	1.53	四川	7.47	1.05
浙江	53.23	7.46	吉林	12.01	1.68	陕西	5.59	0.78
江苏	36.17	5.07	江西	6.76	0.95	青海	3.95	0.03
上海	19.32	2.71	山西	1.12	0.16	宁夏	3.14	0.27
河北	17.92	2.51				内蒙古	4.28	0.60
北京	10.92	1.53				贵州	3.14	0.43
天津	10.57	1.48				广西	20.68	2.90
海南	6.34	0.89				甘肃	3.95	0.55

数据来源：中华人民共和国商务部整理所得。

2. 出口农产品流向的地区结构

目前，我国农产品出口市场主要集中在亚洲、欧洲和北美洲地区，其次是非洲、南美洲、大洋洲，亚洲占据了我国出口市场的 63.61%（见图 16-2）。

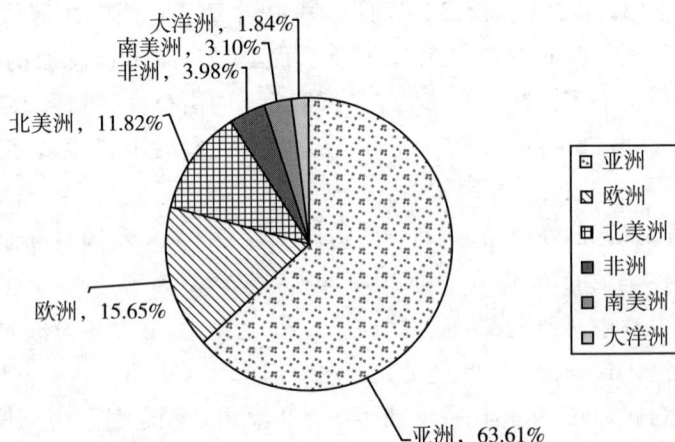

图 16-2　我国出口农产品的流向

数据来源：中华人民共和国商务部整理所得。

2014 年我国农产品出口的前 10 个国家（地区）分别是：日本（出口 111.26
亿美元，占全部农产品出口的 15.60%）、香港（86.33 亿美元，占 12.10%）、
欧盟 28 国（84.58 亿美元，占 11.86%）、美国（74.23 亿美元，占 10.41%）、
韩国（48.62 亿美元，占 6.82%）、越南（28.89 亿美元，占 4.19%）、泰国
（28.50 亿美元，占 3.99%）、马来西亚（27.84 亿美元，3.90%）、台湾省
（23.21 亿美元，占 3.25%）、澳大利亚（10.17 亿美元，占 1.43%）（见
图 16-3）。我国向这 10 个国家和地区出口的农产品总额为 524.63 亿美元，
占同期农产品出口总额的 73.55%。

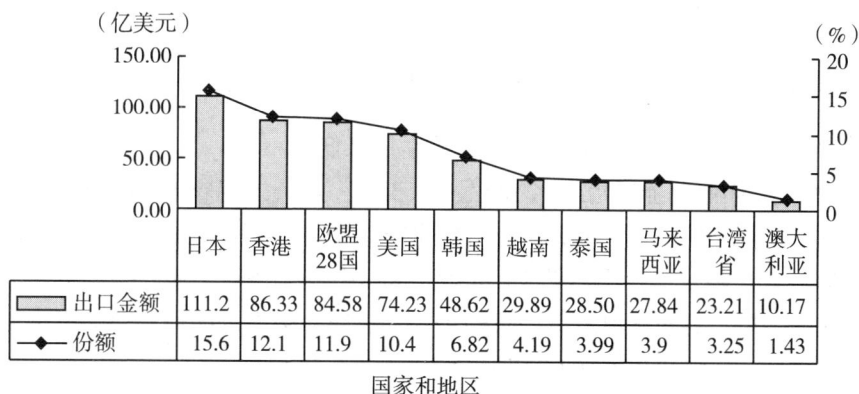

（亿美元）   （%）

	日本	香港	欧盟28国	美国	韩国	越南	泰国	马来西亚	台湾省	澳大利亚
出口金额	111.2	86.33	84.58	74.23	48.62	29.89	28.50	27.84	23.21	10.17
份额	15.6	12.1	11.9	10.4	6.82	4.19	3.99	3.9	3.25	1.43

国家和地区

图 16-3 我国农产品出口国家和地区
数据来源：中华人民共和国商务部整理所得。

（三）农产品出口的经营主体结构

我国经营农产品出口的经营主体主要有国有企业、外商投资企业、中外合
资企业、外商独资企业、中外合作企业、集体企业和私营企业，各类经营主体
在农产品出口中的表现不同（见表 16-3）。

表 16-3   不同企业性质下的我国农产品出口情况   单位：亿美元

企业性质	2005 年		2014 年	
	出口金额	份额（%）	出口金额	份额（%）
出口合计	271.84	100	923.66	100
国有企业	74.37	27.36	67.36	7.29
外商投资企业	116.71	42.93	210.85	22.83
中外合资企业	59.75	21.98	97.05	10.51

企业性质	2005 年		2014 年	
	出口金额	份额（%）	出口金额	份额（%）
外商独资企业	48.13	17.70	104.15	11.28
中外合作企业	8.83	3.25	9.64	1.04
集体企业	13.30	4.89	21.63	2.34
私营企业	67.47	24.82	412.98	44.71

注：在国家商务部数据分类中，除了上述企业性质以外，还有个体工商户和其他类型，但是在总体中占的比重非常小，故没有计算。

数据来源：中华人民共和国商务部整理所得。

1. 国有企业在我国农产品出口中的地位降低

2005 年国有企业共出口农产品 74.37 亿美元，占农产品出口总额的 27.36%。而在 2014 年，国有企业出口农产品 67.36 亿美元，占农产品出口总额的 7.29%。在农产品出口总额不断增加的情况下，国有企业的出口呈现出徘徊不前的态势，甚至已出现负增长趋势。这表明我国农产品贸易的国家垄断程度不断降低，市场化程度在不断地提高。

2. 私营企业在农产品出口中已居于主导地位

2005 年私营企业出口农产品 67.47 亿美元，占据总出口金额的比重为 24.82%。而到了 2014 年，私营企业出口农产品总额达到了 412.98 亿美元，在所有性质企业出口中占据了 44.71%，私营企业已经取代了之前的外商投资企业，成为农产品出口的主力军，占据了主导地位。

二、中国农产品出口中遇到的问题

（一）农产品质量问题

当前，各国消费者都在追求安全无污染的农产品，各进口国为了满足国内消费者的需求，同时为了保护本国的农业发展，纷纷提高农产品进口的质量标准，这使得一些未能达到标准的产品不能在国际市场上自由贸易。农产品质量安全成为了目前国际市场上技术性贸易壁垒中最为重要的组成部分，尤其是美国和日本制定了更为严格的农产品进口标准。而我国农产品生产方式传统，农产品在生产上和管理上都与这些标准存在或多或少的差距，这严重影响了我国农产品的出口贸易。近些年来，我国农产品因质量安全问题被扣留、通报、拒收、禁止入境等事件常有发生。根据国家质检总局的数据，2013 年全年，仅宁波口岸接收的从韩国退回的农产品就高达 131 批、货值 934 万美元，而质量问题是导致出口农产品被退货的原因之一，占退货总数的 1/3。

中国的农产品质量问题比较集中，例如微生物、重金属超标问题；农药超标问题；添加剂不当使用问题；禁用品问题等。微生物和重金属的超标问题主要集中在生鲜农产品和加工类的农产品中。我国在 2013 年出口到加拿大的大芋头就因带有有害微生物被通报；出口到美国的扇贝也被通报，因为含有重金属。农药的残留问题主要集中在种植类农产品上，我国的茉莉花茶、乌龙茶等茶叶的农药残留超标，被欧盟连续通报；添加剂问题主要集中在加工类农产品上，2013 年 6 月 25 日澳大利亚发布的 5 月份进口食品违规通报中显示，我国香港一家公司生产的蛋卷使用了非法的添加剂。

（二）　与发达国家农产品质量体系不统一问题

从我国农产品出口的情况看，受发达国家技术壁垒的制约非常大，遭受的直接损失也很巨大。尤其是近年来，发达国家对进口农产品的品质、安全等技术标准不断提高，并扩展到生态环境、知识产权等多个领域，抬高了我国农产品出口的门槛。虽然我国已建立与农产品质量安全相关的国家标准近 700 项、行业标准 1 600 多项、地方标准 7 000 多项，但无法与国际市场较好地接轨，存在的主要问题就是我国的部分国家标准低于国际标准。以菠菜中毒死蜱残留为例，我国规定叶菜类蔬菜的残留最大限量是 0.1 毫克/公斤，而日本的标题则是 0.01 毫克/公斤。这就导致在我国检测合格的菠菜不符合日本进口蔬菜的标准，从而无法向日本出口。此外，发达国家对食品质量可追溯体系的要求、对食品检验标准、环境标准以及基因工程作物等的规定都构成了农产品出口的贸易壁垒。

（三）　人道伦理壁垒问题

中国入世后在国家贸易发展的过程中，不断的进行自我完善，中国畜产品的质量安全性也逐渐达到了国家市场的检测标准，然而进口国，尤其是发达国家会寻找新的贸易壁垒，以保护本国畜产品的市场。借助动物福利的国家间差距构筑的"人道主义"便成了最大的可能。动物福利是指动物具有的最基本的权利，指生理福利，环境福利，行为福利，心理福利，卫生福利五部分。科学研究表明，肉食动物在饲养、运输、宰杀的过程中如果不按照动物福利的标准进行，检验指标便会出现问题。这对于饲养方式较为传统的中国来说，是一项新的挑战。已经有越来越多的国家要求供货方必须提供动物在饲养、运输、宰杀过程中没有受到虐待的证明才可以进口。可见，人道壁垒的作用越来越大，不容忽视。我国畜产品出口面临的动物福利方面问题很多。

1. 养殖环境不达标

主要是喂养的方式、动物的居所环境等达不到国外先进水平的标准。我国的喂养方式比较传统。以鸭子为例，我国就出现了填鸭的事情，将鸭捉住，用两腿夹住鸭腿使其直立，在用右手把饲料喂在鸭嘴里，每天 3~4 次，每次150~200 湿料，3~4 周即可育肥，这种在中国普遍认可的方式，在国际上即被认为是对动物的虐待。再如猪场，十几平方米下住着几十头猪，猪翻身都困难，更不用说活动了。诸如此类的饲养方式难以达到国际上较先进的动物福利标准，使我国失掉了很多出口的机会，蒙受了很多损失。

2. 宰杀方式不合理

早在 1974 年，欧盟便制定了动物宰杀的法规，要求在宰杀活猪、活羊、活牛之前，要先使用电棒将其击晕，让动物在不知不觉中被宰杀，减少它们的痛苦。德国在这方面也有很严格的规定，比如，售鱼人不能把活鱼卖给顾客，在顾客进行挑选之后，卖者要将活鱼放入电箱进行点击后再给顾客，以免出现虐杀现象。相比之下，我国的宰杀方式比较残忍，在宰杀猪的过程中，让它们看着自己的同伴流血和被解剖。这不仅是残忍的，不道德的，而且对肉质也有影响，动物在十分恐惧的环境下会分泌出大量的肾上腺素，产生一定的毒素，这也是我国的畜产品达不到国际标准的原因之一。

3. 农产品出口面临不利的金融环境

伴随着人民币汇率形成机制改革、跨境人民币结算试点逐步推进、全球金融危机及欧美债务危机等内外部环境的变化，中国企业也越来越重视对汇率、利率、国家/地区等各类风险因素的防范，对银行的产品和服务需求日趋多样化，促使中国银行业在贸易结算和融资产品创新上取得长足进步，保理、福费廷、国内信用证、大宗商品融资、出口信用保险项下融资、供应链融资、中小企业信贷产品、跨境人民币结算等新的产品体系和服务理念不断出现。

目前，我国农产品出口面临的金融环境最典型的就是人民币升值。2004年以来，人民币持续升值，这对我国的贸易产生了很大影响。人民币升值通俗的说就是外国消费者要花更多的钱去购买中国的农产品，而中国消费者可以花更少的钱去买从外国进口的商品。在国际市场上，中国农产品的价格会比人民币升值之前要高。虽然我国的劳动力资源丰富，出口的农产品价格低廉，有相应的价格优势，而人民币升值就可能对我国农产品的出口产生不利的影响。

（四）产品竞争力问题

影响我国农产品国际竞争力的要素主要有生产成本和商业信誉两个方面。

1. 生产成本问题

生产成本的高低可以通过生产者价格反映出来。生产者价格是指生产者出售商品时候所使用的价格，是商品离开生产领域之后进入流通领域或直接进入消费领域时候的价格，是商品流转过程中第一层次的价格，是形成其他层次价格的基础。

我国的农产品生产者价格跟世界水平相比偏高。根据世界粮农组织的数据整理得出，就玉米而言，中国的生产者价格为 383.5 美元/吨；美国是 283 美元/吨。苹果和水稻也是如此，生产者价格都高于美国水平。水稻在中国的生产者价格为 456.4 美元/吨；在美国为 328 美元/吨；苹果在中国的生产者价格为 954 美元/吨；在美国为 756 美元/吨；最为明显的是羊肉的生产者价格，中美之间的差距很大，中国的羊肉生产者价格为 3 486.5 美元/吨；在美国为 1 631.4 美元/吨（见图 16 - 4）。

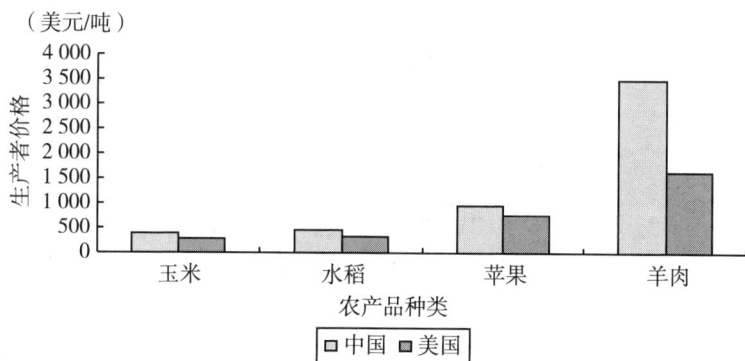

图 16 - 4 2012 年中美部分农产品的生产者价格比较

数据来源：世界粮农组织数据整理所得。

农产品的生产者价格主要取决于物质费用和人工费用两部分。物质部分主要包括了化肥、种子、农药、机械灌溉等；近几年来，各种生产资料价格也在上升；人工成本也在提高，农产品的价格便随着生产成本的提高而上涨。使得中国农产品在出口中没有价格优势。

2. 农产品国际形象问题

近几年来，中国的食品安全问题频频发生。这不仅造成了国内消费者的恐慌，更造成了我国农产品在国际市场上的形象不佳，加大了对外贸易摩擦，成为农产品走出国门的障碍。我国目前出口的农产品不仅质量欠缺保证，而且缺乏自己的品牌体系。总体来说，我国农产品产品多，品牌少，知名度和可信度较低。农产品的整体品牌形象不佳也不利于农产品出口。以山东省为例，山东省是我国的农产品出口大省，现在虽然有寿光蔬菜、崂山茶叶等品牌成功打造的案例，但如果想要培育新的增长点，就必须在保证农产品质量的基础上，创造一批在全国乃至全世界都深入人心、影响大、销量多、价格高的高层次的农产品品牌。

（五）贸易保护问题

1. "反倾销"调查严重影响中国农产品出口

我国是传统上的农业大国，所以农产品贸易在我国的对外贸易中占了很大的比重，很多农作物种植历史悠久，而且技术落后，方法传统，劳动力价格低，所以在国际农产品市场上有相对的价格优势。但是随着市场的开放，各国为了保护本国相对脆弱的农业产业，纷纷对我国出口的农产品采取反倾销措施。这种指控由最初的发达国家逐步扩大到巴西韩国等发展中国家，次数频繁。从 1980 年美国提出对我国的薄荷醇进行反倾销调查以来，我国农产品不断遭遇指控，自 1995 年开始连续成为遭遇反倾销调查最多的国家。以美国的反补贴为例，美国政府重点针对主要贸易伙伴展开双反调查。据统计，1980年至 2012 年美国商务部发起的反补贴调查中，占前 10 位的依次为：中国 36起、巴西 35 起、意大利 30 起、加拿大 29 起、墨西哥 29 起、印度 24 起、韩国 24 起、法国 22 起、西班牙 21 起、阿根廷 18 起。除美国以外，根据商务部的统计，2006 年有 25 个国家和地区对我国发起"两反两保"调查共 86 起，同比增长 37%。2006 年美国对中国大蒜进行继后第二次反倾销复审调查。所以，反倾销严重影响了中国农产品的出口。

2. 发达国家为农业提供高额补贴

当今的世界经济秩序主要由发达国家建立，由于发达国家的经济实力很强，在提供本国农业补贴方面，也远远超过了发展中国家，这不仅给发展中国家带来了巨大的经济发展压力，而且在一定程度上也扭曲了国际农产品的正常市场发展，尤其是高额农业补贴。以美国为例，美国每年会补贴国内的棉农30 亿美元，所以美国的棉花能以低廉的价格在国际市场上销售，从而排挤了众多发展中国家的棉花出口。而我国是发展中国家，经济实力远远低于发达国家。在补贴上也有很明显的体现，我国加入 WTO 后，承诺将国内的黄箱政策上线约束在 8.5%。而且从补贴的环节来看，生产环节补贴的太少，流通环节、消费环节偏多；从农民的受益程度来看，直接补贴的太少，间接补贴的偏多。在 WTO 农业协定中的绿箱政策有 12 项之多，而我国目前只有 6 项，政府目前主要进行的是价格干预，在提供服务方面也都是一般服务，所以我国还有很大的改善空间。

三、结论和政策建议

（一）结论

我国农产品贸易迅速发展，较往年发生了很大的变化。首先，出口农产品中，劳动密集型产品逐渐取代土地密集型产品成为出口农产品中的主流；其次，国内中西部农产品出口情况逐渐好转，有很大的发展空间；再次，我国农产品出口市场比较单一，主要出口到亚洲和欧洲的部分国家和地区，有很大的市场拓展空间。在取得成就的同时，也有很多问题亟待解决。例如农产品质量问题、国际间农产品质量体系和检测体系不统一问题、农产品竞争力问题等等。

（二）政策建议

第一，中国要从观念上正确认识各类绿色贸易壁垒，绿色贸易壁垒、技术贸易壁垒、人道贸易壁垒等，一方面阻碍、限制了我国农产品的出口，另一方面也有助于我国农业的质的提升，从而增强我国在农产品出口贸易中的竞争力。所以，中国要不断改善自我，把好质量关。第二，中国农产品出口经营者要努力提升形象，要打造自己的品牌形象，获得国内外消费者的一致认可。政府可以在政策和资金等方面进行扶持，鼓励大型的农业企业走出去，着力创造农产品的品牌。第三，政府应该建设农产品国际贸易人才队伍，培养一批熟悉国际贸易规则，掌握多种语言，精通相关法律，尤其是要熟悉 WTO 相关规则和协议的队伍。第四，挖掘西部地区特色农产品资源。这样既能带动当地经济发展，缩小中西部的贫困差距；又能促进农产品贸易的整体优化，从农产品贸易的商品结构和地区结构上进行改善。

参考文献

[1] 王琦，孙咏华，田志宏. 农产品对外贸易的产品分类问题研究 [J]. 世界农业，2007 (7)：16 - 17.

[2] 廖放. 中国农产品出口存在的问题及对策 [J]. 品牌营销，2015 (2)：2.

[3] 刘飞. 对我国农产品出口贸易的分析研究 [J]. 农村经济与科技，2008 (5)：45 - 48.

[4] 张斌. 反补贴外部基准：基于美国对主要市场经济国家 1980 - 2012 年案件的统计分析 [J]. 国际经贸探索，2013 (8)：103 - 114.

[5] 戚树霞. 中国农产品出口问题研究 [D]. 华东师范大学，2010：3 - 6.

[6] 宋咏梅，张伟锋，吕靖烨. 我国农产品出口的竞争优势分析 [J]. 商贸流通，2015 (13)：31 - 32.

[7] 孙东升. 中国农产品国际贸易回顾与展望 [J]. 海外投资与出口信贷，2015：46 - 47.

[8] 赵军华，黄飞. 近期中国农产品贸易特点与展望 [J]. 农业贸易展望，2014 (11)：63 - 64.

[9] 于丽艳，王殿华. 环境壁垒对我国食品出口的影响——基于农产品食品安全的视角 [J]. 财经问题研究，2011 (5)：49 - 54.

[10] 韦苏健. 中国与东盟绿色食品贸易问题研究 [J]. 全国商情（理论研究），2011 (12)：79 - 90.

[11] 屈小博，胡求光. 我国农产品出口贸易结构分析 [J]. 宁波大学学报，2006，19 (5)：1 - 2.

[12] 李慕菡. 我国应对农产品低碳贸易壁垒的对策建议 [J]. 国际经贸，2015，247 (1)：12.

[13] 夏合群. 中国农产品出口贸易现状分析与对策研究——基于金融危机背景的分析 [J]. 上海财经大学学报，2009，11 (5)：53 - 54.

[14] 付岩岩. 中国农产品贸易的比较优势分析 [J]. 价格月刊，2015 (4)：43 - 44.

[15] Finger, Schuler. Implementation of Uruguay Round Commitments：The Development Challenge [J]. The world economy, 2000, 23 (4)：42 - 50.

教师讲评

该学生掌握了农产品国际贸易问题研究所涉及的基本理论知识，对农产品贸易的发展现状和影响因素有一定了解，因而能够运用所学知识对其进行简单分析。论文选题紧紧结合农业发展实际需要选题，虽然题目偏大，但分析得比较具体，有针对性，有启发价值。论文引用了许多资料，尤其是外贸资料，也有一些具体的出口案例，资料来源可靠。论文的创新点是对我国农产品出口的发展情况分类别进行了剖析。论文写作规范、逻辑较严谨。论文不足之处是：缺乏农产品出口的纵横向的系统分析；没有能够借助国际贸易理论进行分析。

第五部分　农村土地篇

基于主成分分析的河北省城市土地集约利用时空差异评价研究

农林经济管理 1101 班　管莉婧/指导教师：王　军

摘　要：科学分析评价城市土地集约利用水平，对促进土地集约利用科学决策，推进城镇化转型发展具有重要意义。本文以地租地价理论、土地报酬递减理论、可持续发展理论以及区位理论等作指导，构建城市土地集约利用评价指标体系，借助 SPSS 软件，采用主成分分析法对 2002～2011 年河北省 11 个设区市建成区城市土地集约利用情况进行了统计分析，提出河北省城市土地集约利用的对策建议。首先，对城市土地节约与集约利用概念进行区分；其次，从自然条件、经济社会发展状况以及土地利用状况角度对研究区进行了概况分析；再次，依托现有数据，借助 SPSS 软件，采用主成分分析法对河北省城市土地集约利用进行了时空差异评价，明确了时空差异特征；最后，依据评价结果以及时空差异特征，提出促进河北省城市土地集约利用的对策建议。研究发现：研究期内，城市土地集约利用水平呈现"中东部高，西北低"的空间分异格局，且出现错位发展；整体水平呈波动上升的同时，区域间差异日趋缩小。

关键词：主成分分析；城市土地集约利用；时空差异

引　言

（一）节约利用与集约利用

节约利用，即较少的利用土地，节约利用侧重于土地利用的数量。集约利用，即通过增加单位面积上的资金、劳动力、物质等的投入以提高土地单位面积的产出。集约利用侧重于土地利用的效率。关于耕地集约利用概念内涵研究，最早见于地租理论。马克思于 1864 年对古典经济学地租理论进行"扬弃"，认为：土地集约利用的概念——耕地的集约化是资本的集中。知名土地经济学家 Richard·T·伊利于他的著作《土地经济学原理》定义集约利用即对已利用的现有土地增加劳力和资本。毕宝德在《土地经济学》中认为：投入于单位面积上的劳动及资本的数量就是所谓的集约度。并且集约度与投入的劳动及资本的数量呈现一致性。马克伟在其所著的《土地大辞典》中将"土地集约经营"阐释为：土地集约经营相对于土地粗放经营而言的，基于科学技术提高的层面，在单位面积土地上集中增加活劳动和物化的劳动，以增强单位土地面积负荷能力及产品产量的经营方式。集约经营运用在建筑业中，则是通过在单位面积土地上集中增加活劳动和物化的劳动，并增加建筑物层数以达到土地利用率增长的目的，同时提高土地的负荷能力及经济功能。

（二）城市土地集约利用

丘金峰编著的《房地产辞典》中阐释城市土地利用集约程度时认为：城市土地利用的集约程度是城市单位面积土地上的投资使用状况。判断城市土地利用集约程度的指标：反映城市单位面积土地上的土地投资额—资金集约度；土地之上设施和建筑物在施工中和建成后所采用的先进技术程度—技术集约度；单位面积土地上的人口数量—人口集约度。部分专家以为科学的城市土地集约利用含义，不是在寻求最高集约度，而是在寻求最佳集约度或最优集约度，使城市土地的城市环境效益、经济效益及社会效益均能一直和谐进步。另一些专家认为：所谓城市集约用地就是对城市土地增加资本投入，运用高效集中的方法，而不是依靠分散粗放的方法经营利用土地。

本文中城市土地集约利用基本应包含 4 个层面的含义：第一，加强土地上的要素投入、深度利用、和土地精细利用，达到经济层面上的最佳效益，并兼顾社会和生态问题，实现生态—社会—经济效益的统一；第二，城市土地集约利用应通过优化土地配置，调整产业合理布局来实现；第三，城市土地集约利用是系统的、动态的过程，并且随着社会经济发展水平和科学技术水平的提高，集约利用水平也会不断提高，土地集约利用并不是一个静止的最终目的；第四，在目前的社会经济技术条件下及适度规模范围内，综合考虑人口、经济、社会、生态等因素，优化城市用地结构及合理布局，重点提高存量用地利用率，改善土地经营管理途径。

（三）数据来源

本研究数据来源主要包括：

1. 统计数据

本研究选取的各项评价指标原始数据来源于《中国城市统计年鉴（2003~2012)》，《中国城市建设统计年鉴（2003~2012)》，《河北统计年鉴

（2003～2012）》，各市国民经济和社会发展统计公报（2003～2012）。本文以河北省 11 个设区市建成区为研究对象，各项指标数据均为建成区数据。

2. 其他数据

查阅了有关城市土地集约利用、统计学等方面的文献资料，并总结前人研究方法，为论文写作提供文献保证。

一、研究区概况

（一）自然条件

1. 地理区位

河北省是华北地区的腹心地带，地处 113°27′～119°50′E，36°05′～42°40′N 之间，总面积 18.88 万平方公里，辖 11 个设区市，省会石家庄。北距北京 253 公里，东与天津市毗连紧傍渤海，东北、东南和南部、西部、西北和北部分别与辽宁、山东、河南、山西和内蒙古接壤。河北省是我国唯一兼有高原、山地、丘陵、平原、湖泊、海滨的省份。全省地势由西北向东南倾斜，西部为山区、丘陵和高原，其间分布有盆地和谷地，中部和东南部为广阔的平原。

2. 地形地貌

河北省地处中纬度沿海与内陆交接地带，其大地构造类型为华北地台，且地形地貌类型多样，排列有秩序。地势西北侧高、而东南侧较低，从地势从西北向东南呈现半球形状逐级降低。高原、山地、丘陵、盆地、平原五大地貌类型分布齐全并且各自差异非常明显，地势从西北向东南方向依次分布了三大地貌单元，分别是坝上高原区、山地丘陵区（太行山、燕山）、河北平原区。

3. 气候条件

河北省处于中纬度区域，位于欧亚大陆板块的东侧一岸，靠近我国东部沿海，气候类型为温带湿润半干旱大陆性季风气候，省内大部分地区一年四季较明显，冬季寒冷干燥、雨雪较少，春季干燥多风、冷暖多变，夏季炎热多雨、秋季气温舒适、凉爽少雨的特点。年平均气温的总体变化趋势为：北高南低，由北向南逐步降低，南部地区和北部区域平均气温相差悬殊。全省日平均气温稳定通过 0℃ 的积温都为 2 100～5 200℃。充足的阳光对农作物生长十分有利，因而河北成为中国主要粮棉产区之一。

4. 水文条件

河北省地势呈半环型自北、西北、西三面向东倾斜，山地迎风坡为多雨地带，渤海湾沿岸地势最低。省内水系纵横交错，河流、水库分布较多，大部分河流发源于燕山、冀北山地和太行山山区，或者流经这些区域，在下游有部分河流汇流入海，部分河流单独流入大海，少量河流由于地形等因素流入湖泊。河北省分布有四大水系，分别为海河水系、滦河水系、辽河水系和坝上内陆河水系。其中海河水系水量最大，其次是滦河水系。

5. 土壤条件

通过全国第二次土壤普查，查清河北省土壤母质类型齐全，成土条件差异大，土壤类型多样，土壤质地比较适中。全省土壤类型共划分为 21 个土类，55 个亚类和 164 个土属以及 357 个土种。其中褐土、潮土、棕壤和栗钙土分布最多，在河北省内具有代表意义。土壤在空间分布上由南到北具有明显的地带性分布规律，依次分布有北部坝上高原区的栗钙土带，中部山地丘陵地区的棕壤和褐土地带以及南部平原区的潮土带。

（二）社会经济条件

根据《河北省国民经济和社会发展统计公报（2014）》显示，到 2013 年年底为止，河北省常住人口达到 7 332.61 万人，与 2012 年年末相比人数上升了 45.10 万人。其中新出生人数 95.32 万人，人口出生率达到 13.04‰；死亡人数 50.22 万人，人口死亡比率为 6.87‰；人口自然增长比率为 6.17‰，相比 2012 年下降了 0.30‰。

河北省位于环渤海地区的中心地带，内环北京和天津两大都市，经济相互辐射和渗透。河北省国内生产总值达到 28 301.4 亿元，相比 2012 年增长了 8.2%，与全国其他省份相比居于第六位，但人均 GDP 在全国排名十六，处于中等水平。其中，农业增加值 3 500.4 亿元，增长率为 3.5%；工业增加值为 14 762.1 亿元，增长率为 9.0%；服务业增加值 10 038.9 亿元，增长率为 8.4%，农业增加值占全省 GDP 的比例为 12.4%，工业增加值比重为 52.1%，服务业增加值比重为 35.5%。城镇居民人均可支配收入 20 544 元，农民人均纯收入达到 8 082 元。

（三）土地利用概况

土地是人类生存的物质基础，是社会发展不可或缺的生产资料。不同区域的土地，其自然和社会经济条件存在着明显的差异，与此同时，相同的人类活动在不同地区也会产生不同的后果。现就河北省 2012 年土地利用结构进行分析说明：

表17-1 河北省2012年土地利用结构

地　类	面积（公顷）	比重（%）
耕地	6 558 328.97	34.74
园地	847 156.35	4.49
林地	4 631 854.69	24.54
草地	2 789 005.61	17.44
城镇村及工矿用地	1 828 243.29	9.70
交通运输用地	409 965.79	2.20
水域及水利设施用地	864 614.11	4.60
其他用地	947 796.57	5.00
合　计	18 876 965.38	100

数据来源：河北省政府网。

　　土地利用地域差异显著。东南部平原以耕地和城乡建设用地为主，是保障全省粮食安全的关键地区。东北部的燕山山地以林地和未利用地为主，是全省森林集中分布区；坝上地区以耕地和牧草地为主，是全省牧草地的集中分布区；西北部山间盆地和太行山山地以耕地和未利用地为主。土地利用结构以农用地为主，建设用地比重相对较低。农用地占土地总面积的比例高达69.34%，土地利用以农业为主。建设用地比重占9.19%，土地利用强度相对较低。未利用地面积大，耕地后备资源少。全省未利用地404.53万公顷（6 067.88万亩），但可开垦为耕地的后备资源潜力仅为16.25万公顷（243.75万亩）。

二、城市土地集约利用主成分评价指标体系和方法

　　《河北省委、省政府关于推进新型城镇化的意见》中明确提出，河北决定要结合京津冀协同发展战略的实施，进一步优化城市群的空间布局，建立起与世界级城市群相适应的次级中心城市、大城市、中小卫星城为一体的合理层级结构，推进城市群协调发展。随着京津冀协同发展步伐加快和疏解北京城市功能的快速推进，城市建设将进入快速发展阶段，中国将走高效、低碳、生态、环保、创新、智慧、平安的新型城镇化道路，但城市化进程将面临日益严峻的供地压力。2002~2011年，全省各城市建成区面积由782平方公里增加至1 218平方公里，涨幅达55.75%，而同期的人口城市化水平仅增加了

37.76%，土地城镇化快于人口城镇化，并且省域内大部分设区市建设用地规模呈现较快扩张趋势，土地利用较为粗放，研究河北省城市土地集约利用具有较强现实意义。基于此，本文以河北省 11 个设区市为研究对象，从集约利用内涵入手，构建城市土地集约利用评价指标体系，借助 SPSS19.0 软件，采用主成分分析法对 2002 ~ 2011 年间河北省城市土地集约利用情况进行了综合评价。

（一）评价指标体系构建

在构建评价指标体系之前，首先要明确研究的目标和对象，然后针对这个特定的目标，设定评价体系构建过程中的参考依据，选取能够充分表征研究对象特征的参考因素因子。评价的关键所在是因素因子的选择是否合理可靠，合理的因素因子能够表征出城市土地集约利用的状态变化，有利于城市土地资源的集约利用。

1. 评价指标体系构建原则

为确保耕地集约利用评价指标体系科学性与合理性，需遵循以下几项原则：

（1）整体性原则。城市土地集约利用是一个囊括自然、社会和经济等诸多方面的复杂综合系统，具有很强的整体性。评价指标体系能够反映其在一定时期内实际利用过程中的特征，评价指标具有代表性，能够反映整体的特点。

（2）可操作性原则。可操作性是检验指标选取是否合理的重要标准之一。一方面，指标选取的数量不宜过多，也不能过少。另一方面，还应考虑指标数据的可获取性以及数据分析的可实现性。

（3）层次性原则。城市土地集约利用评价可划分为若干个子系统，且每个子系统可通过多个具体的指标进行表征。为便于研究，建立的指标体系要具有良好的结构层次性。

（4）独立性原则。在构建城市土地集约利用评价指标体系时，所选的指标相互之间应减少冗杂叠加，保持相对独立性的指标，以使评价的结果具有更高的准确性及科学性。

2. 评价指标体系确定

国内学者多注重城市土地集约利用概念的内涵解析，一般从投入强度、利用强度、产出效率、土地可持续发展度和土地利用结构等方面加以构建评价指标体系。本文借鉴前人研究成果，筛选出频率高的指标，并结合河北当前发展实情，对前人采用的评价指标体系进行了修改，遵循上述指标体系构建原则，从土地投入强度、土地利用程度、土地产出效益和土地生态环境质量四个方面选取 14 项指标构建河北省城市土地集约利用评价指标体系（见表 17 - 2）。

表 17 - 2　　　　　　　　　　城市土地集约利用评价指标体系

目标层	准则层	指标层	指标计算说明
城市土地集约利用	土地投入强度	地均固定资产投资（X_1）	固定资产投资额/建城区面积（亿元/平方公里）
		地均城市基础设施建设投资（X_2）	城市基础设施建设投资/建城区面积（亿元/平方公里）
		地均从业人数（X_3）	第二三产业从业人数/建城区面积（人/平方公里）
	土地利用程度	人均建设用地面积（X_4）	建设用地面积/城市人口（平方米/人）
		人口与用地弹性系数（X_5）	人口增长百分比/建设用地增长百分比（%）
		建筑密度（X_6）	房屋占地面积/城市建设用地面积（%）
		建成区人口密度（X_7）	年末城市人口/建成区面积（人/平方公里）
		人均城市道路面积（X_8）	城市道路总面积/城市人口（平方米/人）
	土地产出效益	地均GDP（X_9）	国民生产总值/建城区面积（亿元/平方公里）
		地均社会消费零售总额（X_{10}）	社会零售消费总额/建成区面积（亿元/平方公里）
		地均财政总收入（X_{11}）	地方财政收入/建城区面积（亿元/平方公里）
		地均第二三产业增加值（X_{12}）	第二三产业增加值/建城区面积（亿元/平方公里）
	土地生态环境质量	建成区绿化覆盖率（X_{13}）	城市绿化面积/建成区面积（%）
		人均绿地面积（X_{14}）	绿地面积/城市人口（平方米/人）

　　其中，投入强度是利用与产出的前提与基础，范围广泛，通常来说单位土地面积上投入量越大，其集约化程度就越高；选取的评价指标因子为地均固定资产投资、地均城市基础设施建设投资以及地均从业人数。利用程度是城市土

地利用情况的具体表现，它反映了土地资源当前的开发利用状况，选取的评价指标因子有人均建设用地面积、人口与用地弹性系数、建筑密度、建成区人口密度以及人均城市道路面积。产出效益是指土地资源在利用之后产生的社会经济效益，选取的评价指标因子有地均 GDP、地均社会消费零售总额、地均财政总收入以及地均第二三产业增加值。土地生态环境质量是指在城市土地资源在利用过程中对外部环境所产生的影响，指标选取主要包括建成区绿化覆盖率以及人均绿地面积。

（二）评价方法的选择

分析比对各学者的综述和实证研究方法后发现，虽然不同学者根据研究对象的不同提出了不同的研究方法，但是每种城市土地集约利用的研究方法都各有优点和局限性，本文对常见的评价方法进行了总结，并确定本文采用主成分分析法最为合适。

表 17 – 3　　　　　　　常见的城市土地集约利用评价方法

评价方法	原　理	优　点	劣　势
主成分分析法（PCA 法）	研究众多变量之间的内部依赖关系，找出控制所有变量的少数因子，将每个变量表示成公因子的线性组合，再现原始变量与公因子之间的关系。	能够将土地评价中原有的多个因素因子通过数学变换，转化为少数几个相互线性无关的主成分，简化数据结构，并依据主成分的方差贡献率确定权重，避免评价指标间的共线性以及权重确定的主观性，使得评价值更加客观合理。	该方法假定各指标是多元线性相关的前提下进行，当指标间是非线性时，该方法有一定的局限性。
层次分析加权法（AHP 法）	将复杂问题按组成分解，再将这些因素按支配关系分组形成有序的层次结构，通过两两比较的确定诸因素的相对重要性的顺序。	1. 简洁性，表现形式简单易于操作。 2. 评价结果需要通过一致性检验，可信度高。 3. 实用性，定量定性分析均可以。	1. 对于决策问题有较高的定量要求时不能单纯使用其进行评价。 2. 决策者应该对所面临的问题有比较深入以及全面的认识。

续表

评价方法	原　理	优　点	劣　势
多因素综合评价法	首先建立合适的评价指标体系，确定评指标权重，在对原始数据标准化的基础上，按照指标权重，将各指标值加权求和，得到土地利用集约节约综合指数。	原理通俗易懂，操作简单，能综合反映土地整体利用程度。	综合表达式和指标标准化不统一，权重确定方法中的主观成分比较大。
模糊综合评价法	应用模糊关系合成原理，用多个因素对被评判事物隶属等级进行综合评判。	1. 克服了传统数学方法结果单一性的缺陷，其结果包含大量的信息。 2. 简易可行，易于使用。	1. 不能解决因评价指标间的相关性造成的评价信息重复的问题。 2. 隶属函数的确定没有统一的方法。 3. 合成的算法需要进一步改进。

注：修改自于志敏《城市土地利用评价常用评价分析方法研究综述》（2014）。

三、基于主成分分析的河北省城市土地集约利用评价

（一）综合分析计算过程

将研究区 2002～2011 年的数据展开，形成 110 个样本，运用 SPSS19.0 软件进行主成分分析，前 6 项因子累计方差贡献率为 82.787%，大于 80%，能够合理解释绝大部分原变量信息。因此，在 14 个特征根中提取前 6 个特征根作为主成分分析。

表 17-4　　　　　　　　主成分特征根与方差贡献率

主成分	特征根	方差贡献率	累计方差贡献率
F_1	4.361	31.149	31.149
F_2	1.833	13.092	44.240
F_3	1.746	12.469	56.709
F_4	1.439	10.278	66.987
F_5	1.191	8.510	75.497
F_6	1.021	7.290	82.787

根据旋转得到的载荷矩阵，和表 17 –4 中 6 个主成分特征根计算得到各主成分相应的因子系数（见表 17 –5）。

表 17 –5   主成分因子系数

指标	主成分					
	F_1	F_2	F_3	F_4	F_5	F_6
地均固定资产投资（X_1）	0.211	–0.077	0.105	0.058	–0.145	–0.012
地均城市基础设施建设投资（X_2）	0.048	0.240	0.035	0.168	–0.190	0.205
地均从业人数（X_3）	0.004	–0.038	–0.434	0.286	0.313	–0.053
人均建设用地面积（X_4）	0.023	–0.196	0.473	–0.087	0.148	–0.104
人口与用地弹性系数（X_5）	0.006	–0.022	–0.041	0.021	–0.063	0.978
建筑密度（X_6）	0.023	–0.023	0.136	0.052	–0.823	0.047
建成区人口密度（X_7）	–0.087	0.012	0.043	0.668	–0.095	0.017
人均城市道路面积（X_8）	0.004	–0.046	0.448	0.322	–0.081	0.009
地均 GDP（X_9）	0.262	–0.082	–0.102	–0.127	0.118	–0.041
地均社会消费零售总额（X_{10}）	0.157	–0.003	–0.029	0.098	0.279	0.045
地均财政总收入（X_{11}）	0.185	0.042	0.076	–0.017	–0.133	–0.019
地均第二三产业增加值（X_{12}）	0.287	–0.244	–0.003	–0.248	–0.052	–0.037
建成区绿化覆盖率（X_{13}）	0.026	0.499	–0.355	–0.114	0.223	–0.040
人均绿地面积（X_{14}）	–0.142	0.545	0.015	0.003	–0.020	–0.084

由表 17 –5 可知，第 1 主成分包括地均固定资产投资、地均 GDP 和地均第二三产业增加值 3 项指标，主要反映了土地产出效益；第 2 主成分包括建成区绿化覆盖率和人均绿地面积 2 项指标；第 3 主成分包括人均建设用地、人均城市道路 2 项指标；第 4、第 5 和第 6 主成分建成区人口密度、建筑密度和人口与用地弹性系数指标等指标分别具有较大的载荷系数，主要反映土地利用程度。

（二）计算结果与分析

1. 计算结果

为更直观反映各城市土地集约利用水平差异，本文采用百分制转换公式对评价结果进行转换，转换公式如下。

$$Z = 60 + 40 \times \frac{B}{B_{max} - B_{min}} \tag{公式 5}$$

式中，Z 表示百分制最后得分。

采用变异系数来反映不同年份城市土地集约度动态变化特征，计算公式如下：

$$Cv = \frac{1}{\bar{Z}} \times \sqrt{\frac{1}{n-1} \times \sum_{i-1}^{N} (Z_i - \bar{Z})^2} \times 100\% \qquad (公式6)$$

式中，Cv 为变异系数；n 为待分析样本数；Z_i 为样本分值；$\bar{Z}$ 为样本均值。

根据6个主成分不同年份得分，利用上述公式可以计算出11个城市的土地集约利用分值，如表17-6所示。

表17-6　　　　2002～2011年河北省城市土地集约利用分值表

城　市	土地集约利用分值										
	2002年	2003年	2004年	2005年	2006年	2007年	2008年	2009年	2010年	2011年	分值极差
石家庄	66.39	59.52	60.12	61.33	66.43	70.02	80.54	74.22	89.50	91.63	32.11
唐　山	49.92	34.73	41.94	53.80	56.50	63.67	76.67	79.11	81.53	83.03	48.30
秦皇岛	54.17	52.63	58.79	62.19	65.30	71.22	78.90	79.42	86.83	86.31	34.19
邯　郸	53.29	47.11	56.80	58.53	62.54	66.86	71.31	75.02	80.59	83.84	36.74
邢　台	46.22	35.68	38.89	47.71	56.69	52.54	56.70	60.56	65.35	70.50	34.82
保　定	47.11	44.55	40.71	45.29	52.19	56.57	58.61	69.47	75.49		34.78
张家口	26.39	20.35	22.56	34.50	43.54	48.19	54.90	56.94	59.26	62.71	42.36
承　德	33.46	19.52	20.12	22.19	26.43	31.22	40.54	44.13	49.81	51.63	32.11
沧　州	48.15	41.59	44.01	51.02	57.60	63.84	73.77	84.13	89.81	82.01	48.21
廊　坊	39.62	26.53	29.81	38.45	48.15	56.53	60.26	67.12	73.75	77.37	50.84
衡　水	48.40	38.13	33.83	47.39	37.83	41.32	54.20	59.93	61.34	65.32	31.49
平均值	46.65	38.21	40.69	47.49	52.11	56.54	64.23	67.20	73.39	75.44	

2. 结果分析

（1）河北省城市土地集约利用时序变化特征分析

依据表17-6，计算不同年份城市土地集约利用平均水平（集约度平均值）和历年整体集约度变异离散情况（变异系数），如图17-1所示。可以看出，研究期内，全省城市土地集约利用整体水平有所提高（由2002年46.65跃升至2011年75.44）。其中，2002～2003年间，集约度均值呈显著下降趋势，由46.65跌至研究期内最低点38.21，降幅达18.09%，这主要是受到反映土地利用强度的第2主成分因子得分降低的影响，其中人均建设用地面积在2003年降至历年最低水平，是导致当年集约度明显偏低的主要原因。2003～2005年，集约度均值开始缓慢回升，此后，保持增长态势，并且增长速度有所加快。值得注意的是，2007～2008年间，城市集约利用平均水平涨幅最高，达13.60%，为单年涨幅最大的一年。2008～2011年，集约度均值呈波动上升，2011年，集约利用水平达到最大值75.44，但增长速度放缓，上升趋势不如上一阶段（2005～2008 年）强劲。

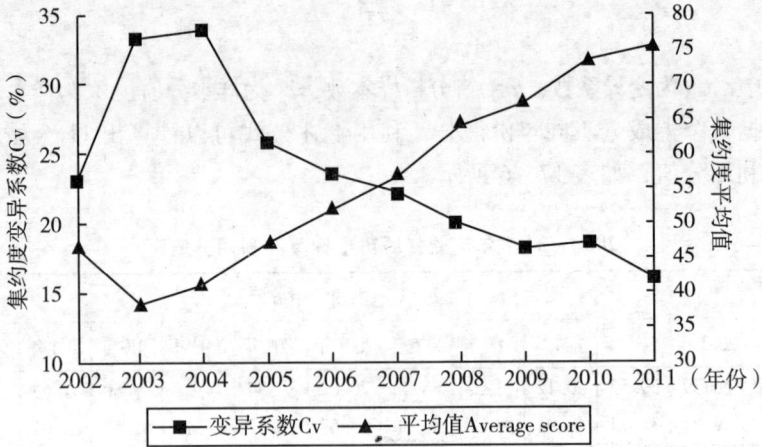

图 17 - 1　2002～2011 年城市土地集约利用平均水平与变异系数

（2）河北省城市土地集约利用空间差异特征分析

利用 ArcGIS9.3 空间分析中的自然断点分类法（Natural Breaks）将河北省城市土地集约利用水平划分为 4 个等级，分别表示为Ⅰ级、Ⅱ级、Ⅲ级和Ⅳ级，采用 2002 年、2007 年、2011 年和 10 年均值代表各城市集约利用水平。ArcGIS 的这种分类方法是利用统计学的 Jenk 最优化法得出的分界点，能够使各级的内部方差之和最小。

同一年份，各城市土地集约利用水平存在明显的空间差异，西北部张承地区集约利用水平低于东、中部地区。2002～2011 年，东、中部大部分城市集约利用水平呈现显著提高，其中，秦皇岛市集约利用水平上升较为明显。2002～2007 年，张家口市集约利用水平涨幅明显；2007～2011 年，除个别城市外，整体集约利用水平保持稳定。2011 年，石家庄、秦皇岛、唐山、沧州和邯郸 5 市集约利用水平相对较高，位于冀西北山地的承德市，城市土地利用效率低下，集约度低，仅为 51.63。

从空间分布上看，分布在河北省沿海地区、中部平原地区的城市的集约利用水平较高，而集约程度相对较低的地区主要分布于经济落后的冀西北地区，呈现"中东部高，西北低"的空间分异格局，这说明城市土地集约利用水平空间分异与区域经济社会发展和地形关系密切。具体来看，得分较高的城市，如石家庄、秦皇岛、唐山、沧州、邯郸等城市，是河北省"三纵两横六区"城镇发展、人口集聚与建设用地集中带的重要组成部分，集约利用水平较高；位于北部山区的承德市土地利用最为粗放，城市居住人口少、分散，建成区人口密度偏低，土地利用效率不高，地均 GDP 等利用效益指数低下，城市土地集约利用程度较低，仅为全省平均水平的 0.6 倍。

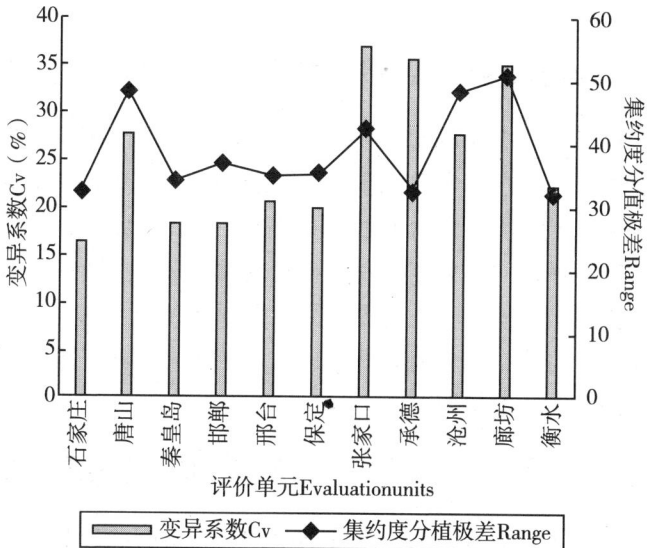

图 17 - 2　2002 ~ 2011 年河北省城市土地利用集约度变化离散程度

　　研究期内，各城市土地利用集约度变化的差异性也是造成空间分异的原因之一。从图 17 - 2 可以看出，土地集约利用水平变化显著的城市主要有张家口市、承德市、廊坊市等。结合表 17 - 6 可知，张家口市土地集约利用水平变化显著，2004 ~ 2006 年间，增长率达到 92.98%，为同期最高水平，研究期内变异系数达到 37.19%；其次是承德市，集约度极差为 32.11，变异系数为 35.63%，2002 ~ 2003 年间，集约度下降最为明显，降幅达 41.66%，为各城市历年降幅比例最大。变异系数最小的城市为省会石家庄，因地区经济基础好，社会发展水平高，集约度波动性较弱，仅为 16.35%。

四、河北省城市土地集约利用对策建议

（一）做好城市发展长远规划，优化城市土地利用结构

　　城市规划是城市建设和发展的蓝图，加强城市土地利用发展规划，实行土地用途管制有利于土地宏观管理和统一管理。城市规划应对城市发展的特点进行科学分析，合理安排城市发展中各行业用地的规模，优化城市用地结构，均衡协调各行各类用地的区位和数量，充分发挥城市功能。河北省应根据土地资

源现状、实际利用情况以及规划期间社会经济发展的趋势做出科学判断，把促进土地资源集约利用作为主要目标，科学制定土地利用总体规划，实现土地资源集约利用。

（二）壮大城市规模，发挥城市的集聚经济效应和规模效应

城市的聚集经济效应和规模效应，有利于在有限的土地资源上集中更多的资本、劳动、技术等生产要素进而形成整体规模优势，从而提高城市土地资源的产出效率，促进城市土地集约利用。应该进一步壮大城市的规模，提高城市化水平，充分利用城市的聚集经济效应和规模效应来提高城市土地的集约利用水平。但是壮大城市规模有一个前提，那就是城市的规模应与经济发展阶段、自身资源禀赋等相协调，避免因为城市超前发展造成的城市问题出现，力争实现城市化与土地集约化的协调发展。

（三）差别化管控，因地制宜，提升城市集约利用水平

受自然条件、区位因素、交通条件的影响，各地的经济发展不一，应因地制宜结合城市功能定位促进土地集约利用，促进经济发展。例如，张承地区应大力发展大型加工制造业和第三产业，同时从资本和劳动力两个层面加大对城市土地的投入，尽可能吸收社会闲散资金，通过对土地的投入来达到城市土地利用的集约化；而石家庄、秦皇岛、唐山、沧州等地应该依其独特的区位优势，确定具有竞争优势的重点产业，重点发展集约型工业、高新技术产业。通过采取差异化的城市发展战略和用地布局，依托地区优势，努力提高本地区的城市土地集约利用水平。

（四）结合京津冀协同发展战略的实施，优化城市群的空间布局

目前，京津冀协同发展是河北省面临的最大机遇，为其在城市群布局调整中改善城市层级结构提供了充分的条件。河北与京津协作有着天时地利的独特优势，应吸纳北京、天津资金和技术密集型投资，提高河北省城市土地单位面积的经济密度。克服城市用地利用的边际收益递减效应，与规模化投入相匹配，并实现可持续利用。建立起与世界级城市群相适应的次级中心城市、大城市、中小卫星城为一体的合理层级结构，推进城市群协调发展。

参考文献

[1] Charles W. Schmidt. New Problems Caused by City Expand [J]. Environmental Health Per spec Ti－ves, 1998, 106 (6)：112－116.

[2] 马克思. 资本论（第三卷），北京：人民出版社，1975：760.

[3] 毕宝德. 土地经济学［M］. 北京：中国人民大学出版社，2006：44 - 59.

[4] Smyth, A. J.; Dumanski, J. FESLM: An International Framework for Evaluating Sustainable Land Management; World Soil Resources Report 73; 1993.

[5] 牛文元，刘怡君. 中国新型城市化报告2009［M］. 北京：科学出版社，2009. 33 - 35.

[6] 马克伟. 土地大辞典［M］. 长春：长春出版社，1991，838 - 839.

[7] 丘金峰. 房地产大辞典［M］. 北京：法律出版社，1992：61.

[8] 王道保. 河北省土地集约利用研究［D］. 石家庄经济学院，2008.

[9] 张亚卿. 城市土地集约利用评价研究——以河北省辖市、县为例［D］. 河北师范大学，2005.

[10] 商彦蕊. 河北省水文地质环境变化及其脆弱性分析［J］. 中国人口：资源与环境，2002，（5）.

[11] 方创琳，马海涛. 新型城镇化背景下中国的新区建设与土地集约利用［J］. 中国土地科学，2013：4 - 9.

[12] 谢敏，郝晋珉，丁忠义，等. 城市土地集约利用内涵及其评价指标体系研究［J］. 中国农业大学学报，2006，11（5）：117 - 120.

[13] 杨树海. 城市土地集约利用的内涵及其评价指标体系构建［J］. 经济问题探索，2007，（1）：27 - 30.

[14] 赵鹏军，彭建. 城市土地高效集约化利用及其评价指标体系［J］. 资源科学，2001，23（5）：23 - 27.

[15] 丛明珠，欧向军，赵清，等. 基于主成分分析法的江苏省土地利用综合分区研究［J］. 地理研究，2008，27（3）：574 - 582.

[16] 王效科，欧阳志云，肖寒等. 中国水土流失敏感性分布规律及其区划研究［J］. 生态学报，2001，12：13 - 16.

[17] 潘海燕. 城市土地集约利用研究［D］. 新疆大学，2008.

教师讲评

本文以地租地价理论、土地报酬递减理论、可持续发展理论以及区位理论等作为理论依据，建立包含14个指标在内的评价指标体系，运用主成分分析法，从河北省土地集约利用的时序变化和空间差异特征进行深入分析，在此基础上提出河北省城市土地集约利用的对策建议。文章结构合理，思路清晰，逻辑严谨，方法得当，提出的对策建议具有一定的适用性。

18

农村非农建设用地流转问题研究

——以承德市双滦区西地村为例

农林经济管理 1102 班　赵海阔/指导教师：董　谦

摘　要： 非农建设用地流转是社会主义市场经济发展的客观需要。随着商品经济的渗透和扩张，城镇化快速推进，土地升值，农村非农建设用地参与流转是必然趋势。非农建设用地参与流转是实现土地价值最大化与资源合理配置的有效手段。本文以河北省承德市双滦区西地村为例，运用土地流转相关理论，从区位优势、经济利益驱使和政策性引导三方面对西地村非农建设用地流转的原因进行分析，并总结梳理了其成效和问题，发现西地村非农建设用地在就业安置、耕地补偿等方面存在不足，并且违法违规现象明显。针对问题，本文从创新农业经营体制、加强社会保障和创新制度建设等方面提出相应的对策建议。

关键词： 非农建设用地；制度建设；农民权益；西地村

引　言

农村土地集体所有制度建立以后，我国农村集体建设用地流转经历了长期的演变时期。改革开放以前，由于实行计划经济，我国禁止农村集体建设用地流转；改革开放后，随着开放水平的提升以及社会经济的发展，集体建设用地的自发、无序流转逐渐盛行；到了 20 世纪 90 年代中期以后，经济稳步发展，城镇化进程快速推进，土地价值也快速增长。在全国各地土地流转浪潮中，非农建设用地流转成为很重要的一部分。我国开始加强了对农村集体建设用地流转的探索，进行规范管理、立法保障，促进农村集体建设用地的有序流转。但是我国非农建设用地流转缺乏制度性保障，相关法律法规不健全，各地非农建设用地流转过程中违法违规严重，损害农民利益现象时有发生。非农建设用地有序、正确流转有利于盘活当地土地，发挥土地增值效益，提升农民收益，是合理利用土地和保护耕地的必然选择。西地村的非农建设用地流转工作，总体来看对于改善居住环境、完善硬件设施、提升当地环境质量、增加居民收入等起到重要促进作用。

西地村位于河北钢铁集团——承钢分公司西北部，紧邻承钢分公司运输部和轧钢部，区位优势明显，村内道路硬化率达到80%以上，村集体企业五家，以钢管运输与铸造企业为主，劳动力结构年轻化。长期以来，西地村在享受工业发展带来人均收入增加，生活水平提升的同时，也承受着环境污染带来的困扰。不合理的村庄发展轨迹让西地村发展陷入瓶颈。承钢分公司在全球钢铁工业行业发展前景较好的形势下，决定征用西地村土地，扩大企业规模，西地村也希望通过搬迁实现村容村貌的改善。本文通过对西地村非农建设用地流转分析，探究其流转原因以及有针对性的提出对策和建议，旨在为该村的长远持续发展提供经验借鉴。

一、研究区域概况

（一）西地村基本概况

西地村隶属于河北省承德市双滦区西地满族乡，2009 年 7 月，经省委省政府批准出滦平县划归双滦区。旧址位于西地乡中部，该地山地较多，人口稀疏，以种植玉米、小麦等粮食作物为主。该村邻承钢公司而建，村内建有轧钢厂、钢管厂、硫钢厂等钢铁配套企业，良好的工业基础为后期土地征用打下了基础。常年的工业生产导致村内环境日益恶化，空气粉尘含量高，噪声污染严重，通过搬迁改善村里环境成为西地村村民一个愿望。

1984 年该村人口 1 884 人，非农建设用地 2 578.5 亩，农业用地总面积 1 689.5 亩，耕地 705.9 亩（其中山地 413.5 亩，平原地 292.4 亩），自留地 983.6 亩。2014 年该村共有人口 1 761 人，非农建设用地总面积 3 298.5 亩，农业用地总面积为 1 719.9 亩，耕地 1 010 亩（其中山地 458 亩，平原地 552 亩），自留地 709.9 亩。具体人口变化、人均农业用地面积变化、人均非农建设用地面积变化见表 18 – 3。

表 18 – 1　　　　　　　　　西地村各小队人口变动表　　　　　　　　单位：人

年份	一队	二队	三队	四队	五队	六队	七队	八队	九队	十队
1984	245	256	157	223	177	187	170	144	115	210
2014	188	225	164	185	167	189	143	120	155	225

资料来源：根据实地调查数据统计。

在人口总量上，2014 年比 1984 年减少了 0.065%，整体呈下降趋势。1984 年全村人口为 1 884 人，2014 年 1 761 人，减少了 123 人。在人口构成方面，依据村委会提供资料，按年龄划分：0~20 岁、21~40 岁、41~60 岁以及 61 岁以上的村民人数分别为：390 人、545 人、466 人、360 人，所占比例分别为 22.1%、30.9%、26.4%、20.4%。从人口构成来看，西地村人口青壮年劳动力占大部分，人口老龄化问题较轻，外出务工人员较少，这得益于河北钢铁集团—承钢分公司，河北钢铁集团承钢分公司吸收了大部分青壮劳动力，促进了人口结构的合理。

表 18-2　　　　　　　西地村各小队人均农业用地面积变动表　　　　　　单位：亩

年份	一队	二队	三队	四队	五队	六队	七队	八队	九队	十队
1984	0.95	0.93	0.60	1.19	0.95	1.05	0.77	1.03	0.75	0.76
2014	1.23	1.05	0.57	1.43	1	1.03	0.91	1.23	0.55	0.71

资料来源：根据实地调查数据统计。

各小队土地拥有情况各不相同，土地分配是按照当时人口数分配，从1984 年到 2014 年人均拥有土地面积上升，这源于总人口的下降。由于西地村山地较多，生产困难较大，为了避免分地冲突，体现公平、公正，各小队分配土地均按照"公平、有序、人人有份、抽哪是哪"原则，抽签决定，抽到哪块地，负责哪块地。

表 18-3　　　　　　　西地村各小队人均建设用地面积变动表　　　　　　单位：亩

年份	一队	二队	三队	四队	五队	六队	七队	八队	九队	十队
1984	1.55	1.26	0.82	2.03	1.06	1.71	0.85	2.23	1.32	0.76
2014	2.31	1.44	1.11	2.61	2	2.17	2.56	3.61	0.86	0.92

资料来源：根据实地调查数据统计。

从 1984 年到 2014 年的十年间，西地村非农建设用地面积总体上涨，人均非农建设用地也水涨船高。非农建设用地增长的原因主要表现在三个方面。首先，1984 年到 2014 年，由于村集体企业的发展，道路硬化面积不断扩大，厂房建设增多。非农建设用地面积提高。其次，公共设施建设面积逐步增加。三十年间，西地村逐步完善公共设施，建立供村民运动休闲场所。村内建有篮球场、乒乓球场、音乐喷泉广场、健身器械运动场地，增加了非农建设用地面积。同时，村民扩建房屋，增加庭院面积。随着居民收入的增多，对居住条件的要求也逐渐提高，旧房改新房、扩大庭院面积成为村民改善居住环境的主要手段。

（二）西地村非农建设用地流转状况

西地村的非农建设用地流转主体是西地村集体，由西地村与河北承钢集团——承钢分公司签订土地流转协议，其中涉及农民宅基地权、土地承包权、集体收益分配权等权益。西地村非农建设用地流转在 2010 年正式开始，分为三期进行，分别是前期测量土地、补偿安置，中期签订协议、改善土地，后期回迁、建设厂房。此次非农建设用地流转由双滦区政府牵头，西地村委会配合，总面积为 2 894.6 亩，补偿方式分为现金支付和房屋补偿两种方式，现金支付是一次性付清，价格是 7 万 ~ 8 万元/亩。房屋补偿标准分为两种，主房按照 1 平方米置换 1.5 平方米的原则，进行补偿；次房（活动板房、库房等无产权证房屋）按照 1 平方米置换 0.6 平方米的原则，进行补偿。通过土地流转，西地村农民获得货币补偿收入 32.5 万元/户，置换房屋 98.3 平方米/户。承钢集团通过流转取得西地村非农建设用地使用权，主要用于工业建设，用来扩建厂房和增加基础设施，属于工业用地范畴。

二、西地村非农建设用地流转的原因分析

（一）区位优势

地理位置是一个地区发展好坏的先天因素，西地村非农建设用地流转的主要动力就是区位因素。一般来讲，商业用地选址优先考虑交通便利、人口稠密、经济发达的城市繁华地段。对于工业建设用地来讲，面积广阔、土地租金低、交通便利、人口稀少是必要因素。承钢公司是资源型企业，就近建设厂房与基础设施能最大程度上降低生产成本，与此同时，通过流转西地村非农建设用地可以减少对西地村环境的污染。西地村受承钢公司的辐射带动较强，紧邻承钢公司，交通便利，产品运输成本低，位于承德市郊区，土地价格低廉，区位优势明显。因此，西地村集体非农建设用地成为承钢公司转移产业，扩大规模的首选。

（二）经济利益驱使

随着我国土地市场的逐步完善，土地价值增值获利空间巨大。集体建设用地成为投资者的偏好。承钢集团通过租入、购买使用权等方式获得西地村非农

建设用地 2 894.6 亩。从短期看，可以建厂房，完善基础设施；从长期来看，可以坐等土地升值，成为承钢公司长久投资。对于西地村集体来说，非农建设用地流转所得收入非常可观，在巨大经济利益诱导下，西地村集体通过了流转协议。非农建设用地流转的实现，大大提升了西地村集体的建设实力，仅靠流转收入就实现村集体平均家庭获得收入 32.5 万元。同时，西地村每年可取得 55 万元的租金收入，增加了村集体资产，充实了村财政，使村集体有了资金保障以进行村事务建设，在公共服务、基础设施、人员工资待遇、村容改善方面有所作为。

（三）政策性引导

2000 ~ 2014 年间，中国的城镇化率年均提高幅度为 1.1 ~ 1.5 个百分点，河北省属于超高速城镇化地区，年均城镇化率高达 1.978%。经济的增长，城镇化的提速，促使集体建设用地不断入市交易。虽然修订于 1999 年的《土地管理法》明确规定，村集体非农建设用地流转除村集体及本村村民外都属于违法行为，但是非农建设用地成为区域经济建设的推动力已成事实。为了建立有序的土地流转市场，政府开始采取相应措施对非农建设用地流转进行规范。《物权法》草案对村集体财产做出了原则性规定："城镇集体所有的不动产和动产，依照法律、行政法规的规定由本集体享有占有、使用、收益和处分的权利。" 2004 年在第十届全国人民代表大会第二次会议通过的《中华人民共和国宪法修正案》规定："国家为了公共利益的需要，可以依照法律规定对土地实行征收或者征用并给予补偿。"法律层面隐含了对集体建设用地使用权流转的放宽。目前，我国在集体建设用地流转方面的法律法规尚不健全，对于非农建设用地使用权如何流转、流转程序是什么、具体标准是什么，均没有明确规定。但是，在市场经济大环境下的农村，缺乏明确规定与指导的土地流转市场，在隐含的政策规定下，非农建设用地流转在全国如火如荼地开展，呈扩大化趋势。西地村就是在这种大环境下开始的非农建设用地流转，西地乡政府按照地方性规章，经村民集体投票通过，和承钢分公司签订流转协议，推动了西地村非农建设用地流转。

三、西地村非农建设用地流转成果与问题分析

西地村非农建设用地流转取得了一定成果，同时也存在很多问题。非农建设用地入市流转，发挥了西地村土地集体财产效益，帮助西地村村民人均收入从不足 2 000 元提升至 4 000 元。西地新村的完工入住，改善了西地村村民生

活环境，有益于身心健康。由于我国有关农村非农建设用地流转的相关制度不健全，西地村非农建设用地流转存在不足之处，主要表现在失地农民的就业安置，非农建设用地流转过程中缺少对耕地补偿，以及非农建设用地流转过程的规范性问题。这也是全国非农建设用地流转的通病。

（一）土地流转成效分析

1. 增加当地农民收入，有利于安置农民生活

西地村联合承钢分公司设立拆迁督导办公室，严格按照国家有关征地拆迁规定操作，坚决避免违法违规拆迁，依据"先安置，后拆迁"的原则，开展征地拆迁工作。补偿款分为三项：被征房屋价值补偿、因征地拆迁造成的临时安置补偿和因征地拆迁造成的停业、歇业补偿。按人头发放居民租房补偿款，并提供一定搬家费用，鼓励村民就近租房，在被拆迁农民完成妥善安置后，开展拆迁工作。西地村征地拆迁房屋补偿款严格遵循国家标准，并结合当地房地产市场实际情况，采用"货币补偿"和"房屋产权交换"补偿两种方式。货币补偿标准为 7 万~8 万元/亩，平均每户得到补偿款为 32.5 万元。房屋补偿标准主房标准为 1 平方米置换 1.5 平方米，次房标准为 1 平方米置换 0.6 平方米。西地村委会保障拆迁款足额、及时发放，充分保障农民利益，使农民享受到土地增值所带来的收益。回迁楼建设严格按照计划进程施工，保证农民按时住进新房。"拿现金、住新房"成为西地村征地拆迁工作的明亮标签，有效的提升当地农民的收入，改善生活质量。

2. 完善基础设施，促进新农村建设

承钢公司负责西地村回迁楼建设，回迁楼地址位于承德市双滦区冯营子村河套稻田地，占地 680 亩，建成西地新村。西地新村住房建筑面积 33.05 万平方米，分三期进行。第一期建设回迁楼 24 栋，建筑面积 11.02 万平方米。村内设有西地村卫生所，是医保定点医院，基本满足村民的就医看病需求；小区中心建有音乐广场，提供村民休闲娱乐；新村北部设有西地村寄宿中心小学，保障西地村、四道河村、冯营子村适龄儿童的教育；完成道路硬化 3 千公里，建设两条县级公路，向东是滦平方向，向西是承德市方向，交通便利。回迁楼严格按照国家统一住房标准建设，拆迁居民中 80% 农户以上住进了 70 平方米以上的房屋，宽敞明亮的楼房大大提高了村民的住房条件。西地新村房屋、街道统一规划、绿化，道路设有路灯，花草整齐，改善了新村环境。土地流转前，由于西地村处于河北钢铁集团——承钢分公司西北部，距离承钢公司炼钢厂较近，空气污染严重，常年遭受粉尘、噪声、光污染的侵害，同时，村内经常过重型卡车，交通事故频发，道路破坏严重。土地流转工作的进行，使得西

地村搬迁至西地新村，有效地解决了环境污染、交通安全隐患等问题，进一步完善了基础设施，促进了西地乡西地村新农村建设。

3. 盘活当地土地存量，实现土地资产增值与保值

西地村和全国普通村庄一样，在城镇化快速发展的同时，存在着建设用地闲置和低效率利用的状况。西地村依承钢公司而建，村办企业较多，在20世纪七八十年代发展迅速，但是随着改革开放的推进，市场化经济兴起，村集体企业效益下降，大部分厂房、工地出现停工歇业现象，土地的闲置不仅导致农村集体土地资产低效率的运行，而且直接损害了国家和农民的权益。在这种情况下，西地村顺势而为，与承钢公司达成土地流转协议，按照7万~8万/亩的价格，以土地转让、出租的方式，将村内非农建设用地流转给承钢公司用于厂区扩建，有效地盘活村内非农建设用地，实现村内土地资产的保值增值。村集体将土地流转带来的收益用于西地新农村基础设施建设、公共服务保障及文化生活改善等方面，包括新村停车场两个，为村内中老年人提供定期免费体检和康复治疗，开展为期三年的"庆春节，弘扬传统文化"县京剧团下村文艺汇演活动。而且，村内定期按人头进行租金分红。土地流转重新赋予了西地村土地以活力，让村民充分享受了土地增值带来的福利。

（二）土地流转存在的问题

1. 就业安置跟不上，农民失业风险大

从西地村人口构成来看，人口结构以青壮年为主，人口老龄化问题较轻，这得益于承钢公司吸收了本村大部分劳动力。承钢公司是钢铁公司，属于劳动密集型、资本密集型企业，对劳动力需求较高，西地村村民在享受就近工作带来好处的同时，也面临失业所带来的风险。一方面，单一的工作结构是脆弱的。西地村村民大部分在承钢公司从事炉前、分拣、冶炼、运输、保卫等工作，工作性质较单一，以体力工作为主，难以找到替代性工作。而且，随着世界经济下滑，钢铁行业不景气，进一步加剧失业所带来的隐患。另一方面，西地村土地流转，使得80%以上村民失去了土地，拆迁款一次性补偿，虽然得到了一大笔货币收入，但是失去长期的保障性收入——土地。村民一旦失业，整个家庭将陷入经济危机，生活难以为继。西地村在整个土地流转过程中，缺乏对未来农民收入的思考与安排，把注意力集中在承钢公司上，忽视了对钢铁行业的分析，对涉及土地流转农户未来就业的安置缺乏规划。

2. 耕地补偿难以实现平衡

占用耕地补偿制度是我国保护耕地，实现耕地占补平衡的重要法律制度。耕地补偿制度规定，非农建设经批准占用耕地的，占多少耕地，就必须开垦多

少与所占用的耕地数量和质量相当的耕地，没有条件开垦或者开垦的耕地不符合要求的，应依法缴纳耕地开垦费，作为专项款用来开垦新的耕地。占用耕地补偿制度是从我国国情出发，充分考虑我国人多地少、农业基础薄弱的局面，旨在保护耕地保有量，是维护粮食安全、巩固国际地位的重要举措。西地村的居民回迁楼选址在冯营子村西南部稻田地，属于基本农田保护区占地680亩，回迁楼的建设改变了耕地原有用途，在土地流转过程中，并没有开垦与之相当面积、相当质量的耕地，而是直接征用，进行第二次流转，违反了耕地补偿制度的相关规定，改变了基本农田的用途，导致了冯营子村基本农田的损失。

3. 违法、违规现象比较严重

我国对于非农建设用地使用的法律规定主要是修订于1999年的《土地管理法》。该法第43条规定："任何单位和个人进行建设需要使用土地的，都必须依法申请使用国有土地。但本集体经济组织成员使用本集体经济组织的土地办企业或建住房除外。"第63条还规定："集体土地使用权不得出让、转让或出租用于非农建设。但是符合土地利用总体规划并依法取得建设用地的企业，因破产、兼并等情形致使土地使用权发生转移的除外。"给予法律内容可知，现行法律严格限制现有土地用于非农建设，只允许村集体自用。表明集体非农建设用地向除本村镇以外的企业和个人的流转的行为都是违法的。承钢公司是国企，不是村镇企业，西地村将本村2 894.6亩非农建设用地流转给承钢公司的行为走在了法律的前面，违反了《土地管理法》的相关规定。

四、西地村非农建设用地土地流转建议

（一）创新农业经营方式，促进农户与企业合作发展

农业经营是农村发展的基础。西地村在非农建设用地流转中大部分村民失去了耕地和宅基地，虽然经过土地流转实现了"住楼房，开小车"的城市生活愿望，但仍需要通过发展农业来改善就业结构，为农民提供更多的就业岗位，减弱失业风险。西地新村可以在农业经营方式方面进行创新，在坚持家庭经营在农业中的基础地位的前提下，充分利用剩余土地并结合资本优势，依靠当地资源，引进公司，充分发挥现代企业在规模、效率、技术、市场等方面的优势，建立农民专业合作社，开创"农户＋企业＋合作社"经营方式，将企业的现代管理模式和生产要素注入农业经营，促进农业发展向专业化、组织化、社会化发展。与此同时，不遗余力发展乡镇企业，村集体出资，集中募股，开展特色生产，只有做大、做强农业与村镇企业，才能从根本上保障农民

的生计。创新农业经营方式是发展现代农业的必由之路，也是进一步释放农业生产力的有效措施，对于像西地村这样由于土地流转而失去土地拥有面积的村庄来说，创新土地经营方式，利用较少土地资源创造更多价值尤为重要。

（二）依靠村集体收益，加强社会保障

非农建设用地的流转对于该村农民来说，伤感大于收益带来的喜悦。失去宅基地和耕地的村民担心更多的是将来的养老与后代的生存问题，这不仅是西地村村民内心的感受，同时也是全国征地拆迁过程中所涉及的村民的忧虑。西地村委会需要加大村民社会保障性支出，解决村民的担忧。西地村通过非农建设用地流转实现村民户均收入32.5万元，村集体每年租金收入55万元，西地新村应在村集体资产允许的前提下，建立村民社保保障制度，以村为单位，增加社保额度，鼓励个人参加商业保险，提供商业保险补助，并上报乡镇政府备案，审批，建立长效机制。具体操作办法为：以户为单位，按照"自由选择，支持多种方式"的原则，村民可以选择以村集体为单位的参保方式，也可以选择个人参加商业保险，村委会按比例提供补助。除此之外，按规定给予村民失地补偿，提供养老保障金，男性60岁，女性55岁，超过年龄的村民每个月可以领到60元补助。通过村集体保险与个人商业保险的结合，辅之养老保障金，建立双重保障体制，增加村民生活信心，减少顾虑，同时也降低失业带来的风险。

（三）完善地方法律法规，创新制度建设

改革现行土地管理制度，加强对集体非农建设用地流转的制度建设，用制度约束土地管理非农建设用地流转的相关行为。首先，制定相关法律法规。依法治国是我国的基本国策，随着非农建设用地流转步伐的加快，有关非农建设用地入市的统一性法规也要加快出台。在非农建设用地流转量、流转方式、流转用途等方面进行界定。其次，建立全国统一的补偿，在"全国统一，因地制宜"的原则下，提升补偿机制运行效率。通过制定全国统一的补偿标准，实现由"政治价格"向"法律价格"或者"市场价格"的转变。在非农建设用地流转过程中，政府作为土地管理者，应建立补偿标准公平谈判、民主诉求表达及仲裁解决争端平台。同时，完善管理体制。设立非农建设用地流转运行监督机构，加强对非农建设用地流转工作的监督。通过搭建信息沟通平台，促进相关部门信息对称。建立统一领导部门，改善"多头执法"的弊端。

五、结束语

改革开放是中国经济腾飞的关键点，但是各地方 GDP 增长的背后是农民土地的丧失。随着市场化的普及，土地价值飞速增长，老一辈农民为中国经济的崛起付出巨大努力。这种"牺牲农村，富了城镇"的状况在国家重视"三农"的大环境下需要改善。土地使用权，作为入市要素，合理有偿参与流转，就是对新一代农民的权益的保护。新一代的农民将在经济环境改善，政策到位的今天，充分享受土地增值以及经济增长带来收益。非农建设用地使用权参与流转，不仅带来了经济收入，加快新农村建设，也是促进"以人为本"的城镇化建设。村集体通过合理的土地流转，取得经济收益，可以进一步完善村集体社会保障，为村民提供更全面，更人性化的服务，切实丰富基层自治组织的职能。做好非农建设用地流转工作，农民将会是最大受益者。虽然我国有关农村集体非农建设用地流转的法律、法规还不到位，制度尚不健全，但是非农建设用地流转已经走在了法律和制度的前面，像西地村这样把集体建设用地作为市场要素，出租、转让给企业，获得经济收入的村庄在中国已不是个例。成绩有目共睹，需要改进的地方仍然很多。当地政府和村集体要制定战略计划，不能搞政绩工程、面子工程，切实做好就业安置工作，制定非农建设用地流转之后的村庄发展规划，利用好资金收入，充分发挥土地的持久效益，培育新型农民，建设社会主义新农村。

参考文献

［1］王秀兰．集体非农建设用地流转的驱动因素分析［D］．武汉：华中农业大学．2007.5.

［2］晏坤，艾南山．当前我国农村集体建设用地流转存在的问题及对策［J］．国土经济．2003（7）：11 - 12.

［3］张琦，李杰．论我国农村集体用地使用权入市流转［C］．中国统计．2007（3）：10～11.

［4］程久苗．农村集体建设用地流转制度的创建及相关问题的思考［D］．南京：南京农业大学．2002，5.

［5］李颖．中国农村居民收入差距及其影响因素分析［D］．北京：中国农业大学．2004，5.

［6］肖瑛，王满银．农村集体建设用地流转支撑体系探讨［J］．小城镇建设．2004（11）：30 - 45.

［7］朱婧，何训坤．对农村集体建设用地流转必然性的思考［J］．农村经济．2002

（4）：12～13.

[8] 陈兴中，孙丽丽，李富忠．农村集体建设用地流转的思考［A］．山西农业大学资源环境学院．2009（5）：10～11.

[9] 薛华．农村集体建设用地流转管理研究［D］．重庆大学．2004，5.

[10] 章波．经济发达地区农村宅基地流转问题研究——以北京市区为例［D］．中国土地科学．2006（1）36～40.

[11] 刘庆．经济发达地区集体非农建设用地流转初探以农村宅基地为例［J］．农村经济．2004（2）：45－60.

[12] 余小江，魏元遵．对农村非农建设用地入市的思考［A］．华中师范大学经济学院．2007（10）：23～56.

[13] Hu，Y，Xue，Y. Extracting fuzzy rules from neural networks for land evaluation［J］．2005（12）：93～97.

教师讲评

本文以土地流转相关理论为理论依据，通过对承德市双滦区西地村进行实地调研获得一手资料，从区位优势、经济利益驱使和政策性引导三方面对西地村非农建设用地流转的原因进行分析，并总结了其产生的效果和存在的问题，有针对性地从创新农业经营体制、加强社会保障和创新制度建设等方面提出相应的对策建议。文章结构较为严谨，数据资料比较翔实，论证较为充分，语言比较通顺，基本能够做到有理有据、图文并茂。

19

沽源县农村耕地资源利用问题研究

农林经济管理 1102 班　张丽贇/指导教师：许月明

摘　要： 土地是人类生存和进行生产活动所必不可少的物质条件和自然基础。土地是农业生产的基本生产资料，开发、改造、利用和保护土地，在农业中更有着特殊重要的意义。对于土地资源的有效利用，沽源县一直存在着很多问题，本文首先引入土地管理利用的概念；其次，基于实证研究通过调查了解农村农业用地的合理利用状况；再次，利用 SWOT 分析法对土地的利用状况进行分析，最后提出战略分析决策。实现沽源县农业用地合理有效利用的目的。

关键词： 土地资源；合理利用；沽源县；SWOT 分析

引　　言

农业土地利用率：是指一个地区或农业生产单位用于农业生产（包括农、林、牧、副、渔业）的土地占土地总面积的比例，是用来衡量一个地区或农业生产单位农业土地利用程度的指标。在农业中，土地是农业生产的基本生产资料，开发、改造、利用和保护土地，在农业中更有着特殊重要的意义。提高土地利用率和提高土地生产率，是开发与利用土地的两个最为基本目标和基本途径，同样也是用以衡量土地开发率与利用率情况的两个基本指标。而土地利用率间接影响土地的生产率。对于农业生产来说，土地资源是最为重要也是最为基础的生产资料，只有拥有足够数量的且肥沃的耕地资源才能有良好的农作物种植培育条件，从而种植生产出优质的农作物。然而土地资源却又属于不可再生资源，所以保护好耕地资源就显得尤为重要。而现今大部分农业劳动者对耕地资源的保护意识尤为淡薄，耕地资源无端耗费现象非常严重，希望通过系统的 SWOT 分析法对沽源县的各方面条件进行系统的分析，从而找出合理合适的方法措施进行改善。

一、沽源县农村农业土地利用率现状

（一）沽源县地理位置、土地概况

沽源县是整体位于河北省西北部的地区，又被称为坝上地区。东经114°50′38″～116°04′09″、北纬41°14′33″～41°56′55″。向东与承德市丰宁县接壤，往南与赤城、崇礼两县连接，西与张北县、康保县毗邻，北与内蒙古自治区太仆寺旗、正蓝旗、多伦县为界。县城驻地平定堡镇距离北京市270公里，距离张家口市167公里，距离其省会石家庄市600公里。整体区位来说，沽源县位于河北省的西北部，内蒙古高原的南缘，古长城外侧。全县最高海拔2 123米，最低海拔1 356米，平均海拔1 536米。

沽源县全县总面积3 654平方公里，而耕地面积占156万亩，其中水浇地大约17万田。主要农作物有燕麦、马铃薯、亚麻、杂豆、蔬菜等，同时还是华北最大的脱毒薯基地。

（二）农业土地利用现状

全县土地总面积358 924.44公顷，其中：农用地295 939.99公顷，占全县土地总面积的82.45%；建设用地10 166.18公顷，占全县土地总面积的2.83%；其他土地52 817.61公顷，占全县土地总面积的14.72%。

全县农用地中，耕地面积122 911.01公顷，占农用地面积的41.53%；园地面积2 666.93公顷，占农用地面积的0.90%；林地面积105 039.99公顷，占农用地面积的35.49%；牧草地面积57 436.86公顷，占农用地面积的19.41%；其他农用地面积7 885.31公顷，占农用地面积的2.66%。具体数据如表19－1所示。

表19－1 　　　　　　　　沽源县农业土地利用现状 　　　　　　　　单位：公顷

乡镇名称	总面积	农业用地					
		合计	耕地	园地	林地	草地	其他农用地
平定堡镇	41 323.77	30 708.28	18 646.82	335.94	4 884.21	5 693.49	1 147.82
小厂镇	21 811.04	19 076.18	7 556.97	162.13	10 040.97	905.09	411.02
黄盖淖镇	18 099.76	16 282.69	6 364.97	127.82	6 585.81	2 793.3	410.79

续表

乡镇名称	总面积	农业用地					
		合计	耕地	园地	林地	草地	其他农用地
九连城镇	29 195.7	22 094.04	8 367.59	1 052.3	6 054.19	6 096.57	523.39
高山堡乡	17 964.11	14 354.14	7 108.03	76.88	2 313.32	4 381.88	474.03
白土窑乡	25 794.32	23 000.25	6 915.27	546.08	5 604.16	9 492.66	442.08
小河子乡	35 815.66	28 495.34	11 547.06	126.76	12 277.94	3 916.02	627.56
闪电河乡	21 413.46	16 550.18	8 944.05	33.56	3 106.83	3 925.36	540.38
长梁乡	24 767.65	21 228.64	9 569.26	86.7	9 679.73	1 356.65	536.3
丰源店乡	28 332.81	26 312.01	6 266.77	0.71	19 046.67	549.18	448.68
西辛营乡	21 336.97	15 783.11	6 726.68	37.36	6 011.36	2 356.83	650.88
莲花滩乡	21 683.06	16 128.3	4 441.61	4.58	11 201.35	108.83	371.93
大二号回族乡	5 277.1	4 661.94	3 255.51	38.89	539.03	732.37	96.14
二道渠乡	18 716.62	17 015.62	8 205.05	36.76	3 397.85	4 794.94	581.02
苏鲁滩牧场	4 677.94	4 364.49	939.1	0.28	881.49	2 392.88	150.74
塞北管理区	22 714.47	19 884.78	8 056.27	0.18	3 414.97	7 940.81	472.55
合计	358 924.44	295 939.99	122 911.01	2 666.93	105 039.88	57 436.86	7 885.31

（三）沽源县的气候及降水概况

沽源全县地处内蒙古高原地区的南缘，气候类型属于温带大陆性草原气候。年平均气温 +1.6℃，年日照时数最长达到 3 246 小时，最短 2 616 小时，年降水量约 426 毫米，无霜期日数 117 天。汛期主要反映在 6、7、8 三个月，期间降水量约能占到全年降水量的 53%。近年来由于森林覆被率增加，小气候改变，降雨期延长，气温提高，逐渐出现暖冬现象，积雪减少，气候呈现为"冬无严寒、夏无酷热"的一种状态。

其特殊的气候及降雨状况决定了农作物一年一季的种植方式，5 月种植，9 月收获。相比较而言直接降低了土地的利用率，并且是客观决定无法更改的。

二、基于 SWOT 对沽源县农村土地管理政策进行分析

（一）简述 SWOT 分析法

SWOT 分析法又称为态势分析法。是早在 20 世纪 80 年代初由旧金山大学的管理学教授所提出来的，SWOT 分析法是一种能够较为客观而且准确地分析并研究一个单位现实情况呈现的一种方法。SWOT 分析是要把组织内外环境所形成的机会（Opportunities）、风险（Threats）、优势（Strengths）、劣势（Weaknesses）四个方面的情况，整体结合起来进行分析，以寻找并最终制定适合于组织实际情况的经营战略和策略的方法。

运用各种调查研究方法，分析出组织所处的各种环境因素，即外部环境因素和内部能力因素。外部环境因素包括机会因素和威胁因素，它们是外部环境中直接影响组织发展的一系列有利和不利因素，属于客观因素。内部环境因素包括优势因素和弱点因素，它们是组织在其发展中自身所存在的积极和消极因素，属于主观因素。在调查分析这些因素时，不仅要考虑组织的历史与现状，而且更要考虑组织未来的发展。

首先将经过一系列调查所得出的各种因素根据它们对整体组织的影响程度的轻重缓急或影响程度等进行排序，然后再根据排序构造出 SWOT 矩阵。在这个过程中，首先将那些对发展有直接的、重要的、大量的、迫切的、久远的影响因素优先挑选并排列出来，而将那些间接的、次要的、少许的、缓慢的、短暂的影响因素排在后面。从而得到 SO 战略、WO 战略、ST 战略、WT 战略。

综合各方面因素考虑，我们选取 SWOT 分析法对沽源县耕地资源的利用率情况进行分析，从而研究获得合适有效的战略对其进行改进。

（二）沽源县土地资源合理利用优势分析

1. 区位地理优势

沽源县整体地处河北省张家口市坝上地区，其位势北靠内蒙古，东依承德，南临北京，西接大同，是内蒙古高原地区向华北平原地区过渡的中间地带。沽源县总面积约 3 654 平方公里，辖 4 镇 9 乡及 1 个民族乡：包括平定堡镇、小厂镇、黄盖淖镇、九连城镇、高山堡乡、小河子乡、二道渠乡、大二号回族乡、闪电河乡、长梁乡、丰源店乡、西辛营乡、莲花滩乡、白土窑乡。

鉴于其是承接华北平原与内蒙古高原的过渡纽带，事实上沽源县地理位势具有很大的优势，交通四通八达，沽源县东邻承德，南接京津，西通山西，北

接内蒙古，县城距北京市 260 公里，从沽源县县城到北京大约需 3 个小时。207 线、半虎、沙宝、张沽等国省公路干线于此集聚辐射，是连接河北、内蒙古的重要经济交通枢纽和环京、津经济圈的重要组成部分。随着正在兴建的张石、张承高速，以及即将启动的蓝张铁路，将大大缩短沽源与外界的相对空间距离。同时拥有相似与内蒙古大草原的广阔草原，羊群，牧马，天高云阔。南邻北京，被人们称为北京的北城门。在经济，交通条件飞速发展的当今社会，沽源县以其有利的区位优势得到新的发展机会。

2. 土地面积广阔

沽源县总面积达 3 654 平方公里，土地及草场资源非常丰富。沽源县地处于冀北山区与内蒙古高原地区的过渡区，地势多样，南部沿坝多为垄状山脉，中、北部逐渐低缓、平坦，全县总面积 548 万亩，人均占地 23.85 亩。现有耕地 156 万亩，其中水浇地面积 17 万亩，土壤肥力较强、光照充足、无污染、无公害，宜种品种较多，是现代市场经济的理想的"有机农业"用地，适宜发展高效、高质农业。现有天然草场 138 万亩，人工草场 38 万亩，万亩以上片共计 29 块，植被覆盖率高，年产优质青干草高达 62 万吨，发展畜牧业的基础非常雄厚，条件独特。

另外村与村，镇与镇相距较远，可以说是"地广人稀"，人均占地面积较多。

3. 旅游业发达

沽源山清水秀，植被覆盖茂盛，野生动植物种类众多，空气清新纯净，自然景观和人文景观星罗棋布，千姿百态，令人流连忘返，心旷神怡。全县草场面积 136 万亩，据数据统计，上万亩的牧场有 10 处，是距离京、津地区最近的原始草原，近百种艳丽的野花遍地绽放，牛羊成群，天蓝水清，"天苍苍，野茫茫，风吹草低见牛羊"之景，可谓正是对沽源粗犷豪浑的独特草原风光的真实写照。另外沽源县又是滦河、潮白河的发源地，拥有大小河流 15 条，人工水库 5 座，天然淡火淖泊 12 处。水质纯净，约近 20 种鱼类游弋其间，其中如闪电河千曲百回，逶迤如带，在金莲川草原上静静流淌，水草肥美，渔舟点点，牧歌嘹亮，风光如画，令人流连忘返。

草原湖度假村、沽水福源度假村、天鹅湖度假村、塞外庄园度假村、草原乐园度假村、五花草甸度假村、梳妆楼古墓群等十余处旅游景区、景点，景色各异，风光无限，吸引了大批游客前来观赏，旅游。

（三）沽源县土地合理利用劣势分析

1. 地区交通劣势

由于其独特的气候温度、土地面积以及经济发展状况等一系列因素的影响，沽源县下属乡镇、村庄间的交通非常不方便。道路状况极差，几乎很少有平坦的马路，尤其是村落之间，崎岖不平，遇到阴雨天更是泥泞不堪。这一弊端直接影响夏季农作物产出时的销售，交通的不发达增加了蔬菜的运输成本，同时降低了蔬菜的新鲜程度从而降低其出售价格，更甚至农产品成熟后不能及时售出引起滞销，从而导致产品变质、腐烂，直接影响农民的收入。

2. 农产品价格过低

由于交通、市场、农产品保鲜期等种种因素的影响，农产品的成交价格并不高，甚至有的时候被压到亏本的境地。最常见的土豆，我们在超市购买时一般都一元八九，贵的达三元多，而事实上在村里土豆出售的价格一般都在六七角左右，对于辛苦了一个夏天的农民来说这个价格确实太低了，只够种地的成本甚至更差。

我国农产品市场主体发育滞留迟缓，市场经济客观要求农户必须成为对市场机制反应灵敏迅速的市场主体。小农户生产缺乏组织和引导，市场信息沟通、交流和反馈的不畅，严重制约了农产品的流通。我国最传统的农产品销售集贸市场和小型农产品批发市场仍然占据着农产品市场体系的主体，而真正具有价格形成机制特性的大型农产品批发市场数量少，且区域分布不均衡，主要集中在农产品的主产区，市场功能非常单一。我国农产品市场设施建设整体水平落后于农产品市场的发展水平。现代农产品批发交易中心、物流中心、配送中心以及仓储保质中心等建设缓慢，农产品交易流通的现代化水平较低，市场从基础设施到管理手段都较落后，许多农产品市场目前仅仅只能满足于农产品的初级交易。不健全的市场体系直接阻碍着农产品的交易和流通。

3. 劳动力流失严重

现阶段我们致力于极力加快经济的飞速发展，推动农村城镇化改革，然而到目前为止这个目标都还未能实现，预计还将要在较长的一段时间需要一直处于这个阶段。然而，目前农村劳动力则一直以一个较高的并且持续增长的速度在向城镇转移，一个较为普遍的基本现状就是农村的很多青壮年劳动力外出打工，而家里剩下的就只是老人和小孩，所以，真正留在农村从事农业劳动的其实大都是五六十岁的老人了。因此，劳动力不足现象已经是很多农村已经逐步显露出来的问题了。如果还一直放任这个问题持续发展下去，很快我们就会面临农村劳动力严重缺失的问题，甚至很可能会出现一种常年外出务工的人回到农村反而不知道怎么种地的现象。对于农业生产的发展来说，这是一个颠覆性的巨变。

4. 机械化、规模化程度低

目前，虽然我国农业机械化的整体发展水平已由初级阶段跨入了中级阶段，但农业生产力水平仍较低，而沽源县的农业机械化水平依然处于初级阶段，迫切需要发展机械化生产，用以促进农业生产的规模化发展。

根据我国农业机械化发展水平的评价标准，将农业机械化发展大体上分为初级阶段、中级阶段和高级阶段三个阶段。主要用两个指标进行评判：一是耕、种、收综合机械化水平，二是农业劳动力数量占全社会从业人员的比重。目前来说，我国农业机械化总体还处于一个比较低的水平。总体上讲，我国农业装备在水平和性能等方面大约要比发达国家落后达到 20 年左右，甚至于在一些新兴技术含量较高的新型产业，这种差距更大并且还在加大。

而对于经济不够发达，低于中国平均发展水平的沽源县来说，机械化、规模化程度远低于标准水平。机械化水平的落后将会严重影响农业劳动力从事农业种植业及农业工作时的效率，从而影响土地的综合产出率。

（四）沽源县土地资源合理利用机遇分析

1. 生态旅游业蓬勃发展

近年来在我国，旅游行业的发展逐步受到高度重视，尤其是生态旅游业。我国在发展生态旅游业方面具备雄厚的资源基础，尤其是自然资源，同时国家及政府也致力于大力推动旅游业的发展，不断给予政策方面和经济方面的鼓励以及大量的优惠政策。而生态旅游又是近年世界旅游业中增长速度最快的部分，年增长率高达25%～30%，生态旅游俨然已经成为了世界旅游的潮流新势，不可阻挡。而对于国家经济的快速增长来说，相信生态旅游也将逐渐演变为支柱产业。

2. 国家政府对农业的大力支持

农村问题一直以来都是我国的大问题，作为一个农业大国，农业问题切实关系到我国的根本所在。因而政府一直密切关注着三农问题。从新中国成立到现在，国家一步步不断完善三农问题，包括各项法律法规的颁布和实施，益农政策的实施等不断改善解决农业相关问题，如"三农"政策、减免农业税、退耕还林等各项益农政策的实施，通过改革，创新的手段逐步实现农业现代化的发展目标。

在国家及政府的不断努力及推动下，我国农业现状得以有效的改善和提高，在未来的时间，国家对农业的扶持只会不断增加。

3. 居民对农产品质量的重视

经济的飞速发展，医疗水平的提高，居民生活水平的不断提高使得世界人均寿命升高到另一个水平，因而居民对养生保健的重视得以提高，尤其对食品安全性的重视。而随着绿色产品、有机食品、无公害农产品概念的传播，居民对于农产品的质量要求不断提高。合格的绿色无公害农产品要求在生产、包装、运输过程中需要把一些有毒有害物质严格控制在规定范围内。它的消费则是一种健康安全的消费，是一种绿色的消费，更是一种符合居民需求的消费。俗话说："一分价钱一分货"，相应的绿色无公害农产品的价格也远远高于普通农产品的价格，对于原生态产出绿色蔬菜基地的沽源县来说，这是我们的一个契机，抓住机会改变生活。

（五）沽源县农村土地合理利用的威胁分析

1. 土地资源保护不足

耕地是人类获取食物的最重要基地，因而维护耕地数量与质量，对农业可持续发展来说至关重要。我国明确规定"十分珍惜和合理利用每一寸土地，切实保护耕地"是为基本国策，要求在有限的时间内，建立合理有效的耕地保护制度，保护基本农田。基本农田是耕地中的精华所在，也是维护国家粮食安全最基本的依靠。保护耕地最重要的则是把基本农田保护好，这是一条不可逾越的红线。保护耕地特别是保护基本农田，是保护、提高粮食综合产出能力的重要前提。而耕地问题的实质是农业问题尤其也是粮食问题。

然而，人们对于耕地保护概念的意识实在太过薄弱，事实上我国许多耕地均处于干旱和半干旱地区，受到荒漠化的影响。而目前为止，我国干旱、半干旱地区约有40%左右的耕地不同程度地退化，而全国约有30%左右的耕地不同程度地受到水土流失的危害。因而，保护耕地，保护土地资源非常迫切。

2. 农村劳动力持续流失

近几年，随着城市经济条件的快速发展以及城乡收入差距的持续加大，大批有文化、会技术、懂经营、强体力的农村青壮年劳动力选择背井离乡，外出务工或经商。据近几年的统计调查显示，沽源县乡镇外出务工人员中，70%以上为青壮年劳动力，而长期滞留在农村地区从事农业生产的劳动力则主要是老年人和中老年人，农业生产后备劳动力资源正在面临严重匮乏的威胁。并且劳动力的流失呈现逐年上升的趋势。

而劳动力的持续不断流失又会引发一系列生成方面的弊端，比如，从事农业劳动力的不足间接造成土地资源浪费和土地流转的困难；留守劳动力整体劳动素质的下滑造成新技术、新科技推广难度加大；青壮年劳动力的大量流失又会促使贫困乡镇地区经济快速发展更加困难。

三、沽源县农村土地合理利用的发展战略分析

（一）SWOT 战略分析表

综合已列出的沽源县总体优势、劣势、机遇、风险中的所有因素根据它们对沽源县耕地土地利用率的影响程度的轻重缓急以及影响程度等进行排序，然后再根据排序构造出 SWOT 矩阵（见图 19 - 1）。

	优势（S） 区位地理优势 土地面积广阔 旅游业发达	劣势（W） 地区交通劣势 农产品价格过低 市场体系不健全 劳动力流失严重 机械化、规模化程度低
机会（O） 生态旅游业蓬勃发展 国家政府大力支持 居民对农产品质量的重视	SO 发挥区位优势，大力发展沽源县生态旅游 提高农产品质量，调整产业结构促进绿色农产品种植	WO 抓住旅游业发展的机会，发挥花卉种植，旅游区等土地资源优势 借助政府帮助完善市场机制建设，改善交通状况
风险（T） 土地资源保护不足 农村劳动力持续流失	ST 加强土地资源不可再生与保护意识，普及土地资源保护常识 借助旅游业发展的影响，吸引劳动力回流	WT 提高农业生产机械化规模化程度，提升个人劳动率

图 19 - 1　SWOT 战略展示

（二）SO 战略及分析

1. 发挥区位优势，大力发展沽源县生态旅游

凭借着良好的"北靠内蒙古，东依承德，南临北京，西接大同"的天然区位优势，沽源县应当继续坚持"生态立县"的原则不动摇，把生态旅游业作为全县整体区域经济发展的首项主导产业，着力于推进"最美湿地、生态沽源"的品牌建设任务，推动旅游产业呈现"井喷"态势。同时发扬"农家乐"的优势，继续增加资金投入，尤其可加入花卉、植物种植的特色产业提

升对游客的吸引力。

着力于促进旅游及服务逐步从单一的传统观光旅游向运动、休闲、观光等复合型旅游转变，推动食宿、会议、娱乐等功能的逐步完善，集度假、避暑、观光、娱乐、休闲、健身、运动、社交、商务于一体的生态旅游新格局逐步形成。

2. 提高农产品质量，调整产业结构促进绿色、无公害农产品种植

民以食为天，食以安为先。随着饮食安全的概念不断深入人心，居民生活中越来越重视食物的安全及营养，随之而来的绿色食品，无公害蔬菜越来越受消费者的青睐。因而我们可以提高农产品的质量，适应广大消费者的需求，对于农业生产者来说是一次机会。

我们可以直接抓住居民对绿色、无公害、无污染的需求点，借助沽源县山清水秀、低碳环保、无污染的土壤及空气水质等优质生产条件，致力于种植培育绿色无公害农产品，从而获得高品质的农产品，获取较高的农产品收益，提高我们的生活水平。

（三）ST 战略及分析

1. 加强土地资源不可再生与保护意识，普及土地资源保护常识

从小我们就知道，土地是人类赖以生存和发展的基础，更是人类社会生产和生活中极其宝贵的资源，特别是耕地资源，它是粮食生产能力的最根本保证。可以说耕地保护关系着全民族的生存和发展。我们对于耕地资源的保护主要强调以下三个方面：一是保护耕地资源的数量和质量，以便于能够持续长久的利用耕地，永久地满足人们对于农产品的消费需求；二是合理开发利用新的耕地资源，减少各种不必要的浪费；三是保护耕地的生态系统，促进良性、可持续的循环发展。

因而可见，保护土地资源的意识必须深入到我们每个人的心里，如果有必要也可以开设宣传教育会议，让每个人认识到保护我们赖以生存的土地资源的必要性，从一点一滴做起，保护土地资源，保护我们的生存基础，保护我们的生命。

2. 借助旅游业发展的影响，吸引劳动力回流

对于旅游业，我们可以通过增加旅游业的投资推动旅游产业的壮大，从而吸引已转移流失劳动力的回流，这样一方面解决了农村滞留人员的年龄问题，另一方面回流的青壮年劳动力可以在从事旅游业工作的同时兼顾农业生产的工作，就可以有效地避免未来的农业劳动力的断层问题。同时可以借助于旅游业的经济效益有效减小乡镇间的贫富差距，可谓一举多得。

（四）WO 战略及分析

1. 抓住旅游业发展的机会，发挥花卉种植，旅游区等土地资源优势

在旅游业迅速发展的机遇下，农民可以选择合适的地理位置的土地发展花卉种植产业，引进一些优良，珍稀品种的花卉，吸引游客进行观光旅游；构建农产品采摘园区，让游客体验集观赏、采摘、购买于一体的风光旅游，提升土地利用率。

2. 借助政府帮助完善市场机制建设，改善交通状况

为不断完善农产品交易市场机制，政府不断提出并实施一系列措施，农业劳动者应借助政府的力量加强群众监督的力量，督促推动市场机制的逐步完善。另外，政府应大力改善乡镇交通状况，为农产品的运输、销售提供畅通的道路保障，以减少不必要的损失。

（五）WT 战略及分析

工欲善其事必先利其器，机械化程度的高低直接影响农业劳动力的个人劳动产出率。因而可以集中引进先进的农业生产机械并且组织劳动者进行集中地学习训练，提高农业生产的规模，提升劳动力的个人劳动产出率，从而提升农业生产的整体产出率，以改善农民的生活水平。

四、结　　论

由此可见，沽源县整体耕地资源的利用率确实比较低，加上沙漠化、水土流失、肥力降低等一些不可抗因素影响下土地资源的不可避免的浪费，能够留给我们有效利用的耕地资源本来就不充足，为了在满足我们当代人种植利用的基础上能够更多的留给后代一些资源，保护耕地资源的行动刻不容缓。

综合以上的分析，对于沽源县耕地资源的利用首先应综合利用其独有的地理位置、气候条件、旅游优势，以及好的生态环境借助国家各项政策的扶持规避乃至改变劣势不足条件，吸引农业劳动力的回流，提高机械化程度及机械化种植的覆盖率，同时可以尝试引进新型技术、产业，加强农业劳动者的耕地利用保护意识，相信一定可以有效提高沽源县土地资源的整体利用率。解决了耕地资源利用率较低的问题就相当于在解决当地农业劳动者收入低下、生活水平落后、城镇化水平落后缓慢的一系列问题的基础问题。

结合当前环境及现状，由于自我认识不够充足，可能存在一定的主观性，导致个人看法及观点出现一定的偏差性，从而影响研究结果；加上自身知识结构所限，导致并影响了研究的深度及广度，从而最终导致研究结果对个别乡镇

区域的实施不是很适合有效；由于以往政策及研究的缺陷，以及政策专有的评价方法缺失，在实证研究中鉴于相关评价数据的欠缺，导致一些指标无法精确的展示其现状，最终使本文所得出的方法措施在实际操作过程中大打折扣。

参考文献

[1] 张冬平. 提高农民收入主要途径探讨 [J]. 河南农业大学学报，1995.（1）.

[2] 茅于轼. 改造我们的农业 [J]. 农村金融研究.2008.（8）.

[3] 曹宇. 我国土地资源保护存在的问题及对策研究 [J]. 大众商务.2010.4.（2）.

[4] 宋敏，宋杰，高明，王静. 浅谈土地资源的利用与保护 [J]. 2011.

[5] 陈美球，赵小敏. 土地健康与土地保护 [J]. 1998.7.（4）.

[6] 李小军. 粮食主产区农民收入问题研究 [D]. 中国农业科学院.2005.

[7] 马礼，郭万翠，李敏. 沽源县农业土地利用结构优化研究 [J]. 2011.

[8] 吴晓. 我国城市化背景下的流动人口聚居形态研究 [D]；东南大学；2002.

[9] 崔丽，许月卿，河北省农用地利用集约度时空变异分析 [J]；地理科学进展；2007.（2）.

[10] 赵哲远. 土地利用规划调控技术研究 [D]. 浙江大学.2007.

[11] 黄书锭. 我国农村劳动力转移新问题研究 [D]. 福建师范大学；2008.

[12] 李秉龙，薛兴利. 农业经济学 [M]. 北京：中国农业出版社.2009.

[13] 刘成东. 论我国耕地资源面临的态势及对策 [J]. 社会科学家.2000年05期.

[14] 王利强，陈亚恒，许皞，牛彦斌. 河北省耕地资源动态分析及耕地后备资源可持续利用对策 [J]. 资源与产业.2006.（3）.

[15] Land-use Systems Analysis, P. M. Driessen, N. T. Konijn, Wageningen Agricultural University, 1992.

[16] Research on Regional Environment and development, WANG Huadong, Beijing：China Environmental Sciences Press, 1993.

[17] Ecological Safety Evaluation of Land Use in Ji'an City Based on the Principal Component Analysis [J]；Asian Agricultural Research；2010. [2].

教师讲评

本文在阐述张家口市沽源县农业用地利用现状的基础上，运用 SWOT 分析法，从优势、劣势、机遇和挑战四个方面阐述沽源县农村土地利用所处的外部环境和内在条件，并据此分别提出 SO 战略、ST 战略、WO 战略和 WT 战略。文章搜集了大量二手数据，引用的数据和资料较为翔实，文章结构比较合理，论证比较清晰，得出的结论基本正确。

农村土地流转特征及农民意愿影响因素分析

——基于对河北省张家口市怀来县的实地调研

农林经济管理 1102 班　宋　慧／指导教师：戴　芳

摘　要：农村土地流转是生产力发展到一定阶段的产物，已经成为了一种必然的趋势。然而，在一些地区，农户对于土地流转的积极性并不高。本文以河北省张家口市怀来县为例，基于对农户的实地调查，对农村土地流转中农民意愿特征进行了深入分析，并主要从家庭成员状况、农户的农业收入、农户家庭耕地面积、农村土地流转政策环境、村行政管理部门监督管理的土地流转机制、农村社会养老保险发展程度等方面对其原因进行了深入分析，并根据其原因提出了保障农户的土地承包经营权，完善农村劳动力市场及社会保险制度，加强制度及相关法律的宣传力度等相应对策。

关键词：土地流转；农民意愿；流转特征

引　言

随着我国改革开放的不断深入，土地流转在促进经济发展方面发挥着越来越重要的作用。在国家政策的支持下，各地积极进行土地流转并且取得了显著的成果，但同时也应看到，我国农村土地流转还处于初级阶段，土地流转中也存在着一些问题，其中农民意愿不强烈就是一个主要问题。拥有土地承包经营权的农户是土地流转市场的主要参与人和利益主体，加快农地流转不仅需要政府的推动，更取决于农户的决策。因此，调动农民土地流转的积极性对于促进我国农村土地流转具有重要的作用，也只有这样才能优化农村土地资源配置、提高土地利用率，进而促进现代农业发展、农村经济发展和农民增收。

农村土地流转有着什么样的特征？是什么样的因素导致农民意愿的差别？如何鼓励农民进行土地流转？本文主要致力于这些问题的研究。

一、土地流转特征分析

农户作为土地经营和流转的主体，他们的意愿和行为对于土地流转规模、流转机制和流转模式的选择有着根本性的影响。河北省张家口市怀来县狼山乡位于怀来县的东部，北靠燕山，南临官厅湖畔，下辖 12 个行政村（北四村属半山区），3 925 户，12 173 人，辖区平均海拔高度 570 米，总面积 54.8 平方公里，其中耕地面积 26 790 亩，果园面积 5 588 亩，林地面积 19 445 亩。通过对近 200 户农户的走访，在获得样本农户土地流转数据的基础上，对农户的土地流转意愿与行为进行实证分析。

（一）农户土地流入特征分析

1. 农户流入土地的形式

在调研区域，土地的流入形式主要有：转包、转让、代耕、租赁和其他形式（荒地拍卖等）。在对近 200 户农户进行走访调查中，有 50 户进行了土地流入。以转包方式流入土地的农户有 16 户，面积 30 亩，平均每户约 1.9 亩；以转让方式流入土地的农户有 6 户，面积 10 亩，平均每户约 1.7 亩；以代耕方式流入土地的农户有 8 户，面积 10.5 亩，平均每户 1.3 亩；以租赁方式流入土地的农户有 20 户，面积 60 亩，平均每户 3 亩。（见表 20 - 1）

表 20 - 1　　　　　　　　　土地流入方式

流入方式	农户数量（户）	农户所占比例（%）	总面积（亩）
转包	16	32	30
转让	6	13	10
代耕	8	15	10.5
租赁	20	40	60
合计	50	100	100.5

数据来源：根据调查统计整理。

由表 20 - 1 可知农户流入土地的形式呈现多样性，其中租赁是土地流入的主要方式，有 40% 的农户通过租赁形式流入了土地；其次是转包，有 32% 的农户选择用转包的形式流入土地；转让和代耕的方式相对较少。由此可见，多数农户都会选择租赁这一土地流入方式。

2. 农户流入土地的目的和用途

（1）农户流入土地的目的。通过对 50 户农户的调查，有 34 户是为了增加收入而流入土地，有 10 户是因为有多余劳动力愿意多种土地，有 6 户则是为了满足自家粮食需要。由此可见，绝大部分土地流入农户的主要目的是为了增加收入（见表 20 - 2）。

表 20 - 2 农户流入土地的目的

流入目的	农户数量（户）	比例（%）
增加收入	34	68
满足自家粮食需要	10	20
其他目的	6	12
总计	50	100

数据来源：根据调查统计整理

（2）农户流入土地的用途。从流入土地的用途来看，有近60%的农户流入的土地用于种植粮食作物，有20%的农户将土地用于种植经济作物，15%的农户将土地用于种植水果，剩下5%的农户将土地用于种植其他农作物。可见，流入土地种植粮食的农户数量比率比其他任何农作物的比率都高，这主要是因为这些农户为了满足自家粮食需要以及进行粮食出售。

3. 农户流入土地行为的原因

（1）家庭中有富余劳动力。调查中发现，农户家庭中有些不愿意外出打工，而土地却相对较少，人口相对土地较为富余，这些有富余劳动力的农户多数愿意流入土地，这样劳动力就得到了充分利用，并且还增加了家庭收入。而一些劳动力缺乏的家庭，如青壮年都外出打工的农户则土地相对较多，出现闲置现象，因此不愿意再流入土地，甚至有流出的意愿。

（2）国家政策支持。近年来，国家重视粮食生产，出台了许多政策措施鼓励农户进行种植，并对农户种植行为进行补贴，同时，有些地区集体种植经济作物，并且统一销售，农户收入增加较快，因而农户愿意流入土地进行耕种，不仅增加了家庭收入，也用行动支持了国家的政策。

（3）农产品价格提高。农产品价格变化会对农户种植行为有直接影响，因而也会对农户流入行为有一定影响。如果农产品价格相对上年有上升趋势，农户就会流入土地，增加对该农产品的种植，反之则会减少种植。例如，在调查过程中，由于大蒜市场价格的上升，农户就增加了大蒜的种植面积，从而出现土地流入行为。

（二）农户土地流出特征分析

1. 农户流出土地数量特征

在调查的 200 户样本中，有 30 户农户流出土地，占农户总数的 15%，流出土地 46 亩，土地流出户平均流出规模约为 1.5 亩。在流出土地中，土地流出户大部分流出的是自家的部分或全部承包地。从具体统计数据来看，有将近 70% 的土地流出户流出了自家的部分承包土地，有约 30% 的土地流出户流出了全部承包土地（见表 20 - 3）。土地流出户流出土地的数量分布有相对均匀的特性，这主要是由于实行家庭承包责任制，各地土地分配按人口或劳力平均分配，以致细分化等客观条件所决定的。

表 20 - 3　　　　　　　　　　土地流出户分布

流出耕地比率	农户数量（户）	比例（%）
≤50%	12	40
50% < 流出比例 < 100%	10	33.3
全部流出	8	22.7

数据来源：根据调查统计整理。

2. 农户流出土地的形式

农户土地的流出方式与流入方式基本一致主要有转让、转包、代耕、出租和其他形式。但是不管是从流出数量还是涉及的农户数量来看，主要形式是代耕和出租，这两种形式分别占农户总量的 37% 和 31%。究其原因，在农户外出工作预期不稳定的条件下，采取这两种形式比较易于收回土地。转包土地的农户数占总户数的 25%；转让土地在土地总户数的 25%；转让土地在土地流出中不是很流行，涉及的农户数很少（见表 20 - 4）。

表 20 - 4　　　　　　　　　　土地流转的方式

流转方式	农户数量（户）	所占比例（%）
转让	2	8
转包	7	20
代耕	11	37
出租	9	31
其他方式	1	4
合计	30	100

数据来源：根据调查统计整理。

3. 农户流出土地的原因

农民世代在土地上耕种，土地是农户的主要生产资料，大部分农户将土地作为生产生活的主要来源，因此，土地还承担着社会保障职能。实行家庭承包责任制以后，按照土地均分的原则，农户所得的承包土地量是相当有限的，随着农业生产力的提高，广大农户家庭普遍存在着农业剩余劳动力的情况，在这种情况下，仍然存在着土地流出的现象（见表20－5）。

表 20 – 5　　　　　　　　　　流出土地的原因

原　因	农户数量（户）	所占比例（％）
自己劳动力不足（没有外出务工人员）	12	40
劳动力外出打工	8	25
种地经济效益低	6	20
其他原因	4	15
合计	30	100

数据来源：根据调查统计整理。

由表20－5可知，农户流出土地大多是因为劳动力外出打工，农业劳动力不足。因家庭农业劳动力不足而流出土地的有12户，占总数的40％；其次是由于劳动力外出打工而流出土地的农户有8户，占总数的25％；因种地不划算流出土地的有6户，占总数的20％。实际上，农户流出土地的根本原因是农业生产相对于非农业生产的收入比较低，如果有较多从事非农业生产的机会，大部分农户都会选择放弃农业生产。因此，农户流出土地的原因是多方面的，而最根本的是种地不划算。

二、土地流转中影响农民意愿的因素分析

土地流转中影响农民意愿的因素主要从内部因素与外部因素两大方面进行分析。其中内部因素包括家庭成员状况、农户的农业收入、农户家庭耕地面积等；外部因素则包括农村土地流转政策环境、村行政管理部门监督管理土地流转机制、农村社会养老保险发展程度等。

（一）影响农户土地流转意愿的内部因素

内部因素是影响农户土地流转意愿的决定性因素。在对近200户农户进行调查时，有50户愿意或者已经进行了土地流入，有30户愿意或者已经进行了

土地流出，还有近120户既不愿意土地流入也不愿意土地流出，这都是由农户自身的因素决定的（见图20-1）。

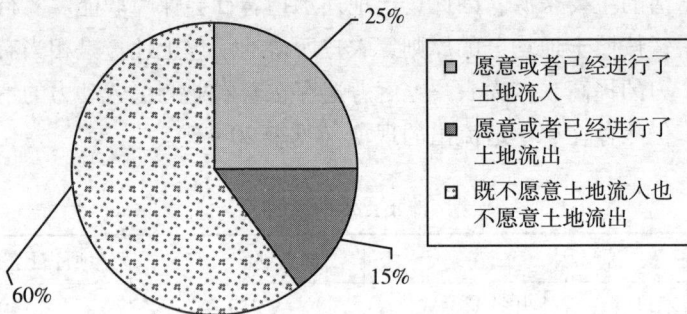

图20-1 农户土地流转意愿状况分布

数据来源：根据调查统计整理。

1. 家庭成员状况

（1）家庭成员受教育程度。从文化程度来看，经过新中国成立后几十年普及教育的不懈努力，目前农村农民的基本文化水平已有明显提高，具有初、高中接受学校教育年限的农户户主已经成为比较多的群体，从调查样本来看，中学教育程度有很大提高，具有初、高中接受学校教育年限的农户户主已达到70%以上。较高的文化素质使农户在接受国家政策时有较高的领悟能力，能够很快的消化吸收并且贯彻实施。因此，对于闲置的土地很多人愿意使其流出去，而对于需要的土地，则将其流转进来。与之相对的，一些文化素质较低的农户则没有这些意识。

（2）家庭人口结构。从调查中发现，在农村地区，子女结婚后独立，即不与老人共同居住，一般家庭中有两位老人或者一对成年夫妻以及两到三个成年或未成年子女，个别没有劳动能力的老人选择与子女共同居住。有劳动能力的老人会选择居家务农，而青壮年则大部分会外出务工，有些在外上学的青年，毕业后也会选择留在异地工作而不是回家务农，闲置土地可能会被出租出去或者找人代耕。有一些人没有外出务工的意愿，还有些人出于照顾老人的需要虽有外出打工的意愿也会选择在家务农，这些人则可能会是土地流入的主体。由此可以看出，家庭人口结构对农户土地流转意愿同样具有重要影响。

2. 农户农业收入

农村土地能否顺利流转，在很大程度上取决于农民能否有稳定可靠的非农收入。非农收入比重越高，农户对土地的依赖程度就越小，农户流转土地的意愿就越强。对一些欠发达地区来说，城镇吸纳农民就业能力严重不足，农村劳动力向区域内城镇转移的空间非常有限，向区域外城镇转移时，又因文化素质不高和劳动技能缺乏，大多只能从事一些简单的体力劳动，劳务收入非常有限，以土地经营收入仍然占主导地位，土地流转意愿就不会强烈。农民外出从业的盲目性和松散性强化了非农收入的风险性和不稳定性，使农户不敢轻易将土地流出。

3. 农户家庭耕地面积

农户的家庭耕地面积与土地流出意愿呈正相关性，即家庭拥有的耕地面积越大，农户流出土地的意愿越大。在调查中发现，对于那些家庭耕地面积较多的农户，由于部分农民外出打工，家庭劳动力减少，使他们无力经营现有较多的土地，再加上务农效益低下，他们会选择流出土地，减少家庭的负担。相比之下，家庭土地较少的农户则大多不愿意流出土地，究其原因是由于小农经济固有的传统思想在起作用。自古以来，农民守在自己的土地上生产生活，认为土地就是生存之本，离开了土地或者没有土地心理上会有不安全感，因此土地较少的农户即使土地闲置也不会将土地出租或者转包出去。

（二）影响农户土地流转意愿的外部因素

外部因素虽然不会像内部因素起到决定性的作用，但是也会从很多方面对农户的意愿起到重要影响。在调查研究中发现，农户在考虑是否进行土地流转时除了考虑自身原因外都会考虑一些外部因素。

1. 农村土地流转政策环境

作为国家鼓励支持的土地经营制度，农村土地流转政策环境对农户的土地流转意愿有直接的影响，比如粮食价格的提高、农村土地流转政策的明确、土地产权的确认都会影响农户的决策行为。调查中发现，近5年进行过土地调整、农村土地流转的补偿形式、对最近几年中央一号文件内容的了解程度与土地流出意愿呈正相关，而对土地的经济功能的判断、对当前的粮食价格满意程度则与土地流入意愿负相关。

在调查中发现，一些农户出于自身文化水平的限制以及缺乏对社会情况的了解，对于国家颁布的政策措施不能很快领会精神，而一些村干部也没有帮助农户增强对政策的理解，因而对于政策措施就不能很快的贯彻实行，一些有利于农户的政策也就错过了实施的最佳时间。

2. 村行政管理部门监督管理的土地流转机制

农业相对于二三产业而言是弱势产业，现实生活中经常出现农产品价格的波动，严重影响了居民生活水平和质量，长远来看也不利于农业的健康发展和农户的生产积极性。而土地流转后可以集中连片种植农作物，也可以大规模的实现机械化的目标和集中管理的优势，即实现规模经济下的效益最大化。因此，土地流转在一定程度上可以规避和减少农产品价格的波动。但如果土地流转机制不健全、不规范就会严重影响土地流转的顺利进行。比如流转程序不公开透明，流转中违背农民意愿强迫进行流转，流转效益在分配中不公平，这样不仅违反了国家进行土地流转的初衷，而且严重损害了农户的利益。村行政管理部门作为与农户进行直接交流的基层部门，对土地流转机制的规范起着至关重要的作用，也对农户流转意愿有重要影响。

3. 农村社会保障制度发展程度

健全的社会保障制度能一定程度弱化土地的保障功能，提高农户土地流转意愿。与城市社会保障制度相比，农村的社保体系不健全，社保制度存在保险项目少、水平低、覆盖面积小、财政供给不公平等特点，外出打工的农民无法享受到与城市职工相同的各种社会保险，因此农民不敢轻易放弃作为生存保障的耕地，存在较重的"离乡不离土"的思想，倾向于粗放经营或者抛荒，而不愿流转。有些以非农收入为主要来源的家庭不愿流转土地是因为非农产业收入不稳定、风险大，而与之相对的，耕种土地却能保障家庭的基本生活。由此可见，农村社会养老保险发展对农户土地流转意愿有重要影响。

三、鼓励农民积极参与土地流转的对策

农村土地流转是解决我国"三农"问题的关键，也是推进我国城市化、工业化进程的有效途径。我国要实现社会主义新农村建设，要加快城镇化发展，都与农村土地流转息息相关。土地流转已成为农村土地改革的必然趋势。因此对于土地流转中出现的一些关于农户意愿的问题要及时解决，在保护农民权益的同时要调动农户土地流转的积极性。

（一）保障农民的土地承包经营权权益

从本质上讲，土地流转是农民为了提高土地使用与生产效率的一种新的方式，也就是在新的环境下农民出于自我利益需求而对土地经营权和使用权的一种处置。这就是说，农户拥有对土地经营权和使用权的决定权，除非基于公共利益的目的且遵循法定的程序，任何人或组织不能替代农民来做出处置，这是农户权益的体现，这一原则也就违背了国家政策，损害了农民的权益。

土地承包经营权是作为农民的利益而存在的，是一种受法律保护的利益。地方政府有义务和责任保障农民的基本权益，并努力提高农民的土地收益。这就需要地方政府在不违反国家大政方针的前提下制定符合本地区现状的土地流转政策，以保护农户权益为根本出发点，尤其是村委会这一基层群众组织，由于其直接与农户进行交涉的特殊性，因此承担了更为艰巨的保护农民权益的任务。作为权益主体的农民要努力学习法律知识，懂得用正当的法律武器保护自己的合法权益。

（二）完善农村劳动力市场

通过调查可以发现，很多人不愿意离开土地的原因在于城镇工作并不稳定，即使工作多年也不能解决养老问题，退休以后还会回到家乡从事农业劳动，土地就成了最后的保障，因此不能转让，对于这些人群，土地流转意愿就普遍不强烈。这种情况的增多就会导致土地闲置，资源浪费，对农业规模化经营产生不利影响。因此，要解决这一问题，重要的是要完善农村劳动力市场。

农村劳动力到城镇就业最大的问题在于劳动力素质偏低。解决农村劳动力素质偏低问题必须加大对农村劳动力的培训力度。政府以及社会可以组织农民就业培训，并且按照就业方向制定配套的培训内容，使培训具有针对性和实效性。村委会等基层群众组织要为农民提供及时的就业信息，为广大农村劳动力提供信息、培训等全方位服务。

（三）完善农村社会保障制度

党的十六届三中全会将统筹城乡发展作为完善社会主义市场经济体制改革的首个目标和任务，而建立城乡统筹的社会保障制度则是统筹城乡发展的突破口。农户固守土地很大部分原因就是由于农村社会保障制度还不完善，甚至还存在有些老年人领不到养老金的现象。虽然，由于经济、政治及历史等原因的影响，城镇与乡村还存在着差距，并且近几年有拉大的趋势，但是通过各方面的改革，这些差距还是会消除的。

就目前农村现状来看，第一步就要保证农民最低生活标准和建立养老保险及农民医疗保险制度，只有这些制度建立起来，农民才会消除没有土地的后顾之忧，这不但有利于农村土地流转和实现土地规模经营，还有利于农民完全进入市场经济。建立农村最低生活保障制度同样也是维护农民作为公民应当享有的生存权利的需要，是健全农村社会保障体系、改革和完善传统农村社会救济制度的需要。由于我国各地经济发展不平衡，并且这种不平衡将长期存在，所以在全国范围内建立统一的农村社会保障制度显然是缺乏现实的经济基础的，因此，应该采取因地制宜的策略，按照各地的具体情况分别推进农村社会保障工作。

特别地，对于那些流动性较大的农民工要重点做好社会保障工作。这些农民工由于流动性大，可能今天还在城市里打工，明天就回乡种地了，因此要充分尊重农民的意愿，让其自愿选择投保方案。

（四）加强制度及相关法律的宣传力度

根据调查走访，现阶段我国农村中普遍存在着流转意愿不强烈的现象，而根据对农户的询问得知，有一部分农户对具体的政策措施根本不了解，甚至有些老年人根本不知道有这一政策。从这一现象我们可以看出，除了农民自身文化程度所限，更重要的是有关部门没有对政策进行有力的宣传，导致农户没有进行土地流转。还有一些农户在土地流转中出现纠纷，而由于缺乏法律知识，在解决纠纷的过程中没有采取正当手段，从而造成自身利益的二次损害。这些都需要有相关部门采取措施加以解决。

首先，乡镇及村一级要定期开展对国家关于土地政策的学习工作，尤其是村一级的工作更为重要。村委会要利用农闲时间或者通过村广播定期向村民宣传土地政策的相关信息，使农户在思想中逐渐形成土地流转的意识，这样村干部在对农户做工作时农户也会相对容易接受，损害农户权益的事情也会相对减少。

农民由于文化素质及法律知识的缺乏，在土地流转中纠纷会时有发生，这时法律知识就会显得尤为重要。我国规范农村土地承包经营权流转的法律法规有很多，主要的有《中华人民共和国农村土地承包法》、《中华人民共和国物权法》、《中华人民共和国担保法》和《中华人民共和国农村土地承包经营权流转管理办法》等。因此村委会要组织农户在农闲时学习这些法律，只有农户对法律有了基本了解，在发生权益纠纷及权益受侵害时才不会手足无措甚至"以暴制暴"。

四、结　　论

农村土地流转关系到我国农村经济的发展，也是农业实现产业化、规模化、集约化的必经之路。为了使土地流转按照正确的目标、方向的进行，国家及各级政府制定了相应的政策法规。但是随着一些农村地区土地流转速度的加快及规模扩大，以及土地流转中利益主体关系的多元化，土地流转中也出现了一些问题，比如流转中有违背农户意愿的现象出现，也有农户流转意愿不强烈造成土地闲置。由此可见，农村土地流转制度还有待于进一步改革和完善。

本文基于对农村地区的实地走访调查，在对农户土地流转意愿的特征进行分析的基础上，总结出了影响农户土地流转意愿的因素，并提出了鼓励农户进行土地流转的具体措施，结论如下：

一是土地流转特征方面。从流转形式来看，土地流入的形式以租赁为主，而土地流出形式则以代耕和出租为主，大多数农户会选择较为灵活的土地流转形式。从流转原因来看，农户流入土地主要是为了种植粮食作物，增加家庭收入，而农户流出土地则是因为外出打工造成劳动力不足。

二是土地流转中农民意愿影响因素方面。本文主要从内部因素和外部因素两大方面对影响农民意愿的因素进行了分析。从内部因素来看，农户家庭成员状况、农户的农业收入、农户家庭耕地面积等因素对农户土地流转意愿有重要影响，其中农户的家庭成员状况又包括家庭成员受教育程度及家庭人口结构。调查显示，有较高文化水平的农民对国家政策有较深理解，会有土地流转意愿，而文化素质较低的农户则会选择固守土地，不愿进行土地流转；家庭中外出工作的人口多则会有流转土地的意愿。调查还显示，农户的非农收入较高或者家庭耕地面积大则会进行土地流转。从外部因素来看，农村土地流转政策环境、村行政管理部门监督管理土地流转机制、农村社会养老保险发展程度等因素农民意愿会产生影响。良好的土地流转环境、完善的土地流转机制以及社会保障制度都会在很大程度上鼓励农户进行土地流转。

三是鼓励农户积极参与土地流转的对策方面。要想使农户积极参与到土地流转中，关键就是要使农民没有后顾之忧，也就是要完善农村社会保障制度，如果农民的养老、医疗都有了保障，就不会担心流转土地后生活没有保障。同时在制定土地流转政策时要注重保护农户权益，提高农户科学文化素质以及维权意识，加强对农村劳动力市场的完善，对农户宣传国家土地政策的利民性，都会使农户流转土地的意愿加强。

总之，土地流转趋势是势不可挡的，在推进土地流转过程中要对政策及农村具体情况进行分析，因地制宜的促进土地流转，并且鼓励农户积极的参与进来，使土地资源得到合理的利用，促进我国农业更好更快发展。

参考文献

［1］刘勇. 甘肃省典型地区农户土地流转行为与意愿研究［D］. 兰州：甘肃农业大学硕士学位论文，2010.6，52－54.

［2］中国怀来网［EB/OL］http：//www. Zjkhl. gov. cn/，2012－12－06.

［3］唐文金. 农户土地流转意愿与行为研究［D］. 四川：西南财经大学学位论文，2009.5，30－34.

［4］包宗顺，徐志明，高珊，等. 农村土地流转的区域差异与影响因素——以江苏省为例［J］. 中国农村经济，2009.4，25－30.

［5］李晓霞. 影响我国农村土地流转的因素及未来发展趋势研究——以河南省为例［D］. 郑州：郑州大学硕士学位论文，2010.5，103－105.

［6］钟晓兰，李江涛，冯艳芬，等．农户认知视角下广东省农村土地流转意愿与流转行为研究［J］．资源科学，2013，35（10）：2082 - 2093.

［7］Gray, C. L. Environment, Land, and Rural Out - migration in the Southern Ecuadorian Andes.［J］. World Development，2009，37（2）：457 - 468.

［8］田欧南．吉林省农村土地流转问题研究［D］．长春：吉林农业大学博士学位论文，2012.5，73 - 80.

［9］李振远．我国农户农地流转行为与流转权益保障研究［D］．福州：福建农林大学博士学位论文，2011.3，22 - 25.

［10］Klaus Deininger. Land institutions and land markets. Agrieultural Eeonomies，2009，37（4）：629.

教师讲评

本文通过对张家口市怀来县狼山乡土地流转现状进行实地调研，获得了大量的一手数据，运用统计描述法分别阐述了农户土地流入和流出的形式、特征和规模，运用因素分析法分析了影响农户土地流转的内在因素和外在因素，并针对这些原因提出了鼓励农户进行土地流转的对策和建议。文章结构合理，逻辑清晰，语言流畅，数据充分，资料翔实，论证较为客观。

第六部分　农村扶贫篇

河北省连片贫困地区聚类划分及扶贫策略

农林经济管理 1001 班　李　华/指导教师：戴　芳

摘　要： 京津冀一体化进程逐渐加快，河北省连片贫困地区环绕首都，其发展情况是公众非常重视的问题。目前对河北省甚至全国贫困县的研究往往单单以经济指标作为度量。本文以经济、社会发展状况两个方面作为划分标准，选取 12 个指标，利用多元统计中的聚类分析的方法，选择河北省贫困县经济社会发展指标数据作为研究样本，根据发展相似性将 22 个贫困县进行分区，然后对每个新区域进行特征分析。实证结果显示，河北省连片贫困地区按经济、社会发展状况可以分为四类。最后根据理论叙述和实证结果结合资源状况提出扶贫的建议。

关键词： 经济状况；社会状况；聚类分析；区域划分；扶贫策略

引　言

贫困一直以来都是发展中国家面临的最严峻的挑战之一。扶贫是一项长期的艰巨的任务，并且需要确定不同的区域扶贫方向进行发展，这就迫切需要对连片贫困地区进行有效划分。《燕山—太行山区域发展与扶贫攻坚规划（2011~2020 年）》中的贫困县有 22 个，评价和划分其区域经济发展状况是扶贫过程中的重要问题，不进行区域划分，扶贫政策一刀切或者单纯按经济因素进行划分都是片面的，未曾考虑贫困地区的资源优势和其他不足使得政策效果不一。

由于社会文化差异，实施统一化的扶贫政策难以获得预期收益。很多研究表明贫困同经济社会和自然存在空间关联；例如曾永明等（2011）选择四川省 36 个国家级贫困县为研究对象，选取自然、社会和经济消贫指数来研究空间分布格局。袁媛等（2013）探讨了经济—社会—自然的多维度贫困度评估了河北省的贫困现状，非常立体的展现了潜在贫困，为分类扶贫、防治结合、促进京津冀经济一体化、社会财富增长提供了有力支撑通过对经济、社会、自然纬度的聚类分析实现河北省的多纬度贫困评估，指出冀中南地区严重贫困但是冀中南地区潜在贫困度低，容易脱贫同时还存在大量非贫困县转化为贫困县的可能，这篇文章对本文的研究中指标内容选取和研究方向有很深的指导作用，为本文行文思路和安排也有一定帮助。

贫困不仅仅是收入微薄，而是获取生活资料的基本能力被剥夺。贫困评价的单维度指标显然不如多维度更加全面、准确阐释贫困程度，学者 Arnartya Sen 以多维度分析收入指标，关注贫困实质代表了贫困评价的新方法。因此提出以经济社会发展指标进行区域划分，对每一类区域进行探讨，能够揭示不同区域类别经济状况、社会状况、扶贫工作发展特点和问题。运用这些研究结果，可以客观审视各区域经济和资源的相似和不同，促进合理分配资源和扶贫工作的进行，带活经济，带活农民，从而能真正促进连片贫困地区经济的发展。

一、河北省贫困地区发展现状

（一）研究区域概况

截至 2010 年年底，根据河北省 1 500 元的扶贫标准，河北省农村还有贫困人口 560 万人。按照国家 2 300 元的扶贫标准，河北省农村贫困人口将明显增加。这些贫困人口主要分布在自然条件恶劣的坝上地区，燕山、太行山深山区。这些地方自然条件有限、基础设施薄弱、社会发育程度低，脱贫难度大。特别是环北京地区，作为首都的重要物质资料供应地和生态屏障，大多数地方限制开发，许多生产项目明令禁止，经济发展滞缓，"低收入、高物价"的特点明显，相对贫困问题非常突出。2011 年《中国农村扶贫开发纲要（2011～2020 年）》确定的河北省 22 个贫困县都分布在北京周围的张家口市、承德市和保定市。

近些年来河北省对扶贫发展资金的用途，进行不断调整，主要是整村推进，改善基础条件；产业化扶贫，增加贫困家庭收入；实施"雨露计划"，对农村贫困劳动力进行培训、转移、移民扶贫。结合河北省实际，扶贫思路和举措得到了探索调整，使得工作推进、资金使用紧紧盯住贫困群体，并且扶贫方向由基础设施、公益事业转变到帮助扶贫对象发展产业、增加收入上来。

总体来说，河北省的扶贫举措多样化，实事求是，因地制宜，近几年经济显著变化，农民收入显著提高。但是由于贫困的复杂性和反复性，想要摆脱贫困还需要一如既往的努力、创新。

（二）与经济强市进行比较

唐山迁安市是中国百强县之一，2013年迁安农村居民人均纯收入河北省排名第一，经济发展比较靠前，可以作为贫困县发展状况对照来审视贫困程度、发展的优势和劣势。

22个贫困县和迁安市的第一、第二、第三产业产值比重以及工业产值比重如表21-1所示：

表21-1　　　　　　　　　　　各县产业及工业的比重

县名	第一产业（%）	第二产业（%）	第三产业（%）	工业比重（%）	GDP（万元）
阜平	25.25	22.52	52.23	14.13	305 220
尚义	32.46	40.30	27.24	36.72	321 807
沽源	45.29	28.70	26.00	20.49	384 214
康保	46.77	25.87	27.36	18.10	421 891
顺平	33.85	41.11	25.04	31.32	451 216
涞水	22.86	25.19	51.95	14.39	494 042
望都	33.10	41.37	25.53	30.03	518 534
阳原	19.71	23.17	57.12	17.20	549 921
万全	20.67	45.34	33.99	41.18	602 439
怀安	18.86	30.98	50.16	26.26	630 622
曲阳	17.34	39.57	43.08	34.69	630 998
唐县	26.56	43.03	30.41	25.90	635 532
赤城	27.28	49.22	23.50	44.71	705 037
涞源	5.95	62.15	31.90	60.19	716 392
张北	28.86	47.82	23.32	33.40	769 880
蔚县	18.25	30.75	51.00	24.68	856 503
丰宁	24.91	43.03	32.06	35.47	871 224
围场	43.63	25.80	30.58	19.17	895 030
易县	25.92	41.24	32.84	32.10	926 010
隆化	26.07	48.40	25.53	40.91	1 021 660

续表

县名	第一产业（%）	第二产业（%）	第三产业（%）	工业比重（%）	GDP（万元）
怀来	14.95	28.14	56.91	13.59	1 177 574
平泉	27.43	44.31	28.26	41.23	1 391 900
滦平	16.77	57.57	25.66	53.04	1 422 589
迁安	4.17	66.39	29.44	64.10	10 051 327

数据来源：2014 河北经济年鉴整理。

由表 21 - 1 可知，迁安市第一产业比重最小，而发展集中于第二产业、工业；各个贫困县各个产业都有发展，其中涞源第一产业比重 5.95%，第二产业 62.15%，第三产业 31.90%，表明涞源县第一产业及农业发展产值较小，但是地区生产总值排在第 9 位，说明第二产业第三产业强势，60.19% 的工业产值比重说明涞源县工业产值贡献率高，工业发展在经济发展中占重要地位，这在聚类分析中要加入考虑。GDP 的高低不完全取决于第二产业、工业，如怀来县第三产业的发展强劲也使得其地区生产总值排在前列。重要的是，贫困县中地区生产值排在第一位的是滦平县，是 1 422 582 万元，而迁安市地区生产总值是 10 051 327 万元，滦平的地区生产总值仅占迁安的 14.15%，第一产业产值是迁安的 56.90%，第二产业产值占迁安的 12.27%，第三产业产值占迁安的 12.34%，工业产值占迁安的 11.71%，由此可见贫困县经济发展状况需要不断地努力改善。

另外，迁安市在 2011 年被评为"园林城市"，是河北国家级园林城市，现成为省级生态园林城市，将继续创建国家级生态园林城市，森林覆盖率 40.8%，这是鲜有的二三产业资源同样丰富，二三产业同样强劲发展的城市。

与贫困县发展相比，迁安有几个方面的优势：首先是资源优势，铁矿资源、森林资源的丰富是发展的坚实基础，产生的经济基础为下一步发展又提供强大的动力和力量源泉；另外便利的交通条件促进了迁安经济水平的迅速提高；瞄准融入沿海经济隆起带建设的新定位，以推进资源型城市转型、调整优化经济结构。

相比之下贫困县大多没有强大的经济支撑和后盾，发展难度大，地理位置没有迁安便利，大多位于山区，条件设施相对差，需要贫困县政府不断努力找准发展方向和支柱产业，实现经济的不断发展和人民生活水平不断提高。

由此可见，贫困县经济发展状况与强市相比差距极大，在京津经济一体化、环首都经济圈建设过程中，如果不注意发展贫困县经济，势必形成"木桶效应"，阻碍整体经济协调、有序发展。贫困县的经济发展不仅同京津冀发展联系密切，重视贫困县经济和发展趋势，增加外力支持进行贫困地区扶贫是非常重要的，同时也知河北省连片贫困地区发展状况相对来说确实堪忧，真的需要进行深入研究。

二、河北省贫困地区区域划分——基于聚类分析方法

（一）贫困县聚类分析指标体系

本文选择的保定、张家口、承德的 22 个贫困县作为研究样本，这些地区集中于燕山太行山连片贫困地区，再以各县为地域单元进行研究，包括保定市的涞水、阜平、易县、唐县、涞源、望都、曲阳、顺平，承德的滦平、平泉、丰宁、隆化、围场，张家口的赤城、沽源、蔚县、张北、康保、尚义、阳原、怀安、万全。

本文采用聚类分析的实证方法，利用已整理的 2013 年的经济效益、社会发展指标值作为样本数量，定量地确定 GDP、第一产业产值、第二产业产值、第三产业产值、工业产值、人均财政收入、农村人均居民纯收入、乡村人口、人均农林牧渔产值、公路里程、移动电话用户、互联网接入数这 12 个经济、社会的相似度或者亲疏关系，并依据此将连片贫困地区的 22 个县归类，实现区域划分的过程。其中 GDP、各产业产值、工业产值、人均财政收入、农村居民人均纯收入、人均农林牧渔产值属于经济指标，可以显示经济发展状况；移动电话用户、公路里程、互联网接入数属于社会指标，显示各县的交通状况以及信息流通状况，很大程度上影响贫困县的经济发展。

搜集整理 22 个地区的 2013 年的各数据均来自《河北统计年鉴》，各市林业网以及各县人民政府官网统计文件。但是数据选取时会遇到数据缺失的情况，乡村人口数据官网或年鉴并不能直接得到。不同的数据缺失会造成聚类研究时的不稳定性，因此为保证准确，选取最为接近的数据替代不能得到的数据。

（二）贫困县聚类分析方法

聚类结果影响政策决策，因此选择聚类成几类是需要确定的问题。方法是利用 SPSS19.0 将 22 个贫困县数据进行系统聚类，例如结果是 N 类（2 < N < 11），可得到 N 的大致范围，再利用 K 均值聚类观察 N 在哪一数上最合理，最后辅助利用各县资源情况相似程度进行最终分类。K 均值聚类可以自定聚类结

果，将系统聚类和 K 均值聚类结合起来，可以得到 N 的具体数。

（三）聚类过程和结果

SPSS 中调整聚类类别数，从 3～11 依次增大，观察三维度聚类结果是否清晰，各类型地区特征是否显著。具体操作结果如下所示：

首先，进行系统聚类，聚成 3～11 类的结果如表 21 - 2 所示。其中本文将分成 2 类的情况除去不谈，是因为将 22 个贫困县分成 2 类，每类别中贫困县的数量可能过多，会造成研究不便。由表 21 - 2 可知在系统聚类过程中，N 为 5 类的时候会出现蔚县单独成一类的状况，对于本文连片贫困地区分区而言，单独成一类并不满足聚类结果要求，因此，可以知道最终聚类结果 N 在 3 或 4 类。

然后进行的是 K 均值聚类过程。第一步是快速聚类成 3 类，找到此步骤形成的方差分析表，进行观察指标显著性；第二步是快速聚类成 4 类，然后同样观察显著性，哪一聚类方法的显著性更大就更合适。如果通过两种方差分析表来看难以辨别，可以通过观察分类结果是否便于深入研究来确定最终的分类结果。

由 SPSS 软件聚类的结果可知，三类地区个数分别是 10、10、2 个，四类地区个数分别是 5、8、2、7 个。分成三类的方差分析表如表 21 - 3 所示，分成 4 类的方差分析表如表 21 - 4 所示。

表 21 - 2　　　　　　　　　每个类别的群集成员

县名	11 群集	10 群集	9 群集	8 群集	7 群集	6 群集	5 群集	4 群集	3 群集
涞水	1	1	1	1	1	1	1	1	1
阜平	2	2	2	2	2	1	1	1	1
易县	3	3	3	3	3	2	2	2	2
唐县	4	4	1	1	1	1	1	1	1
涞源	5	5	4	4	4	3	3	2	2
望都	6	1	1	1	1	1	1	1	1
曲阳	4	4	1	1	1	1	1	1	1
顺平	6	1	1	1	1	1	1	1	1
滦平	7	6	5	5	5	4	4	3	3
平泉	8	7	6	6	6	5	4	3	3

续表

县名	11 群集	10 群集	9 群集	8 群集	7 群集	6 群集	5 群集	4 群集	3 群集
丰宁	3	3	3	3	3	2	2	2	2
隆化	3	3	3	3	3	2	2	2	2
围场	9	8	7	7	3	2	2	2	2
赤诚	10	9	8	4	4	3	3	2	2
沽源	2	2	2	2	2	1	1	1	1
蔚县	11	10	9	8	7	6	5	4	2
张北	10	9	8	4	4	3	3	2	2
康保	2	2	2	2	2	1	1	1	1
尚义	2	2	2	2	2	1	1	1	1
阳原	1	1	1	1	1	1	1	1	1
怀安	1	1	1	1	1	1	1	1	1
万全	1	1	1	1	1	1	1	1	1

表 21 - 3 　　　　　　　　　　　　方差分析表

	聚　类		误　差			
	均方	df	均方	df	F	Sig.
乡村人口	648. 629	2	49. 901	19	12. 998	0. 000
人均财政收入	1 423 311. 270	2	295 076. 401	19	4. 824	0. 020
人均农林牧渔产值	21 750 882. 393	2	10 108 405. 392	19	2. 152	0. 144
公路里程	1 302 237. 645	2	348 891. 542	19	3. 732	0. 043
移动电话用户	2. 144E10	2	7. 024E9	19	3. 053	0. 071
农村居民人均纯收入	2 528 445. 682	2	861 815. 947	19	2. 934	0. 078
互联网接入数	5. 196E8	2	1. 085E8	19	4. 789	0. 021
地区生产总值	8. 219E11	2	1. 405E10	19	58. 488	0. 000
第一产业产值	2. 956E10	2	5. 375E9	19	5. 499	0. 013
第二产业产值	2. 897E11	2	6. 495E9	19	44. 608	0. 000
第三产业产值	3. 890E10	2	6. 550E9	19	5. 938	0. 010
工业产值	2. 606E11	2	6. 706E9	19	38. 858	0. 000

表 21 – 4 方差分析表

	聚　类		误　差			
	均方	df	均方	df	F	Sig.
乡村人口	327. 311	3	70. 191	18	4. 663	0. 014
人均财政收入	1 114 682. 156	3	283 834. 872	18	3. 927	0. 026
人均农林牧渔产值	23 477 112. 149	3	9 173 896. 155	18	2. 559	0. 087
公路里程	1 278 445. 511	3	299 893. 225	18	4. 263	0. 019
移动电话用户	1.172E10	3	7. 844E9	18	1. 494	0. 250
农村居民人均纯收入	1 193 167. 110	3	991 771. 835	18	1. 203	0. 337
互联网接入数	2.227E8	3	1. 351E8	18	1. 648	0. 214
地区生产总值	6.049E11	3	5. 338E9	18	113. 315	0. 000
第一产业产值	2.906E10	3	4. 115E9	18	7. 063	0. 002
第二产业产值	1.937E11	3	6. 768E9	18	28. 616	0. 000
第三产业产值	3.888E10	3	4. 755E9	18	8. 177	0. 001
工业产值	1.778E11	3	6. 407E9	18	27. 743	0. 000

　　一些指标显著性非常大，另一些指标显著性并不明显，这属于正常情况，并不是因为选取的指标不合适，而是搜集的数据有限，并且县与县之间经济社会发展情况总是不同的，有一部分指标显著就可以进行有效的聚类。

　　可知显著性情况差别不大，所以分成四类的情况个数更加合适。由此可以得到聚类结果如图 21 – 1 所示。

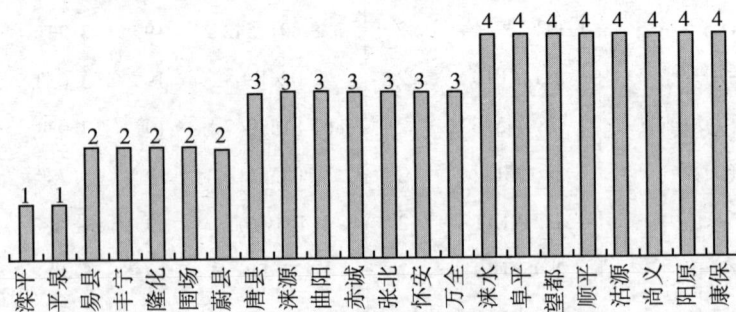

图 21 – 1　初步聚类结果

　　第一类地区：滦平、平泉。
　　第二类地区：易县、丰宁、隆化、围场、蔚县。

第三类地区：唐县、涞源、曲阳、赤城、张北、怀安、万全。

第四类地区：涞水、阜平、望都、顺平、沽源、尚义、阳原、康保。

三、各分区特征及扶贫策略

由方差分析表可知，分类结果只要受到几个显著指标的聚类吸引就能成为一类。地区概况及发展建议如下。

（一）第一类地区情况及发展建议

第一类地区特征分析：此类地区包括滦平、平泉，第一、第二、第三产业产值，工业产值以及地区生产总值均排在第一位，其他指标均排在前列，因此，此类地区是贫困度最弱的地区。此外，地理位置优越，交通便利，资源丰富，财政实力雄厚，信息流通快。

滦平林地面积有 289 万亩，森林覆盖率 58%，果园面积 8 822 公顷；有百草洼国家森林公园，碧霞山地质公园，这是承德旅游体系的重要部分；矿藏 34 种，铁矿 5 种，探明储量 8.98 亿吨。建立统筹城乡卫生长效机制，投入资金 1 亿元以上，实施农业产业扶贫。滦平县围绕"8142"工程，实施"两减两增"，即减少传统农作物播种面积，增加设施蔬菜种植和设施果品栽植面积，建设潮河流域"服务首都型有机蔬菜带"；减少散养户和养殖小区数量，增大养殖基地的单体规模，集中建设现代化、规模化养殖场。但是，矿业比例独大，经济收入约占总数的 70%，税收来源狭窄；产品质量不高；旅游资源缺少文化底蕴和品牌效应。

平泉有林业面积 180 万亩，森林覆盖率 35%，杏仁产量占全国县级之首；正积极开发辽河源头国家级森林公园；矿藏 40 多种；有食用菌、设施菜、养殖园三大产业。其中三大产业经济效益明显，但是实地考察就会发现了其中存在的问题，一是土地资源有限，承包土地建大棚生产食用菌或者生产设施菜成本会越来越高，而且由于粮食用地会有生产限制，因此如何解决这一问题是三大产业继续突破发展的关键。二是很多农民自己承包土地建大棚，购买种菌，购置烘干机、建小型冷库，技术上完全靠个人经验控制温度、湿度，种菌袋发霉，损失超过 30%，经了解得知使用政府建立的大棚成本要高，不如自己生产利润大，因此政府注意新技术的引进以及怎样降低成本，减少土地对产业发展的限制，加强技术培训来提高农民受益。另外，辽河源头国家级公园距世界历史文化遗产——承德避暑山庄 84 千米，距首都北京 290 千米，距唐山 220 千米，距秦皇岛 270 千米，距大连 800 千米，是北京—承德—秦皇岛和北京—

承德—沈阳—大连等黄金旅游线上的重要旅游景点。公园建立规划为辽河源头景区、河源林海景区、契丹始祖景区、契丹风情景区、辽代古墓景区等五大景区，总面积 118.86 平方千米。公园以高山、森林、草原、奇花、怪石、清泉、古树、古墓八景齐全而取胜，是旅游、观光、度假、科研的极佳选择，这些表明平泉的旅游潜在创收能力巨大，值得政府重点关注。

第一类地区发展建议：要注意不断调整产业结构以适应经济社会的发展；充分利用县级财政优势，创建更多惠民项目，提高本县综合实力和竞争力；注意生态文明建设，打造生态旅游宜居县市，保证可持续发展；不断创新扶贫措施，为劳动人民提供多种多样致富出路。另一方面，两个地区旅游开发存在的同样的问题是景区投入总量不足、硬件设施规模偏小、档次较低、结构不优、人气不旺、活力不足、效益不高，发展速度明显滞后等问题仍然比较突出。针对这些问题，要实施项目带动，加大景区投入、培育和建设森林文化、倡导低碳旅游、重视人才培养，提高景区管理服务水平的对策。滦平和平泉已经制定发展扶贫规划，要注意在项目和计划落实上，速度快一些，质量好一些，资金足一些，紧紧抓住各级加大扶贫开发力度的机遇，将本县优势打出去。

（二）第二类地区情况及发展建议

第二类地区特征分析：此类地区包括易县、丰宁等 5 个贫困县，乡村人口、人均财政收入、公路里程、地区产业产值、工业产值、第二产业产值指标非常显著。观察数据可知 8 个县相比这些指标最终聚类中心中的地区生产总值是 914 085 万元，在四类地区中排在第二位，是排名最后的第四类地区的430 856 万元的 2 倍还多；另外，第一、第二、第三产业产值、工业产值均排名第二位，说明产业形成了一定的规模，县政府财政有一定的实力；其他的，乡村人口指标中心值排名第一，远多于其他贫困县，显示此类地区是人口大县。人均财政收入排名第二；公路里程数排名第一，说明交通建设比较充分，在发展经济中起到重要的作用，因为有了交通才会有内外往来，才会有经济运行；移动电话用户排名第二，一是由于人口多，也一定程度上展示出信息流通的速度非常快。

易县森林覆盖率49%。为尽快开发资源优势，近年来，易县县委、县政府从加强基础建设起步，改善投资软硬环境，投资 1 800 万元扩宽改造津（天津）同（大同）112 国道易县段，程控电话、移动电话全县畅通。历史文化悠久，文化产业丰富，旅游创收能力巨大。

丰宁森林覆盖率51.4%；拥有京北第一草原等多处风景区，扶贫旅游效果显著，但是面临着生态环境恶化、旅游发展增长缓慢的问题。2014 年以来制定特殊的扶持政策，引导农民转变传统的种养殖模式，走生态有机的现代农业发展之路。精准整合扶贫资金，县财政每年拿出 5 000 万元支持农业产业发展。精准建立扶贫产业，在坝上及接坝地区的 9 个乡镇 73 个行政村确定了肉牛、肉羊、生猪、节水蔬菜等 9 个主导产业。发展时引进的资金使用科学合理。其精准扶贫的经济发展模式是比较先进的。

隆化森林覆盖率35.8%，有茅荆坝国家森林公园等风景区；2012 年隆化县发现的矿种有 48 种，已开发利用 24 种，主要有铁、金、铅、锌、萤石、珍珠岩、膨润土、矿泉水等，其中，锌、萤石的贮藏量居河北省前列，锶系列、偏硅酸系列矿泉水储量巨大；隆化地方小，流动人口少，但是本地闲置劳动力很多，城市产业规划不够合理，产业比较少，隆化的优势就是距离北京近，又紧靠围场承德的旅游城市，矿业发达，只能通过其他产业带动人口聚集来带动旅游产业。

围场森林覆盖率53.1%，拥有著名的木兰围场等风景区；周边具备区位优势的富裕县城的在旅游资源开发，生态农业，畜牧业的大力发展对围场的经济形成极大地威胁与挑战；华北腹地，气候恶劣；发展起步晚，整体文化水平偏低。

蔚县森林覆盖率35%；交通有一定优势，县城北距张家口 140 公里，东距首都北京 220 公里，南距保定 220 公里，西距山西大同 160 公里，处在"一县连二省（河北省、山西省），三市（大同市、保定市、张家口市）"的重要位置；是西联东出、承北接南的重要枢纽，加上内路网四通八达，为经济发展提供了有力推动。旅游方面有古城和丰富民俗。

第二类地区发展建议：地区人口众多，这既是一种压力，也表明人才资源丰富，人口是这些贫困县发展的最大的阻力，政府要在扶贫过程中，多多利用劳动力资源优势，将闲置劳动力转移，对劳动人员多多进行培训，将人口转化成优势资源。另外，积极引进项目，发展产业，数量质量并重，增强经济综合实力。旅游业发展迅速却开发率低，增加完善的旅游配套设施，推出优秀的旅游文化和品牌，增加旅游业创收，建立生态旅游示范区，同时吸引大量劳动力就业。

（三）第三类地区情况及发展建议

第三类地区特征分析：此类地区包括唐县、涞源、曲阳等 7 个贫困县，综合实力排第三位，其中涞源县比较特殊，第一产业比重不到 5%，第二产业比重在 60% 以上，经济结构不合理，产业结构不优，严重偏向工业，容易造成生态环境恶化，另外对经济发展有一定的束缚。

唐县森林覆盖率 19.2%，拥有大石峪景区、大茂山国家森林公园；农民的主要收入来源：粮食种植、生猪养殖和外出务工；大部分贫困村处于山区，长期受山区无霜期短、变化无常的小气候影响和山区可耕地少、土地贫瘠，粮食产量低，生产技术水平低等多种因素影响而制约经济发展；农民整体文化素质不高，接受新生事物能力较弱，这些是制约唐县贫困村发展的主要问题，需要建立现代农业园区，打破经济来源限制，多多投入旅游开发使得旅游品牌晋档升级行动，坚持文化、生态、旅游三位一体，大力发展文化旅游产业，全力塑造"唐尧故里、红色唐县、山水唐县"核心特色品牌。转变林业发展建设林果基地加快林业发展方式转变，实现林业的内生性发展。明确将国土增绿、农民增收有机结合起来，着力建设以红枣、核桃、苹果为主的果品基地，发展民生林业，打造果品强县，此方面需要注意的是产后工作到位，销售网络建立。

其他地区情况：涞源森林覆盖率 28.5%，曲阳 17%，赤城 37.6%，张北 22.4%，怀安 23.6%，万全 21.6%。虽然森林覆盖率相对其他贫困县较低，以上部分数据可以看到贫困县虽然大多位于山区，但是它们有平原县没有的林业资源优势。

第三类地区发展建议：不断调整产业结构和经济结构，突出工作的重点，充分发挥本地区比较优势，制定开放政策，加大第一、第三产业投入比例，积极主动寻找项目，缩小区域差距；另外，国土增绿工作要不断地进行，增加有林地面积，保持水土环境。同其他工业城市相比，各县林业资源数量依旧是十分丰富，只要合理开发利用，积极寻找正确的发展方向，带活经济，带活农村发展，促进农民增收，提高创收能力，就可以摆脱贫困的帽子，做出一番成绩。

（四）第四类地区情况及发展建议

第四类地区特征分析：此类地区包括涞水、阜平等 8 个贫困县，此类地区最显著的特点是地区生产总值较其他差距较大，相对来说底子薄，基础差，财政能力弱。此类地区靠政府资金来推动经济发展和扶贫有一定的难度。而且，此类地区的多数指标均在四类地区中排名最后，和其他类县市差距较远，因此可以得到结论：此类地区是贫困度最高的地区；乡村人口聚类中心最少，因此同其他贫困地区相比，人口的压力比较小，同时也由于人口数量少，农村居民人均纯收入相对不差。自"十一五"时期以来发展迅速，但与其他环首都县比起来还差很多。工业发展在多数贫困县已经成国民经济的主导产业和裁员支柱产业，但经济结构和财源结构不合理。

阜平县是最特殊的一个贫困县。90年代坚持靠山吃山，靠水吃水，政府引导农民种果树和发展养殖，推行"周转畜"项目于2008年三聚氰胺事件后失败；核桃种植生长慢，挂果晚，短期看不到经济效益；养牛养羊，水土不服，而且山区禁止放牧，牛羊草料不足，因此养牛羊和种树产业想要继续发展应注意要培育适应这里水土的品种，也要注意本县和农户养殖的承受能力。获得共3亿元资金后，最重要的问题是如何避免以前的扶贫怪圈，把大量的输血变成内部的生产机理，又有自己的"造血功能"。另外，阜平由于长期贫困，年轻劳动力大多转移到大一点的城市，牛羊的养殖和果树种植都是需要大量年轻壮劳力，因此需要先将年轻人吸引回乡，这就需要旅游开发投入让他们看到发展前景。生态旅游投资大见效慢，但是真的能够富民。

其他的地区：顺平县山低坡缓，发展林果有得天独厚的自然条件和地理优势，全县林果面积33万亩，形成了苹果、桃、柿子及杏李杂果四大优质果品生产基地，是中国桃乡，中国苹果之乡，森林覆盖率涞水为26%。望都为13.4%，沽源19.6%，尚义32%，阳原30%，康保23%。可以说明旅游业发展有一定潜力，政府应明确上下一致摘贫困帽子的思想，一切以资源合理开发利用，促进经济发展和人民生活进步为原则，大力发展第三产业。二是说明扶贫途径方面需要创新的举措。例如"订单农业＋政府组织＋企业发展"，探索农民增收途径，最重要的是转变输血扶贫方式为造血，为创新扶贫提供可能。

第四类地区发展建议：这类地区要想发展一是需要制定科学的扶贫计划，积极争取资金，多多引进外资，调整融资制度。资金问题在起步阶段是政府组织发展难以避免必须面对的困难，县级财政不能满足资金需求。二是积极承接京津产业，引进项目促进推动作用，靠外力来突破本地经济实力疲软瓶颈。三是想方设法吸引人才到本地来，吸引本地劳动力回乡致富。

其他需要所有贫困地区注意的是：政府应该提高对贫困的认识，加强思想领导工作，谋划扶贫项目开展招商引资，积极争取国家、省、市支持；把扶贫当做一项长期的工作来抓，有耐心，还要创新；将检测工作和扶贫同时进行，积极学习借鉴并做到因地制宜，实事求是。

四、结　　语

本文综合了经济、社会两方面，选取了12个指标将22个贫困县聚类成4类，并分析了每类地区的特征和扶贫发展建议，比较全面的关注了贫困现状。需要说明的是本文中聚类分析只能评估相对贫困，所提到的贫困度也只是相对贫困度。由于贫困的长期性，贫困问题值得学者不断研究，本文的下一步重点是将贫困县地域分布和森林资源禀赋指标加入到考虑范围中。

参考文献

［1］李佳. 基于县域要素的三江源地区旅游扶贫模式探讨［J］. 资源科学，2009，31（11）：1818 – 1824.

［2］河北省人民政府关于贯彻落实《中国农村扶贫开发纲要（2011 – 2020 年）》的实施意见［R］. 中共河北省委，2013.

［3］李伯华. 欠发达地区农户贫困脆弱性评价及其治理策略——以湘西自治州少数民族贫困地区为例［J］. 中国农学通报，2013，29（23）：44 – 50.

［4］曾永明. 基于 GIS 和 BP 神经网络的区域农村贫困模拟分析：一种区域贫困程度测度新方法［J］. 地理与地理信息科学，2011，27（2）：70 – 75.

［5］袁媛. 河北省县域贫困度多维评估［J］. 地理科学与发展，2014，1（33）：124 – 133.

［6］Sen A K. Development as Freedom［M］. New York：Oxford University Press：87 – 118.

［7］Arnartya Sen. Spatial Determinants of Poverty in Rural Kenya［J］. The National Academy of Sciences. 2007，104（43）：16769 – 16774.

［8］中国农村扶贫开发纲要（2011 – 2020 年）［R］. 中共中央国务院，2011.

［9］张也. 河北扶贫工作之我见［J］. 产业与科技论坛，2012，11（2）：17.

［10］邹薇. 怎样测度贫困：从单维到多维［J］. 国外社会科学，2011，35（2）：63 – 69.

［11］齐文波. 针对我国林业产业化发展的若干建议［J］. 中国农业信息，2014，11（1）：175.

［12］王文娟. 试论河北林业产业化体系建设［J］. 河北林业科技，2013，12（6）：83 – 84.

教师讲评

本文运用聚类分析方法，从经济、社会发展状况两方面选取指标，根据发展相似性对河北省连片贫困县进行分区，深入分析每个区域的特征，并有针对性地提出对策建议，为政府制定扶贫脱贫政策提供借鉴。论文逻辑清晰，主要观点突出，语言规范，具有一定的研究价值和实践指导意义。

22

张家口和承德贫困地区扶贫策略分析

农林经济管理 1101 班　闫　磊／指导教师：戴　芳

摘　要： 张家口和承德地区是我国传统贫困区，是著名的环京津贫困带。本文从历史因素方面、自然地理方面和人文方面分析贫困产生的原因，通过找出张家口和承德地区的资源优势、分析当前已经实施的扶贫策略，结合张家口和承德地区的优势资源，进行扶贫策略的制定，提出符合张家口和承德贫困地区情况的扶贫策略。

关键词： 地区现状；贫困原因；资源情况；扶贫策略

引　言

在京津冀协调一体化发展的背景下，作为原来环首都经济圈的重要组成部分，张家口和承德地区既是重要的经济发展对象，同时又是重要的扶贫对象。2011 年河北省 22 个国家级贫困县中，张家口和承德地区就占 14 个，占大半以上的贫困县指标，贫困现象的存在既不利于京津冀一体化的协调发展，也不利于发挥当地对京津的支援功能，更不利于当地群众生活水平的提高，为了解决这些问题，需要对张家口和承德地区进行各种方式的扶贫。张家口和承德地区扶贫的实施，将会缓解当地因贫困问题而造成的一系列问题，其一，缓解经济发展和生态保护的矛盾，经济落后会更加对生态自然进行开采，扶贫项目的进行，将有利于经济发展，环境保护；其二，缓解当地居民生活质量低下情况，提高张家口和承德地区居民的幸福指数和生活水平；其三，扶贫项目的实施可以带来贫困地区的安定稳定，为经济发展，社会和谐提供安定有序的环境。

扶贫是我国的重要政策方针之一，民生的改善是我国政府职责的重中之重，我国扶贫发展的道路还需要很长的道路要走，张家口和承德地区的扶贫是我国扶贫中的重要组成部分，张家口和承德的扶贫有和我国其他地区扶贫的相同点，也有不同点，分析张家口和承德地区的现状，当地的问题以及特点，利用特色资源进行扶贫，提出有针对性的扶贫策略。

一、张家口和承德贫困地区现状

张家口和承德地区是我国贫困地区较为集中的地区，根据我国 2011 年国家级贫困县统计情况，河北省 2011 年拥有 22 个贫困县，其中张家口占 9 个，承德占 5 个，两地占河北省半数以上，是河北省乃至全国贫困县较为集中的地区。

（一）张家口和承德贫困地区分布的基本情况

根据我国贫困地区统计显示，张家口和承德的贫困地区分布情况如表 22 - 1 所示：

表 22 - 1　　　　　2011 年张家口和承德地区贫困县分布情况

地区	贫困县
张家口市	赤诚、沽源、蔚县、张北、康保、尚义、阳原、怀安、万全
承德市	滦平、平泉、丰宁、隆化、围场

数据来源：根据中国扶贫网 2011 年国家级贫困县名单。

根据表格可知，张家口和承德地区贫困县较多，贫困地区面积广大，并且多为山区地带的县域。

由图 22 - 1 可知，贫困地区涉及的人口众多，特别是众多的乡村人口占据很大比例，总体上分布地广人稀，但是绝对贫困人口数量较多，这是张家口和承德地区贫困的最基本的现状。

这说明张家口和承德地区的扶贫需要立足于山区面积广大，贫困人口众多，特别是乡村人口众多的现实状况进行相应的有针对性的扶贫。

（二）张家口和承德贫困地区的贫困状况

我国扶贫战略的实施，是根据不同的指标来得出一地区的是否贫困，然后进行相应的扶贫策略的实施，比如人均 GDP 情况、受教育程度、医疗保障水平等作为指标衡量一地区贫困状况。

1. 张家口和承德贫困地区的经济状况

近年来我国经济增速较快，经济发展取得了较大的成果，2011 年人均 GDP 已经达 4 800 美元左右，到现在，人均 GDP 更是有所增长，但是张家口

（万人）

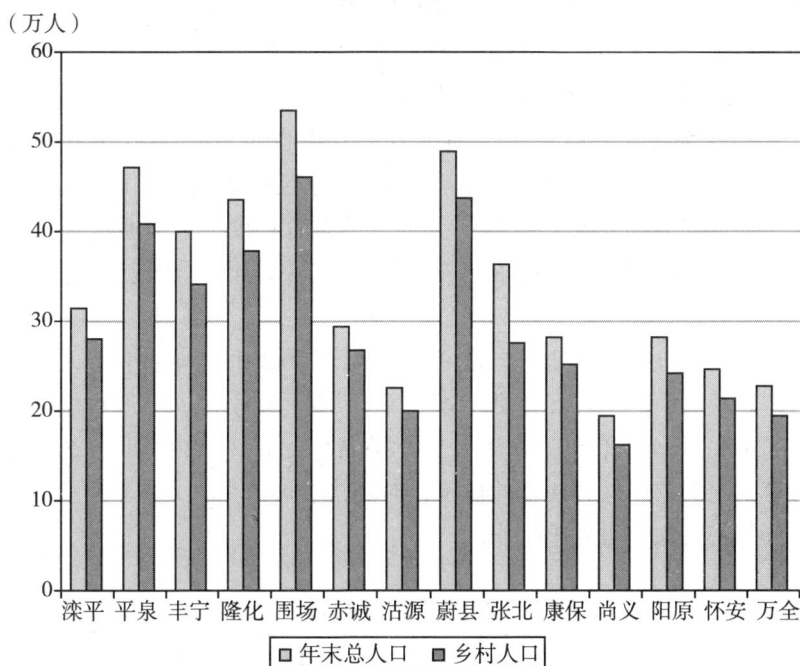

图 22 -1　2011 年张家口和承德地区贫困县人口分布情况
数据来源：河北省 2011 年统计年鉴。

和承德地区的人均 GDP 就比较低，较之与张家口和承德的非贫困县相比，也有较大差距，如图 22 -2 所示，贫困县的人均 GDP 严重低于非贫困县的人均 GDP，大体上在 4 000 元人民币左右，而非贫困县则高于贫困县人均 GDP1 000

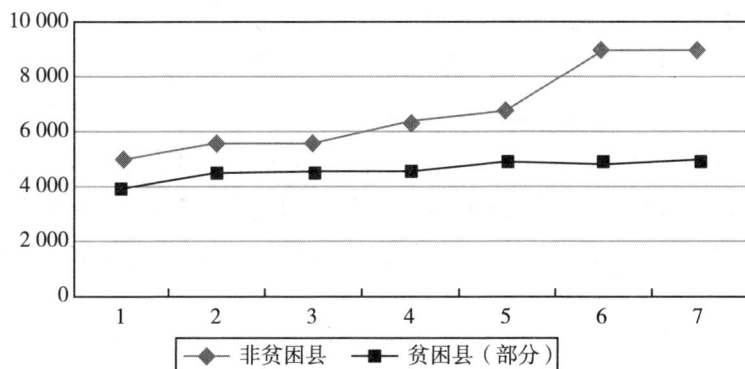

图 22 -2　2011 年张家口和承德部分贫困地区与非贫困地区人均 GDP 对比
数据来源：河北省 2011 年统计年鉴。

元人民币左右，更是低于我国人均 GDP4 800 美元的标准，人均收入低，是张家口和承德贫困地区的基本经济现状。

2. 张家口和承德贫困地区的教育现状

教育的发达程度是衡量一个地区发展状况以及发展潜力的重要衡量指标，经济发达地区，教育质量高，相反贫困地区则较低。地区的学校数量，入学率，教师数量等都可以反映一个地区的教育程度，下面通过张家口和承德地区部分贫困县和非贫困县的小学和中学数量对比来分析贫困地区的教育质量。

由表 22 - 2 分析可以知道，张家口和承德贫困地区小学数量较之非贫困地区数量差距很大，严重的相差数十所，拿沽源县为例，为 20 所小学数量，而涿鹿县为 108 所，两者相差 88 所，中学数量也相差 3 所，说明，贫困地区的基础教育情况较差，教育质量的低下，对经济发展潜力，人口素质提高，扶贫策略展开等都带来严重的阻碍作用。

表 22 - 2   张家口和承德贫困地区和非贫困地区学校数量情况

	地　区	中学学校（所）	小学学校（所）
贫困县（部分）	康保县	7	21
	沽源县	9	20
	尚义县	4	18
非贫困县（部分）	宣化县	11	68
	怀来县	10	87
	涿鹿县	10	108

数据来源：河北省 2011 年统计年鉴。

3. 张家口和承德地区的医疗保障水平

医疗保障水平是居民生活水平质量高低的重要衡量指标，在经济发达地区，医疗水平较好，居民生活健康指数较高，居民生活幸福，经济欠发达地区，医疗水平较差，由于医疗保障跟不上，居民身体健康保障低，健康指数较低。

衡量一地区的医疗水平，可以从当地的医院和卫生院的数量、床位数、医疗人员数量等来衡量。下面通过分析张家口和承德地区部分贫困县和非贫困县的医疗人员，床位数来分析贫困地区的医疗现状。

表 22 – 3　　　　　　张家口和承德贫困地区和非贫困地区医疗情况

	地　区	医疗技术人员数量（人）	床位数（张）
贫困县（部分）	康保县	434	405
	沽源县	325	542
	尚义县	285	593
非贫困县（部分）	宣化县	544	958
	怀来县	773	1 214
	逐鹿县	623	947

数据来源：河北省 2011 年统计年鉴。

　　由表 22 – 3 可知，张家口和承德贫困地区医疗技术人员数量比非贫困县少，床位数也是同样结果，床位数和医疗人员的不足，严重影响当地的健康生活状况，就医难，住院难的问题突出，这是张家口和承德贫困地区医疗的基本状况，也是衡量张家口和承德贫困地区的重要指标之一。

　　张家口和承德贫困地区的经济现状、教育现状、医疗现状等反映了贫困地区扶贫任务的重要性，也反映了扶贫任务的艰巨性，分析张家口和承德贫困地区的现状，找出贫困产生的原因，才能进行有效的扶贫。

二、张家口和承德地区贫困产生的原因

　　张家口和承德地区属于我国传统贫困区，其产生的原因有多方面的，既有和我国其他贫困地区产生的原因相同，也有其独特的原因。

（一）历史因素

　　张家口和承德历史上属于军事重地，尤其是清政府时期，这里是皇家重地，除了军事政治之用外，不允许经济开发，加上人口管制，使得这里历史上人口稀少，所以经济发展相比其他地区较为落后，造成这里成为传统贫困区的原因之一。

（二）自然地理因素

　　自然地理环境往往影响着地区经济的发展，地形影响农业，交通；气候对农业生产的影响；自然资源分布对于其经济发展的满足情况；区位因素，距离

经济发达地区距离的远近等都是一个地区经济发展的重要影响因素。张家口和承德地区的自然地理因素与其他贫困地区有相同的地方，但是，也是因为其自然地理因素，主要是其区位因素，造就了其独特的贫困原因。

1. 地形因素

张家口和承德地区位于太行山系和燕山山系，属于典型的山地地貌，尤其是贫困地区，更是山脉纵横，这里山地构造属于土石结构，可开发的山地较少，因此耕地资源少，虽然林地资源丰富，但是因为其他原因，并不能得到利用，所以农业经济形式较为脆弱，创造的效益较低，这使得当地农民贫困的重要原因之一。

山地的特殊地形使得这里交通不便，交通是经济发展的重要命脉，交通的不便使得这里经济交往受到约束，并且与外界联系不便，限制了经济发展。

2. 气候因素

张家口承德地区位于温带季风气候区，属于温带季风气候边缘地带，降水量集中在 8 月份，其他季节气候干燥，当地水资源较少，难以满足农业发展需求，当地农作物多为玉米，种植后靠天吃饭，并且为一年一熟制，单一的农作物，单一的熟制，还有异常的天气情况，使得农作物经济效益低下，难以成为家庭的主要经济收入，收入的单一微薄不利于脱贫的进行。

3. 资源因素

一个地区的资源禀赋对一个地区的经济发展具有重大的影响，张家口和承德地区矿产资源较为丰富，例如煤炭资源，但是矿产资源分布不均，在其他贫困地区，矿产资源则较为稀少，当地资源分布的不均，对当地经济发展带来地区的不平衡，另外，资源外流现象严重，例如，当地水资源就是为满足北京地区使用而外流，当地经济发展对资源利用率低，利用量少，相对的抑制了当地经济的发展。

4. 区位因素

张家口和承德地区位于河北省东北部，地处东北和华北的连接过渡带，南临近北京、天津，背靠内蒙古、辽宁省，尤其是其邻近的北京天津地区，使得其拥有得天独厚的区位优势，这是相比于其他贫困地区所拥有的独特的区位优势。

区位优势的拥有，对其他地区来说是经济发展的原动力，但是对于张家口和承德地区来说则正好相反，正是它特殊的地理位置决定了在经济发展过程中受到的影响较大，临近京津的优越区位，使得这里成为京津地区经济发展的资源提供地，生态保护地，风沙源治理地带，资源的牺牲，生态的保护，都是因为其临近京津的区位条件，例如张家口和承德地区的潮河、白河、黑河等都是北京水源的上游地带，这就要求张家口和承德地区为北京提供优质水资源，禁止这些河流流域工业建设，防止河流污染，限制农业用水，以满足供水量，工农业的限制发展，严重影响了当地经济建设，使得该地区贫困现象严重。

（三）人文因素

张家口和承德地区的历史条件和自然地理条件与其他贫困地区的贫困原因大体上属于相同点，但是也由于其特殊的地理条件，使得其贫困原因与其他地区不同。

1. 政策诱导因素

（1）政策诱导的资源因素。张家口和承德地区毗邻京津的特殊地理位置，使其拥有特殊的优越的区位优势，并且张家口和承德地区自然资源丰富，但是这种区位优势和自身资源优势并成为其经济发展的助推器，相反，由于北京是我国的首都，其地位极其重要，因此首都地区的发展所需要的各种资源的重担落在了距离北京较近的张家口和承德等环首都经济地带，张承地区为首都地区提供水资源，矿产资源等各种当地优势并且有助于本地经济发展的资源，拿水资源为例，政府通过政策指令，对张家口潮河、白河等流域进行整治，改变当地的农作物种植方式，水作改为旱作，通过限制当地的水源利用来满足首都地区的水资源使用，这使得原本水资源不足的张家口地区，水资源变得更加稀少，通过改作的农业种植方式，其农业效益变低，这就使得当地因为政策导向贫困的发生。这种属于外部性经济，根据外部性经济产生后果对承受着的损益，可分为正外部性和负外部性，首都地区的这种负外部性，显然是政策诱导因素所致。

（2）政策诱导的生态因素。环境污染导致的外部性成本与治理成本的占经济效益的比重不同，因此对生态保护与经济发展来说，张家口和承德地区作为守卫北京的绿色生态屏障，其生态功能极其重要，防护林的营建，退耕还林，退牧还草等生态保护政策的颁布与实施，改变了防护林区原来的农业种植类型，变农耕为林地草地，经济收益比之前降低，张家口和承德的退耕还林牺牲了当地的农业经济发展来实现生态保护的作用，虽然有相关的补贴费用，但是年限限制和补贴费用较之原来的农业收入较低，所以政策对生态的保护措施使得贫困现状得不到好转。

（3）政策诱导的经济因素。经济基础决定上层建筑，上层建筑反作用经济基础，经济发展的需要，要求国家政府制定有利于经济发展的政策，同样，政策的引导措施会相应的促进或者抑制一个地区经济的发展，尤其是我国，政府的政策往往对经济发展产生极其重要的影响作用。

张家口和承德地区位于河北省最北部，由于其地理环境的原因，偏离河北省地区主要经济发展带，近年来，河北省政府主要发展省会地区和沿海地区经济，张家口和承德地区则忽略其发展，北京地区利用张承地区的自然资源，但是并不反哺当地经济的发展，省政府也因其远离主要经济带，并且不看好其经济发展潜力，所以众多的人力，财力，物力等资源对张家口和承德的支持较少，尤其是防护林区，出于对生态环境保护的要求，对当地经济开发的政策少之又少，近年来，虽然政府出台多项措施，鼓励当地经济发展，例如，党的十八大后中央政府提出重新构建环首都经济圈，特别针对环首都贫困带制定多项优惠措施，鼓励企业资金，人才等进入贫困地区，另外给予税收，贷款，资金等方面的支持来扶贫，但是应该看到，针对防护林区，由于防护林产权界定问题，当地交通问题，后续的政策问题等，扶贫效果并没有起到多大的作用，首都地区的企业多向交通条件等更为便利的保定，廊坊等地区发展，而很少投资于张承地区，尤其是退耕还林地带的林区，生态保护的特殊政策，使得企业投资止步，其效果极其低下。

2. 人力资源因素

人力资源是第一资源，人力资源包括人口数量与人口质量，人力资源的好坏直接影响着一个地区的经济活力与进程。

（1）张家口和承德地区劳动力资源现状。张家口和承德地区历史上受传统习俗的影响，教育程度并不是很高，加上这里是传统的贫困区，教育观念落后，只追求人口数量而忽视人口质量，尤其是广大的贫困的农村地区，这种观念更是根深蒂固，追求人口数量的增长只是为了满足农业对劳动力的需求和养儿防老的传统观念，所以使得传统贫困区陷入人口数量带来的贫困恶圈中。总之，劳动力数量多，但是劳动力素质不高是该地区劳动力资源的基本现状。

（2）张家口和承德地区劳动力资源的问题。劳动者是生产活动的主体，劳动者素质的高低决定着生产水平的高低。劳动者素质包括劳动者的身体健康状况、受教育程度、劳动技能、思想观念等。"人力资本"反贫困理论认为贫困产生的原因是人力资本的短缺（也就是劳动者素质低），认为只有增加对人力资本的投入，提高劳动者的身体素质、受教育水平、劳动技能，才能实现促进贫困地区发展的目的。

进入 21 世纪以来，随着我国经济的发展，尤其是首都地区经济的快速发展，在这种大形势下，张家口和承德地区出现人口外流现象，流动人口多为青壮年劳动力和高素质劳动力，这种现象和我国其他地区人口外流现象一样，留下的只有妇女，老人，儿童，劳动力资源形式的不乐观，这对当地的扶贫开展极其的不利。

贫困导致劳动者素质低，而劳动者素质低又是造成贫困的因素。由于多种原因，许多人因贫辍学，又因为辍学而成为新一代贫困人口。张家口和承德贫困地区的劳动力文化素质一直较低，尽管改革开放特别是近 10 年来，劳动者的素质有了一定程度的提高，但是与其他发达地区相比仍然较低。

（3）张家口和承德地区劳动力资源外流的原因。之所以会出现劳动力的外流，这里有和其他地区劳动力资源外流相同的原因，也有其独特的特点。

其一：青壮年劳动力外流的原因。国家经济发展的大环境影响下，需要更多的劳动力去满足经济发展，并且随着农业生产效率的提高，不需要众多劳动力也可以实现农业生产的进行，包括农业的合作社，土地流转等进行，实现土地的优化利用，这就使得部分农村劳动力得到解放，可以进城务工，得到更多的务工收入。

张家口和承德的林区，由于退耕还林导致的耕地减少，解放出农村剩余劳动力，是这里区别于其他地区劳动力外流的重要原因，当地实现耕地退耕还林后，由于经济效益低下，政策对林地保护不让其随便采伐等使得农户不再对林地进行管理，所以务工收入更高的收入相对来说成为了最佳原则，这就造成传统贫困区的农业人口外流，对当地的劳动力需求造成空缺。

其二：林区高素质人才外流原因。由于张家口和承德地区是主要的贫困区，虽然每年国家政府给予大力的政策，资金等各方面的支持，但是由于当地的特殊的自然地理环境，经济发展潜力问题，待遇等问题，使得当地的人才资源大量外流，难以留住众多的高素质劳动力，高素质劳动力资源是经济发展的关键，劳动力的外流使得当地经济发展严重受阻，并且缺少优质劳动力资源，国家的政策措施难以得到很好地贯彻，资金项目也难以得到最佳使用，企业由于当地缺少劳动力资源，投资成本加大，由此种种，当地经济发展缓慢，特别是林区的贫困区，这种情况也不利于扶贫的进行。

三、张家口和承德贫困地区扶贫的优势

扶贫项目的实施，不仅考虑国家政策资金等的外在因素，更重要的是发掘贫困地区的优势资源，张家口和承德地区的扶贫拥有得天独厚的资源优势，比如张家口境内的林业资源，特殊自然地理环境等条件都是其进行扶贫可利用的优势资源。

（一）张家口和承德贫困地区的林业资源优势

张家口和承德地区是我国重要的生态保护基地，"三北"防护林建设的重要地带，因此，无论是原始林业资源，还是人工造林资源都是极其的丰富，如表 22 – 4 所示，张家口和承德部分贫困县林业情况。

表22 – 4   张家口承德部分贫困县林业情况

地　区	滦平	平泉	丰宁	蔚县	尚义
林地（万亩）	257	258	259	105（原始林）	137
森林覆盖率（%）	56.50	56.50	56.50	21.30	30

数据来源：河北省 2011 年统计年鉴。

由表 22 – 4 可知，张家口和承德地区林业资源丰富，森林覆盖率高，并且部分地区存在原始林，这种特殊的林业资源存在，是当地经济发展可利用的重要资源，也是其进行扶贫可利用的优势资源，通过发展林业经济来进行扶贫。

（二）张家口和承德贫困地区的自然地理优势

一个地区的自然地理条件既是其发展的受制约条件，但是同时如果利用好，就会是其发展的有利条件，张家口和承德地区的特殊自然地理条件为其发展带来不便，但是应该看到其特殊性造就了特殊的可利用的资源。

1. 张家口和承德贫困地区区位资源优势

张家口和承德地区距离首都北京较近，并且有铁路公路与首都相连，虽然为首都地区提供生态保护，资源供应，但是区位较近的因素使其距离发达的消费市场较近，加上京津冀一体化的提出与发展，首都经济圈的建设，张家口和承德被纳入首都发展的重要组成部分，优越的区位条件可以对其扶贫提供独特优越的资源优势。

2. 张家口和承德贫困地区的气候环境资源优势

张家口和承德地区虽然地处高纬地带，对农作物熟制产生影响，并且水热条件较差，不利于农业发展，但是因其独特的气候环境，昼夜温差较大，光照较充足等自然条件，使得这里成为特殊水果的优质产区，有利于当地对特色果品产业的发展。

四、张家口和承德地区的扶贫举措

张家口和承德贫困地区资源丰富，比如林业资源，通过利用当地的林区资源实现林业扶贫，实现经济发展和生态建设，利用多种措施，通过发展林区旅游，发展特色林业经济，创新创意林业发展模式，对林地本身做文章，发展优质高效益林地，发展林下经济，另外，可以从林业产权方面做文章，进行大胆的林业发展改革，积极发挥距离京津近的区位优势，把这种因区位造成的问题转化成经济发展的优势等各方面来发展经济，实现林区的林业扶贫。

（一）目前国家政府对张家口和承德地区的扶贫举措

1. 政策式扶贫

（1）财政金融的扶贫。财政作为国家进行宏观调控的主要手段，在政府促进贫困地区发展的工作中具有资源配置、收入分配、经济稳定与发展的职能。改革开放以来，政府为促进贫困地区发展，通过发挥财政职能，制定和实施了一系列的财政政策。针对张家口和承德地区的贫困现象，各级政府给予资金财政的支持，以改善当地的贫困现状，例如北京地区给予张家口和承德地区的生态补偿费用，各级政府匹配相关资金给予贫困区农民相应的补偿款项，从而达到帮助他们实现改善生活条件，实现他们的自我发展要求，这是我国的主要扶贫措施。

通过财政金融的投入实施，对张家口承德贫困地区实行相应的整治和管理，比如，对于重要的河流水源保护地区，则通过补贴形式改变当地的农业种植方式，以防止因生产方式的改变而出现贫困恶化现象。

通过采取优惠的金融条件来促进张家口和承德地区对资金的需求，国家支持张家口承德地区当地的金融产业发展，例如，积极支持鼓励张家口商业银行和承德银行的运作，通过央行对其进行准备金率的优惠调整和国家政府的资金注入，使其直接为扶贫工作进行，为扶贫工作提供金融资金和融资的便利，对本地企业的贷款利息进行优惠的调整，以满足本地经济的发展。

（2）优惠政策的扶贫。张家口和承德地区为北京地区提供资源保障，生态保障，面对张家口和承德的贫困状况，国家出台多项政策，例如：环首都经济圈，实现京津冀协调一体化发展等重大的区域经济发展方针战略，目的就是通过政策出台实现经济发展，从而达到扶贫的目的。

优惠政策的出台还包括鼓励贫困地区的人们进行创业优惠，给予税收贷款等优惠措施，估计贫困地区的自力更生和自己创造财富的能力，比如，我国出台措施鼓励大学生创业，特别是到贫困地区的创业，通过创业拉动就业，通过创业活跃经济，实现扶贫。

2. 教育式扶贫

产业结构调整包含对生产要素的重新配置，即以市场价格为导向，将生产要素从利润率低的产业向利润率高的产业转移，而人力资本在生产要素配置过程中通过要素集聚效应和要素置换效应发挥着积极的推动作用，国家推进实行义务教育制度是从我国全局来说进行提高人民群众素质，教育是促进经济发展的不懈动力，教育的发展可以为我国经济的发展提供众多的高素质劳动力，尤其是对于贫困地区来说，教育的普及有利于贫困地区人民群众的就业机会的增加，使其有利于改变传统的生产观念和习惯，有助于国家"造血"扶贫的展开，对贫困地区来说，是一条扶贫的最佳选择。

教育开展不仅要从年轻人身上开展，更要对贫困地区的贫困农民展开相应的贫困，使其有利于外出务工，例如张家口建立农村劳动力转移培训基地，对农村劳动力进行专业技能和知识的培训，不仅可以实现农民素质的提高，有助于农业相关生产的进行，提高农业生产效益，增加农业收入，更有助于农民的外出务工，提高农民务工素质，有助于其操作水平的提高，更有助于其维护自身权益。

3. 社会保障式的扶贫

我国从 2007 年开始建立覆盖全国的社会保障制度，对于贫困地区，人均收入低于低保收入标准的都被纳入低保补贴对象范围，张家口和承德地区属于传统的贫困区，各级政府建立相应的社会保障措施，通过贫困补助来实现"输血"式扶贫，目的是为了满足贫困人口的基本生活需求。

建立医疗保障制度，对农村地区实行合作医疗，减轻贫困地区的医疗费用负担，使贫困人口也可以看得起病，保障贫困地区人口的基本生活身体健康发展需要。

（二）利用优势资源的扶贫

目前国家政府对张家口和承德地区的扶贫只限于政策、资金、社保等方面的"输血式"扶贫，并没有充分发挥当地的资源优势，往往效果不佳，变"输血"扶贫为"造血"扶贫，充分发挥当地的优势资源，扶贫才会取得较好的效果。

利用张家口和承德地区的优势资源，整合优势资源，充分发挥林业资源优势，利用优势自然地理条件优势，可以通过发展林业碳汇、森林旅游和林果产业来进行相应的有针对性的扶贫。

1. 发展林业碳汇，进行生态扶贫

林业碳汇是 21 世纪新型的一种林业开发，生态保护模式，是针对全球变暖的大前提下，二氧化碳排放多，生态恶化，森林覆盖率下降的形势下提出并建立的，是针对二氧化碳排放，增加森林覆盖率的经济交往。

张家口和承德贫困地区，因为其生态作用的重要性，需要提高森林覆盖率，在此情况下，林业碳汇项目就成为可能，通过对贫困地区林地的营建给予碳汇的回报，出台碳汇价格指标，规定张家口和承德地区的吸收二氧化碳量的标准，以促进贫困地区农户造林的积极性，通过二氧化碳交易提高农户的收入。例如丰宁地区进行林业碳汇试点，通过千松坝林场进行碳排放量减少工程，到 2015 年 1 月 1 日实现二氧化碳成交量 1.5 万吨，成交额达 57 多万元，实现了通过碳汇增收。

张家口和承德贫困地区生态保护的存在，山地地形的因素，碳汇可以增收的效果使得造林潜力巨大，因此，规制良好的碳汇交易机制，可以促进碳汇发展，实现林业增收，生态保护和生态保护三者的统一。

2. 开发林业资源，发展森林旅游

张家口和承德地区由于生态保护建设的需求，是京津的生态保护源，尤其是防护林建设更加提高了森林覆盖率水平，例如丰宁的森林覆盖率达到 56.50%，蔚县拥有 105 万亩的原始林，因此利用张家口和承德地区的林业优势，开展森林旅游。

森林旅游休闲项目是当下新型的旅游项目之一，张家口和承德地区距离京津较近的区位因素，靠近旅游市场，可以吸收众多的京津地区人口来此进行旅游，特别是原始森林的存在，可开展探险旅游等多项旅游项目，良好的生态环境可以成为京津地区的氧吧，后花园等，通过园艺建设技术，对森林进行原始美观开发，例如建设空中花园，建设森林自然保护区等，开展多种形式的森林旅游。

3. 打造林果产业，实现持续发展

张家口和承德地区利用距离首都市场较近的优势，发展首都市场经济，结合本身发展优势，例如，特殊果品对接首都市场，张家口和承德地区由于特殊的地理气候环境因素，使这里拥有特殊的林果发展空间，因此，大力发展林果产业，建造林果产业基地，通过科技下乡，对林果进行科技指导，对林果农户进行专业指导，提高农户的科学文化素质和技术水平，使其更好的进行林果的种植与经营，建立专业合作社，建立林果产业发展的相关服务机构，以满足林果产业的生产、销售等各个环节的发展需要。例如丰宁地区拥有 77 万亩的山杏，8 838 公顷的经济林，其中主要是果树，当地可以利用产业集中的优势，对林果产业进行整改管理，使其符合市场的发展运作需求，打造一个可以实现持续发展的，并且可以创收的林果产业，大力发展林业所带来的经济效益，以促进当地经济的发展，实现林业经济的扶贫。

五、总　　结

张家口承德地区的林区扶贫是一个长期的任务，需要结合各方面的情况，综合各方的有利因素，找出其发展的限制性条件，变不利条件为其优势发展条件，充分分析好张家口和承德贫困地区的具体情况，找出贫困原因的关键，扶贫不仅仅需要外在力量的帮扶，更加重要的是内在优势条件的利用，利用国家扶贫的举措，更要发挥好当地的特殊优势资源，尤其是丰富的林业资源和区位资源优势，创新发展模式，打造长久可持续的发展产业，使得扶贫道路可以得到最佳的有效发挥，产业的打造也可以是贫困地区居民脱贫后有一个可以长期发展依靠的经济收入来源和产业发展机会，也可以实现阻碍返贫现象的发生，也可以实现生态保护，经济发展，社会和谐三者的有效的统一，如此，才能实现最有效的扶贫。

参考文献

[1] 邓汉珠. 中国林区贫困人口脱贫问题研究 [D]. 南京：南京林业大学硕士学位论文，2010. 55 – 66.

[2] 张锦，王宝钧，宋翠娥. 张家口落后的地理学分析 [J]. 经济研究导刊，2009，71（33）：144 – 146.

[3] 高建琼. 退耕还林与减贫问题研究 [D]. 西安：陕西师范大学硕士学位论文，2011. 20 – 21.

[4] 陈健生. 论退耕还林与减缓山区贫困的关系 [J]. 当代财经，2006，263（10）：5 – 12.

[5] 李文洁. 北京市对张家口市开展生态补偿研究 [D]. 保定：河北大学硕士学位论文，2010. 15 – 17.

[6] 刘静，潘武林，赵猛等. 林权流转分析及激励路径研究 [J]. 湖北农业科学，2012，14（51）：3145 – 3146.

[7] 王俊文. 当代中国农村贫困与反贫困问题研究 [D]. 武汉：华中师范大学博士学位论文，2007. 65 – 78.

[8] WINTERRONJ. Social dialogue and vocational training in Europe [J]. Journal of Europe Industrial Training，2006，30（1）：65 – 76.

[9] 于亚坤. 促进河北省贫困地区发展的财政政策研究 [D]. 石家庄：河北经贸大学硕士学位论文，2013. 12 – 20.

[10] 马友玲，杨学东，赵秀丽等. 林业扶贫资金使用中的问题及对策 [J]. 理财广场，2005，（7）：21.

[11] 鲍岱钦. 中国林业发展的小额贷款研究 [D]. 北京：北京林业大学博士学位论文，2009. 7 – 10.

［12］李彦良，贾进，戴芳等．中国政府林业投资和森林资源发展的研究［J］．林业经济问题，2012，32（5）：441-443.

教师讲评

论文基于张家口和承德贫困地区现状，深入分析张家口和承德贫困产生的原因，通过分析当前已经实施的扶贫策略，结合张家口和承德地区的优势资源，制定扶贫策略。论文结构合理，思路清晰，语言规范，对政府针对贫困地区制定扶贫策略、指导张家口和承德贫困地区脱贫具有一定的现实意义。

后　　记

　　本书是河北农业大学商学院农林经济管理系"卓越农林人才教育培养计划项目"的阶段性成果之一。从 2014 年承担该项目以来，我们完善人才培养方案，修订教学计划，尤其在加强学生实践能力提升方面进行了创新和改革，制定了专业实践能力培养路线图，强化了教学实习到毕业实习等各个实践环节，增加了实践实习学时，建立了 20 余个教学实习基地，为本专业深入实践提供了良好的外在环境。学生们通过实习做到了理论和实践的有机结合，在实践中发现问题、分析问题，进而解决问题，提升了他们的实践能力。本书所收录的论文是农林经济管理专业 2014 届和 2015 届部分毕业生在对河北省农村、合作社和家庭农场等进行调查的基础上撰写的，这些论文最大的特点是，绝大多数都经过了深入的调查研究，有数据，有分析，有针对性，能够解决一定的实际问题。

　　本书出版的目的是展现农林经济管理专业"卓越农林人才教育培养计划项目"的成果，为今后更好地培养优秀农林经济管理人才起到良好的促进作用。本书的出版感谢河北农业大学商学院王建中院长、尉京红副院长等领导的大力支持，也感谢农林经济管理系许月明、梁山、贾俊民、王军、赵金龙、葛文光、董海荣、甄鸣涛、刘宇鹏、董谦、戴芳、刁钢等全体教师在教育指导学生过程中付出的辛勤劳动。更希望我们的毕业生同学们在自己的工作岗位上再创辉煌，也希望在校学生向已经毕业的优秀学长学习，扎实努力、勤奋拼搏，努力成为对社会有用的卓越农林人才。